UPFRONT
FOTO-REPORTEROS

UNA GENERACIÓN MUNDIAL
A WORLD GENERATION

UPFRONT
FOTO-REPORTEROS

ÍNDICE
CONTENTS

El fotoperiodismo cumple un cometido público: proporcionar información precisa y contextualizada a través de la imagen. Cuando el objetivo de la cámara enfoca las realidades más desgarradoras, el fotógrafo se convierte en correa de transmisión del dolor de sus protagonistas con el resto de la ciudadanía; se convierte así, de algún modo, en un foco que arroja luz sobre las zonas más grises de la Humanidad.

La Agencia Española de Cooperación Internacional para el Desarrollo (AECID), por su vocación, trabaja en muchas de esas zonas. Por ello, somos testigos privilegiados de la inmensa contribución de los foto-reporteros a la visibilización del dolor y la injusticia. Y hemos sido también conscientes de la necesidad de rendirles un merecido tributo después de tantos años desempeñando su labor en circunstancias difíciles, con riesgo diario para su integridad física: ese es el propósito de la exposición *Upfront*.

Upfront nace precisamente en un momento en el que foto-reporteros de España y América Latina tienen una presencia cada vez más protagónica en los principales medios y agencias de comunicación, reconocida por los principales galardones internacionales. Estamos ante una espléndida generación de unos fotógrafos que comparten mirada e idioma.

Upfront ofrece una selección de la obra de veintitrés de ellos; no solo de los más reconocidos sino también de aquellos que en su estela y desde postulados a veces más modestos y medios más limitados, mantienen vivo el compromiso y la excelencia de sus colegas. La exposición pretende ser más que una suma de imágenes ordenadas por conflictos o autores. Se apuesta por contar pequeñas historias basadas en emociones, temas o encuadres similares, independientemente de la zona del mundo que se capture o de la autoría de las imágenes, apelando, de esta manera, a la universalidad de las reacciones humanas ante dichos conflictos. La muestra se completa con los textos de Gracia Morales, poeta andaluza cuyas palabras acompañan la crudeza de las imágenes, así como con la composición musical de Mariano Lozano.

Les invitamos a conocer el trabajo de estos fotógrafos hispanos, artistas y ciudadanos, y a aproximarse por tanto a *Upfront* desde una perspectiva tanto ética como estética.

Photojournalism meets a public purpose: to provide accurate and contextualized information by using an image. When the camera lens focuses on the most harrowing realities, the photographer becomes the communication channel of the pain of its protagonists with the rest of the people; he thus becomes, somehow, in a kind of focus that sheds more light on the greyest areas of Humanity.

The Spanish Agency for International Development Cooperation (AECID) due to their vocation, works in many of these areas. Therefore, we are privileged witnesses to the immense contribution from photojournalists who give visibility to pain and injustice. And we are also aware of the need to pay them a fitting tribute after so many years doing their job under difficult circumstances, with daily risk to their physical integrity: that is the purpose of the *Upfront* exhibition.

Upfront was created precisely at a time when photojournalists of Spain and Latin America have an increasingly leading presence in the mainstream media and communication agencies, and are recognised by major international awards. We are standing before a splendid generation of photographers who share a look and language.

Upfront offers a selection of the work of twenty-three of them; not only from the most recognised but also those in their wake and from those in a position that is sometimes more modest and have limited means, they keep alive the commitment and excellence of their colleagues. The exhibition aims to be more than a sum of images sorted by conflict or authors. It aims to tell little stories based on emotions, themes or similar frames, regardless of the area of the world where it was taken or the authorship of the pictures, appealing, in this way to the universality of human reactions to these conflicts. The exhibition is completed with the texts of Gracia Morales, an Andalusian poet whose words accompany the crudeness of the images, together with a musical composition from Mariano Lozano.

We invite you to get to know the work of these hispanic photographers, artists and citizens, and therefore come closer to *Upfront* from both an ethical and aesthetic perspective.

Dirección de Relaciones Culturales y Científicas de la AECID
Directorate for Cultural and Scientific Relations of AECID

IMÁGENES
IMAGES

GRACIA MORALES

El fotógrafo se lleva la Nikon al rostro,

| una mujer llora ante el cuerpo
del que pudiera ser su marido |
| un niño inmóvil para siempre
con un arma entre las manos |

coloca su pupila en el centro del visor,

| fusilan a un soldado |
| una muchacha corre descalza |

elige el mejor ángulo,
| un coche en llamas |
| un cadáver en la orilla |

ajusta la apertura del diafragma
y la velocidad de obturación,

| un cuerpo salta de un edificio |

espera el momento preciso,

| una niña sonríe mostrando

retiene el aliento y
el brazo que le falta |

aprieta el disparador.

Ya está.
El fotógrafo deja de existir.
La imagen queda quieta y en silencio,
condenada por siempre a recordar
el presente terrible de los hombres.

The photographer raises the Nikon up to his face,

| a woman weeps over the body
of who may have been her husband |
| A motionless child forever
with a weapon in his hands |

he places his pupil in the centre of the viewfinder,

| they shoot dead a soldier |
|a girl runs barefoot |

he chooses the best angle,
| a burning car |
| a corpse on the shore |

he adjusts the aperture of the diaphragm
and the shutter speed,

| a body jumps from a building |

he waits for the right moment

| a girl smiles showing

he holds his breath and
the arm that she is missing |

squeezes the trigger.

That's it.
The photographer no longer exists.
The image remains still and silent,
doomed forever to remember
man's terrible today.

LA DURA IMAGEN DEL MUNDO DE HOY

RAMIRO VILLAPADIERNA
Director del Instituto Cervantes de Praga

Cada minuto del día, siete días por semana, cientos de imágenes asaltan la retina del ciudadano conectado, sin aviso ni contexto que las asocie, ni tiempo para digerir su sentido y menos aún su proveniencia o autenticidad. Así alcanzan las terminales del cerebro, que maniobra improvisadamente para proveerlas de algún sentido.

¿Qué es *Upfront*? Es una exposición interdisciplinaria que abre la puerta a uno de los oficios más expuestos y traicioneros de hoy. La muestra mira al través de las lentes de 23 fotógrafos que cubren los rincones más extremos de la vida presente; y que devienen ya la generación más internacional de foto-reporteros hispanos, desde las Baleares hasta la Pampa y de la ciudad norteafricana de Melilla al Río Bravo.

Su título promete una presentación frontal, sin ambages –como irrumpe del teléfono catapultando al reportero– de esas contiendas de la vida y de la dureza del mundo de hoy: ese lugar en que opera una «vanguardia latina» de observadores que abastece cada día al mundo de su ración ininterrumpida de noticias.

Lo hacen desde las primeras cabeceras de la prensa internacional, esas inaccesibles para tantos otros: Allá donde no alcanzan los más altos dignatarios del universo hispánico ponen en cambio su marca estos foto-reporteros españoles y latinoamericanos, para ustedes y para el mundo.

Debemos agradecer aquí la comprensión inmediata por parte de AECID, desde que supo del enfoque de este proyecto para foto-reporteros, y el entusiasmo con que ha querido acogerlo, proporcionando alas a la primera iniciativa de este calibre nacida en un centro del Instituto Cervantes. En este caso, el de Praga que ha concebido y producido el proyecto para todo el mundo.

Upfront alude también a esa primera fila de los acontecimientos, que nos proporciona una tropa de hombres y mujeres, capaces de aventurarse hasta los más difíciles rincones, para recordarnos que el dolor humano, como dice la veterana fotógrafa Sandra Balsells, «es lo único que no ha cambiado a través de la historia».

La muestra busca un cierto sentido a este vómito visual, tal como hace el cerebro a cada momento, pugnando por casar las piezas que se le arrojan, mientras imagina improbables historias tras ellas.

Un acercamiento, sin embargo, descubrirá al espectador que, esta y aquella imagen no «casan», que poseen miradas y técnicas distintas; que, no solo no han sido tomadas por el mismo fotógrafo: ni suceden a la vez ni en el mismo frente.

Cada día, imágenes servidas a granel nos llevan a concebir o a reafirmar cualquier filtro propio; de forma que, aunque uno confiara en el propio fotógrafo, o aún en un medio, tal vez no debería fiarse tanto de sus propios ojos. Una foto encuadrada, editada, situada, calzada o distribuída de un cierto modo, o en cierto momento, bien puede desviar o radicalizar su efecto. Junto a otra, su efecto puede ser multiplicante, o aniquilador.

Las imágenes de *Upfront* no buscan espantar ni acongojar, ni incitar el voyeurismo, ni siquiera promover la gran fotografía como vía del arte moderno; tampoco aún proponer iconos, al estilo del Ché de Korda. Como mucho, *Upfront* sugiere un experimento que conecta en línea los muchos frentes del mundo con el sofá casero, desde el que contemplamos distraída e indiscriminadamente, todo el ruido y la furia que nos ensordece.

Podría comprenderse mejor la desazón al preparar la selección para *Upfront*, de saberse que la carpeta de imágenes de muchos de estos fotógrafos podrían constituir una exposición en sí misma, sin necesitar este u otro marco.

No voy a hablar aquí de arte pues es su trabajo; otra cosa es las cotas alcanzadas con él. Pero la calidad e intensidad de ese trabajo es una rara dificultad añadida a este proyecto experiencial. Ojalá solo hubiera estas 74 imágenes seleccionadas; ojalá solo estos 23 fotógrafos para cuestionar nuestras miradas.

Entiéndase que las fotos muy buenas pueden prenderse en la retina para siempre o vender portadas; ganar el World Press Photo o embelesar por su técnica o fortuidad. Tanto que la imagen puede ser incluso mejor que su propia lectura, que quizás pase ya desapercibida: tal que sucede a esos editores gráficos, que prefieren «la imagen evidente, a la que conlleva un poso» estratificado de lecturas, como lamenta Álvaro Ybarra, un fotógrafo al que he visto caminar con ojos en la nuca.

Generación hispana

Esta generación de fotógrafos que llamo pos-11 de septiembre, la del nuevo desorden mundial, ha partido en busca de las nuevas cicatrices del mundo, a veces sin más respaldo que la sola compañía de su cámara y su espíritu determinado.

En el agrio arranque del nuevo siglo, los ojos de estos reporteros vienen siendo nuestra mirada sobre un mundo que no se imaginaba tan desequilibrado y frágil, tras el anunciado fin de la historia.

Lejos ya las grandes producciones gráficas de cabeceras históricas, estos reporteros pelean a su sola suerte, entre la agonía de los medios habituales, las comunicaciones instantáneas y permanentes y una saturación de imágenes, que abarata y confunde el esfuerzo.

Se diría que un 11 de septiembre cambió el mundo también para una bandada de jóvenes fotógrafos, que vieron alumbrarse su carrera y vocación a resultas. Algunos caminan ya hacia la cumbre. Nacía entonces también el «reportero empotrado» en los ejércitos, un costreñido y propulsado sucesor del «invitado» de siempre. Pero que, aún casos como el de Moisés Saman –desgraciadamente caído de esta muestra, no por su voluntad– y otros, demuestran con su obra que esto puede superarse hasta con premio.

Las Primaveras Árabes, con su épica inicial, han supuesto un caladero singular: tras los Balcanes, era un «novum» total; y cerca de casa para los europeos, lo que permitió despegar a muchos que, a bajo coste, podían alcanzar un frente, eran acogidos por los rebeldes y, gracias a las nuevas tecnologías, podían producir in situ su propia historia.

El editor gráfico de Newsweek llegó a lamentar tener a tantos chicos con cámara queriendo ir a la guerra que «podía llenar un avión cada semana». Sin embargo, no se debe «construir tu carrera sobre un sueño violento», ni ir de safari a cazar impresiones fuertes: el enviado acude a desentrañar el poder de un extraño encuentro entre gentes lejanas que se ignoran. Además, allí matan de verdad.

Pero en Saigón, y aún en Kosovo, los fotógrafos eran profesionales, guiados por editores gráficos veteranos y respaldados por agencias; hoy poco queda de esto. E incluso, los propios perpetradores, son los productores de buena parte del material circulante en el mercado, sean el Estado Islámico, los cárteles de la droga o las potencias con satélites: a coste cero y con una influencia capital y viral. Nunca deja de sorprender la facilidad con que el gran público, sea o no el mejor formado de la historia, se apunta por igual a consumir propaganda en lugar de información.

De todo lo estudiado acerca de cómo la comunicación digital ha cambiado la prensa, poco será más cierto que el hecho sustancial de haber revolucionado nuestra relación con las imágenes: su poder magnético seduce a los instintos y distrae al ojo del texto, que ya resulta olvidable. Su magnetismo exuda del hecho de haber congelado un instante, para permitirnos observarlo y hacerlo nuestro. «Uno puede olvidar muchas palabras pero no así algunas imágenes» concluye, en *Capture the Moment*, Eric Newton, responsable de fotografía de la Knight Foundation.

En este reinado de la imagen, paradójicamente, algunas redacciones han despedido a todo su cuerpo de fotógrafos. Más aún, han dejado de cubrir conflictos y han rebajado el trabajo hasta extremos a veces invivibles.

Un *freelance* podía hacer no solo una gran carrera, sino incluso unos ahorros durante la guerra en Bosnia. Veinte años después, esto parece casi inalcanzable para el más esforzado. Los primeros recortes, naturalmente, han sido en seguridad, como si el ojo que mira y descubre fuera lo menor en la ecuación. Pero la situación es más compleja que no enviar a un veterano, o no proporcionar un casco de kevlar: el problema es que, si no van ellos, van otros; y en condiciones más precarias; y esos son los que venderán.

Toda la geometría tradicional parece desvirtuada, en un mercado secundario, que ha de calcular la compra de una lente o un chaleco clase-4, contra la posibilidad de vender una foto a clientes de medios indiferenciados, sentados en escenarios volubles a 8.000 kms de distancia, y que, en realidad, buscarán más bien colocar su producto en una franja, a cambio de una publicidad situada junto a esa imagen.

Y entre medias muere gente «por fotos que casi nadie quiere», como lamenta Leroy, el director del Visa pour l'Image, el festival internacional de Perpignan. Y la pregunta inexpresable, que ronda luego en los ruidosos funerales, suele ser ¿y por qué no se interesaron antes de que lo mataran?

Con frecuencia el lector ni se pregunta por qué esa toma está tan cerca, y además es tan nítida, o bien movida; qué pasó antes o después; ni cuál es la relación del fotógrafo con lo que en ese momento tiene delante y alrededor.

A diferencia del que saca, ansioso o avergonzado, su móvil cuando algo raro o trágico sucede a su vera, por contra los profesionales viajan al encuentro de esa toma. Para ello son capaces de cosas extraordinarias, contra-natura: cosas inimaginables para millones de personas aún armadas con la última sofisticación en teléfonos portátiles.

Por ejemplo: ellos cruzan aquella frontera y van a la guerra: se encaminan, precisamente, hacia donde la gente huye. Y les traen las fotos de vuelta. Difícil de entender desde una sociedad asentada que apenas solo reproduce lo que otros hacen. Pónganse en el caso de una alarma en unos grandes almacenes; un atentado; un huracán. Si no vemos al reportero es porque, en ese momento, estará dirigiéndose exactamente en la dirección opuesta a la nuestra. Ellos van donde usted no, ellos ven lo que usted no ve. De ello nos daremos cuenta tal vez al día siguiente. O ni siquiera.

Un mundo, una narrativa

Si hallar una vieja caja con fotografías es un túnel en el tiempo, esta exposición es un tunel que atraviesa el presente. La narrativa es continua y ajena a zonas, técnicas o autoría: en reflejo nervioso y poético del caos de un día global, en un diálogo de instantáneas, aparentemente dispares pero, aún, unidas por vivencias comunes.

No hay regiones, no hay mundos. No hay color, ni blanco y negro. Hay un frente común, aquél en el que estamos en nuestro cada día, y que es frecuentemente el del sinsabor y la desdicha; el de la carne contra la carne y el de los dulces sueños contra los sueños rotos.

Sea en un cafetal centroamericano o en una revuelta estudiantil, lejos o cerca, en las plazas egipcias o en las favelas latinas, en la pérdida del hogar en Kirkuk o en Murcia o tras un tifón filipino. Sea en los muros que dividen, resguardan o cierran el paso, el comercio y las miradas; en la madre refugiada y en la desahuciada; o en el padre ahogado cuando intentaba alcanzar alguna tierra firme; en las escuelas y en los campos de fútbol, en la muerte violenta y en la muerte sosegada; en los niños que miran y en los niños que aprietan los ojos para no ver, solos o acompañados.

Podríamos cambiar los sitios y los nombres y los sexos y las creencias y las búsquedas y los sueños. La música de la vida o el alarido son los mismos: la sintonía humana. Cuando ese azaroso laborar humano se ve sincopado con el obturador de una cámara, entonces, puede quedar memoria.

Viajando por los cientos de imágenes, largamente perseguidas, recibidas desde los frentes, reunidas, leídas, seleccionadas, las esquinas han quedado en tanto anotadas, de aspectos y ángulos de la apariencia del mundo, del azul de la espera y la blanca sospecha, el gris vacío y el grano duro del hombre, de la rareza de ellas; de la inquietud por mirar y no ver y del rojo hartazgo; de la necesidad de yacer tras la muerte, con el respeto o al menos el silencio de un cuarto oscuro o de un trípode erguido, aun abandonado.

Algunas imágenes miran de cerca, y se piensa en el diafragma con esa focal, o entrañan ironía y se podría imaginar un filtro; el drama pide blanco y negro; y tirar, correr, huir –llegar a la hora del cierre– un obturador rápido. La vida requiere zoom y el azul del cielo suele ser el mejor marco, si no es que a veces se oscurece; pero, ¿cómo de oscuro es el negro? Ni este, ni el blanco son absolutos: son la absorción egoísta o el reflejo generoso, de todos los otros. ¿Cerca, lejos, solos? El teleobjetivo roba luz y mirar más al interior requeriría un macro. ¿Quiénes son ustedes? Alguien desenfunda, porque él lo vale: un arma o una cámara; una cámara es una arma de difusión masiva. A vueltas con el vivir, que deja al final apenas polvo; y un largo adiós, prendido en la retina, tal vez con una sensibilidad práctica: ASA200.

La tecnología ha democratizado, abaratado, el disparador; mas el ojo sigue siendo único. Es el fotógrafo el que se acerca al objeto, no este el que viene a él. Pero la tecnología y el desplome de todo el sector mediático, muy en particular y trágicamente en España –menos en Iberoamérica– han contribuido, a su vez, a hacer de esta tropa la generación más viajada de foto-reporteros hispanos; y con suerte la mejor. Apostemos por ello.

La gran fotógrafa mexicana Graciela Iturbide, quien a sus años sigue explorando y extricando con su lente las infinitas imágenes que componen el nombre de México, reconoce que «la obsesión inconsciente que los fotógrafos tenemos es que, donde quiera que vayamos, queremos encontrar el tema que traemos dentro de nosotros mismos».

Este modo de fabricar lo que ven con su mirada es algo que los foto-reporteros han de combinar: con la inocencia de descubrir y con la veteranía de un ojo formado y curtido; es decir, con una ética y un modo de estar de pie en el mundo.

Como aquél señero «cuide su vista, no tiene otra» la sociedad debería proteger estos ojos como lentes, que merodean por los rincones alejados y oscuros, que salen como exploradores, pero son como misioneros; que prestan ese servicio insustituíble e inveterado –por tan humano– cual es sentar a nuestra mesa al otro y, mirándolo, permitirnos concluir algo sobre nosotros mismos.

El gran Sebastião Salgado no cree que quepa objetividad alguna en el objetivo de una cámara, pues la instantánea funciona «con tu pasado, con tu ideología, con tus traumas, tu infancia a la espalda, a contraluz, a favor de la luz. No cabe. Es profundamente subjetiva».

Si la información deja de serlo con la manipulación, no tiene por qué en el marco de una exposición. Esta de *Upfront* busca manipular. Que sus ojos vean lo que quieren ver, no lo que es. ¿Como siempre? En esta ocasión es una propuesta legítima. Los frentes están aquí mezclados, no hay zonas ni temas, porque quizá se parecen demasiado; o porque cada bofetón y cada reto es el mismo; y , a la vez, es único.

Esos mineros asturianos no gritan a esas mujeres palestinas; ya lo hacen otros por ellos. Ese guerrillero que apunta su arma frenética, inyectado de adrenalina, no lo hace contra ese joven que levanta sus manos ensangrentadas, contra un muro blanco. Son otros quienes lo amenazan. El primero está en Libia y el segundo a este lado de la valla de Melilla.

Son préstamos, de unos conflictos a otros, que buscan manipular el ojo del visitante; confundir su limitada objetividad hasta sentir que la violencia es similar, tal vez intercambiable, aquí y allí. Que, en realidad, solo hay dos tipos de piel: la del que da y la del que recibe; quien golpea sus miedos contra el otro y quien recibe el latigazo del abandono.

Dicen que hay algo infernal en la fotografía, en el sentido de que no tiene vuelta atrás: pocas cosas hay tan demostrativas del tiempo que la captura instantánea: lo que tomas con tu lente, ya no existe.

Gracia Morales, en su bello poema *Imágenes*, aguarda a que el foto-reportero encuadre y prepare pacientemente su disparo, para ejecutarlo en ese instante en que el obturador corta la realidad en dos; y anunciar la ya inexistencia del fotógrafo tras la foto. Queda la imagen de lo que ya no es: el hálito de vida que voló, la sonrisa que demudó en mueca, la sorpresa que ya no es.

Debo agradecer al músico Mariano Lozano el que, mientras le hacía escuchar, de palabra, cómo es ese prefacio del silencio, en torno a un corresponsal, antes de abrirse el infierno, él no solo componía la banda sonora de *Upfront* sino que enviaba colateralmente versos. Así topamos con los de Gracia Morales, que se han entreverado luego, sin ella saberlo, en las fibras del proyecto. ¿Cómo sabía esta joven granadina la preparación del fotógrafo para desaparecer en un chasquido?

A este respecto, deseo valorar y agradecer el animoso respaldo, la singular mirada experta, prestada generosamente al proyecto desde sus comienzos por Michaela Sidenberg, comisaria visual de la organización cultural del Museo Judío de Praga; así como el excelente ojo crítico de la periodista visual y escritora Mónica Subietas, desde Zúrich; los apuntes e intuiciones gráficas de la pintora Isabel Alonso; la selectivamente rápida mirada profesional del fotógrafo Marcelo Schvartz, desde Bankgog; y la comprensión y dedicación a plasmar visualmente la idea de *Upfront*, de David Pérez Medina.

El Carlos Saura fotógrafo me contaba que la fotografía es «lo que ya no es»: lo fue hasta cuando sonó el disparador y se transformó en fotografía. De algún modo, el ojo del fotógrafo desaparece también, sin que siquiera le disparen a él, que también sucede. La foto se llevó su mirada; y, con la siguiente, ya será otra.

Cuando disparan, pues, los fotógrafos crean el tiempo: lo que atraparon en su cámara ya no está. Es un testimonio natural de una historia y su puntual contexto, económico y social. Pero a la vez van matando su retina con lo visto: guardan su negativo para nuestra memoria, pero hacen una nueva muesca en su alma, que sangra a veces luego por los bajos.

El fotógrafo canadiense Louie Palu reconoce que «cada foto tiene algo de autorretrato, una parte del fotógrafo está siempre en la imagen». Son, cuando menos, retratos-dobles de lo que está delante y detrás de la mejilla contra la lente.

Roland Barthes iba más lejos en *Camera Lucida* al hablar de la relación semiótica que se crea entre lo que contemplamos en la foto y lo que, en aquel preciso momento, estaba mirando a la cara al fotógrafo, dando lugar a una rara reanimación en un triángulo inopinadamente emocional.

Los fotógrafos ofician ese ritual religioso entre las partes, a través de la distancia y del tiempo. Pero no se van de rositas: como poco su alma lleva luego más muescas que la culata de un caza-recompensas. Si el ojo se gasta de leer letras, ¿se gasta también de interpretar imágenes? ¿Se cansa la mirada y quizás también el alma de comprender que, si la fotografía detiene la vida, el drama sigue vivo, y se repite, y es todo menos pasado?

Es un mito real esa misteriosa fe en poder parar el tiempo y el dolor con una fotografía: la definitiva. Pero se diría que esto no hay quien lo pare: la foto-reportera Sandra Balsells cita con amargura «lo fácil que empieza una guerra y lo difícil que es luego hacer que vuelva algún orden, en esas larguísimas posguerras». Empiezan con unos disparos pero, para la gente, no acaban tras los disparos.

Los foto-reporteros se enfadan más porque lo ven más, lo ven más cerca; y se meten en sitios muy duros para que podamos verlo también. El documental *Los ojos de la guerra*, de Esther Vergara Yagüe, estima que lo que sí puede hacer la fotografía «es mostrar, de una manera sincera y empática, cuál es el sufrimiento del ser humano; y ese no cambia, siempre es el mismo, es universal».

En el objetivo, un día más

Es el objetivo primario: del que dispara, tanto como del retratado. Pero, tras lo que llamamos lente, hay una aritmética y una geometría.

Cuando una persona contempla a otra que cae, un fotógrafo está viendo en el movimiento, además del drama, una lectura de diafragma, una focal, una resolución, una geometría, una batería que parpadea; mientras sus ojos calibran innúmeras convergencias; esto, además de presentir el conjunto en que él se haya inmerso y del que antes o después, según la emergencia, tendrá que poder retirarse, discretamente y, a ser posible, sin hacerse sangre.

Por sobre ello, es capaz de ver anticipadamente cómo «va a quedar». Aunque a veces no dejan de sorprenderse ellos mismos, si bien ya no en las cubetas del cuarto oscuro. Santiago Lyon, antiguo compañero en los Balcanes y hoy Director Global de Fotografía de Associated Press, explica el apego del fotógrafo a su foto «porque uno sabe como olía esa imagen». El despliegue de los sentidos en ese momento es tal que puede reproducirnos luego al detalle todo lo que sucedía en aquel instante. Lyon explica al editor como quien «tiene que editar con frialdad un reportaje hecho con pasión».

Recientemente, otra gran agencia –Reuters– publicaba sus mejores fotografías del año; pero tras del formidable recopilatorio ofrecía también por primera vez los detalles Exif que esconden las tomas: lo que permite conocer objetivo, cámara, ISO, velocidad y, así, un ejercicio de voyeurismo en la corsetería de la imagen y su creador.

Sabemos generalmente poco sobre las mañas de este reportero que encuadra ventanas del mundo en nuestro periódico y pantallas diarias; y que toda su vida le dolerá la espalda, hasta el día en que la cámara que sostiene tiemble por el Parkinson más que lo que una obturación rápida logre sortear.

Pero así sabemos por ejemplo que pese a los nikonistas, la elección sería su gran rival en el 92,6% de las tomas (aunque acuerdos de empresa desvirtúen las opciones). Más ilustrativa es la óptica elegida: cuando trabajan con zoom las preferencias se polarizan entre un 53%, con el de 16-35 mm, y un 38%, con el 70-200 mm. Seguramente un 91% llevan en cada hombro una de estas ópticas. El uso de la lente fija es más diverso, si bien tres focales acaparan el 50% de los objetivos: el 24 mm, el 50 mm o el 16 mm; el otro 50% busca acercar la realidad con un tele.

En ese ranking de la excelencia, el diafragma de un tercio de las iluminaciones fue un f 2.8, seguido por el punto superior e inferior (f4, 10%; f1.4, 9%), mientras la mitad del grano de sensibilidad empleado revela esfuerzo: ISO200 (17%), ISO400 (13%), ISO800 (13%) y ISO1.600 (10%); el obturador se ajustó a un 1/320 (12%), 1/250 (9%) y 1/800 (6%). Así que importa la nitidez, lo que fuerza obturaciones altas aun en detrimento del nivel de ruido y la calidad final: el triángulo expositor revela que el reportero dispara con frecuencia en condiciones de luz escasa, pero intenta trabajar con la que hay, escogiendo ópticas luminosas y elevando la sensibilidad de su sensor.

El fotógrafo Sebastião Salgado dice que, como la caza, la fotografía es el arte de la espera: el placer de ver formarse la historia ante tus ojos. Y por ello es algo muy solitario. «Si tú vives para la fotografía, te ves inmerso en ese proceso auténtico»; en esa espera, lo que ocurre se torna interesante: necesitas participar de ello para capturarlo.

He admirado a los fotógrafos sobre el terreno, aunque a veces parecieran los *hooligans* del frente; y fue por su disciplina, entre monacal y atlética, por su obligación de ir un paso por delante y un paso más allá. Si bien, especialmente por cómo manejan la brutal situación de ponerle a alguien el objetivo en la cara. La cámara es una arma agresiva, frente a la poética del cuaderno de notas. A veces debe de ser insultante el aparecer como de Marte con esas herramientas ariscas, espejeantes, oscuro mate, –carísimas– y plantárselas a un prójimo temeroso o doliente en su santa intimidad.

Se comprende que nada sea, frente a eso, el colarse en una casa y terminar comiendo del plato de desconocidos, mientras escoras y arribas y prendes finalmente el hilo de una historia gravosa, de una vieja vulneración, de la esperanza de una hija o la pérdida de un marido, haciendo malabares con un bolígrafo y la curiosidad.

La ventaja, en cambio, del fotógrafo es poder echarse el escudo de su cámara al rostro, esa distancia amortiguadora, allí donde se quedaría, si no, sin respirar. Sobre el terreno he charlado con fotógrafos a su vuelta, menos por sus opiniones álgidas cuanto por ese talento para ver otras cosas que uno.

¿Por qué «foto-reporteros»? Los fotógrafos se hicieron reporteros en algún momento de las últimas décadas: probablemente cuando descubrieron la historia del otro tras la composición y el obturador; el enfoque se amplió y el oficio creció.

¿Y por qué van? Está la necesidad de ver, la aventura inicial, aunque no basta: aquéllo es desde feo a escarnecedor, si bien con milagrosos destellos humanos. Si el concepto de sociedad que frecuentamos nos crió en la rara certeza de que no volveríamos a ver el dolor cerca, cierta divina justicia parece haber creado, en este Occidente autovacunado, una determinación única por conocer al extraño; y, por extensión, alumbró una profesión que exige dejar atrás la casa, además de estas lentes que permiten fijar para luego contar, hasta lo impronunciable.

Pero allí matan y secuestran, con gran dedicación. «Admito tener cada vez más miedo», dice como uno más Samuel Aranda, gran fotógrafo nacido de la Primaver Árabe; dominar aquel, recuerda Lyon, «es concentrar la lente en lo que se busca». Y cierto es que, cuanto más lejos llegas y eres capaz de volver, más estimula a repetir.

El nuevo drama no es ya tanto el fotógrafo empotrado, sino ignorar en manos de quién estás y quién vendrá a secuestrarte esta noche. Más de 80 periodistas han sido secuestrados en Siria. Más de 70 han muerto. Entre la emotiva fanfarria del tradicional encuentro, Visa Pour l'Image de Perpignan, sus consagraciones y descubrimientos, el último tenía el tono funeral de los 36 foto-reporteros muertos en 2014: notorios veteranos como respetables recién llegados.

Además ¿merece la pena jugarse el degüello por llenar momentáneamente páginas o pantallas, para hacer ganar dinero con la publicidad que se sitúa al lado de estas imágenes, que obviamente busca diferir tu atención de ellas mismas?

Nunca como hoy imágenes de decapitados en México, de yasidíes muriendo arrodillados o de acribillados en arcanas iglesias iraquíes, se entreveran con las de reporteros o ayudantes de ONGs degollados, cuestionando todos los valores. ¿Merece la pena ir, merece la pena publicar un degüello?¿Desensibiliza el caudal de violencia la capacidad humana de empatía? Más aún, ¿es el editor un informador o un censor?, ¿lo pide la gente o se le impone?

Hoy el poder de muchas imágenes está, sin duda, más en su re-edición y en su virtud viral que en el oficio y oportunidad del fotógrafo. Una parte creciente del público las sigue o las replica como mero entretenimiento. Su origen ni siquiera interesa o es cuestionado. Así es como, en efecto, están pensadas por los propagandistas, a sabiendas de que la opción de la auto-censura repugna al propio sistema cultural al que van destinadas. En el nuevo desorden global, los propios medios han conculcado el primer mandamiento: verificar el material y la fuente, traicionando veracidad por rapidez y efectismo.

La incursión de la máquina computadora y su exponencial capacidad repetidora está en el origen de la diarrea visual que nos anega. Los fotógrafos disparan muchísimo más que antes; y con la multiplicación y posibilidades de edición ad infinutum, la creatividad se dispara salvo que en similar medida a la mediocridad. Y a la vista están los kiokos de prensa por testigos.

Facilidad y saturación han puesto una grave interrogante sobre la función de la imagen y su capacidad de influencia. Ello también en sentidos impensables, como la velocidad de boomerang con que una foto vuelve a su origen: la disparada en una patrulla, enlazada por satélite, distribuída por las agencias, volcada en internet y que, un googleo casual, puede mostrarle a un padre su hijo muerto antes de que haya siquiera sonado su teléfono.

Cuando se habla con foteros, no es raro entrever un atributo mágico en la fotografía: la opaca creencia de poder dar un día con una imagen que acabe con todo el dolor. El premio Pulitzer que acabe con todas las guerras.

Tirar el último disparo, al estilo de «Saigon Execution», la foto de Eddie Adams en la ofensiva de Tet, aquella que, en segunda lectura, comprendemos que la bala está aún atravesando la masa encefálica del ajusticiado por el Viet-Cong; y, a la vez, con un impacto tal que contribuyó a concienciar de aquel desastre. Así sostiene Adams, en el documental sobre su vida, *An Unlikely Weapon*, que la cámara puede ser el arma más poderosa.

O la toma de Bernie Boston, de los policías en el Mall de Washington, similar al icono de la Revolución de los Claveles, o la de Nick Ut, de aquella niña huyendo del napalm en Trang Bang; o el hombre solo de la plaza de Tiananmen, de Stuart Franklin. Ahí está esa "Dolorosa árabe" de Samuel Aranda, en Yemen, que fue World Press Photo nada menos que el año de las Primaveras Árabes, entre decenas de imágenes nuevas y extraordinarias; no tiene explicación que esa imagen no esté en *Upfront*, pero no todo lo deseable es posible.

«El talento no lo es todo», opina sin embargo Jimmy Fox, el histórico editor gráfico de Magnum, recordando a los grandes: «es importante entender de composición pero, sobre todo, ser capaz de comprender al sujeto». Aquí no cabe el oportunismo, ni el protagonismo: las personas, los temas, no son objetos. Por eso es perturbador que hoy las imágenes sean distribuídas sin su historia, sin su contexto.

Cazar a un sujeto, como quien roba una foto por una mirilla, es apropiarse de él en lugar de ser su testigo, tornándose turbios los límites entre quién es más importante: el de delante o el de detrás de la cámara. Cuando tratas con el sufrimiento humano, jugar con la estética es inquietante.

La primera fue en México

La primera guerra fotografiada fue la provocada entre los Estados de la Unión y Nuevo México, entre 1846 y 1848; aunque el viejo Neue Zurcher Zeitung ya tuvo enviados especiales en Waterloo. Sin embargo, la recién alumbrada técnica solo permitía retratos. El primer operativo destacado de fotógrafos no aparece hasta la guerra de Crimea, dirigido por Roger Fenton, entre 1853 y 1856; y, poco después, después Mathew Brady coordinó otro similar durante la guerra civil estadounidense.

En vísperas de la I Guerra Mundial, Barnack manufactura para Leitz, en Alemania, la primera compacta de 35mm; y, en Nueva York, Eastman ha creado ya el rollo de película y la primera Kodak; el gran inventor también precederá a tantos fotógrafos, en su identificación con la persona al otro lado de la lente, y dedicará muchos de sus beneficios a los desheredados.

Leica y Kodak pasarían a ser, en lo sucesivo, esos ojos móviles prestados, que traerán al rostro del ufano espectador occidental, aquéllo que incluso no sabe si quiere ver. Este ha sido el poder de la imagen: una vez visto, ya nada vuelve a mirarse igual.

La fotografía evoluciona, entre la humanización de la I Guerra Mundial y la mediatización de la II; abandona poco a poco la pura documentación para intoducirse en el campo artístico; y deviene así una de las bellas artes, curiosamente, a medida que su brutalidad crece y comienza a manufacturarse al modo industrial.

Fue sin embargo la irrupción de la fotografía de conflicto, en torno a Vietnam, hace ya medio siglo, la que iba a cambiar de raíz el modo en que la sociedad contemplaría en adelante el hecho de la guerra.

El gran público –occidental– se vió obligado a desayunarse e intimar con las verdades tremendas de la guerra, superando la esquemática lectura bibliográfica de victorias, derrotas y estrategias.

Desde My Lai a la última ofensiva en Gaza, pasando por los barrios de Belfast, los foto-reporteros han terminado poniendo a la sociedad ante la prueba tangible del terrible roto moral y físico de toda incursión militar, sea cual fuere su explicación.

Efectivamente, la guerra es el horror. Los fotógrafos la han despojado de su épica. Todo lo que sabemos por fin de ella es a través de fotografías y, desde la CNN en 1990, de la televisión.

Sin embargo, de Goya a Picasso y a los reporteros en Siria o Sierra Leona, la guerra también ha sido capaz de producir arte. Richard Avedon formó su mirada fotografiando el frente vietnamita. Aunque no puede obviarse que la mayoría de los foto-periodistas nos son desconocidos –y esto es bueno, no son estrellas de plató– hasta que tiempo después se los venerase bajo nombres como Lee Miller, Cecil Beaton, Margaret Bourke-White o Taro y Capa, incluso a Nogales o Mondejar en el ámbito hispano.

Es sabido que el reportero Robert Capa afirmó que, si una foto no es lo bastante buena, es que uno no está lo bastante cerca. Esto lo hemos trasladado en *Upfront* al espectador: cuando el observador se aproxima a la intimidad de una fotografía, a su arquitectura interior y su relación con el propio reportero, descubre una complejidad única de estratos, inacccesible al ojo no sensibilizado.

Cada foto es única si nos detenemos a escrutarla. Normalmente no le concedemos la atención suficiente. Pero un fotógrafo sí lo hace: armado con una lente va en su busca, la aguarda, la ve, la mide, la encuadra, hasta que su ojo –ese sexto sentido, mezcla de experiencia e intuición– «aprieta el disparador y el fotógrafo deja de existir» como ha escrito la poeta Gracia Morales. Ya no está. La tiene en su cámara. Fuera solo queda el después.

Mas esa captura de la realidad posee ya el poder mágico de la fotografía: el de reiniciar una segunda vida en el momento mismo en que alcanza ahora la retina del observador. Filtrada entonces a través de concepciones visuales y culturales, la imagen recobra un poder asombroso; incluso taimado y manipulador, capaz de reinventar una realidad virtual.

Upfront busca el valor añadido de sensibilizar los ojos y su modo de mirar las fotos, como vehículo para adentrarse mejor en el poder de un encuentro. Y si es así, el visitante puede descubrir que, al final, su mirada no estaba totalmente equivocada, al componer arbitrariamente relaciones, como en estos juegos de parejas o tríos de fotos que dialogan inapropiadamente.

La narrativa se ha estructurado de modo artificial y fortuito, con diálogos inventados, disgresiones y climax, su humanidad y su estupefacción, trabadas en un *pars pro toto* del chorreo de imágenes que anega nuestra percepción del mundo.

Y ello es porque efectivamente la experiencia infligida sobre una piel o una alma es idéntica, indiferenciada, sustituíble. No importa dónde suceda, quién haga el daño, o quién se duela. El dolor, la cobardía o la esperanza son los mismos, al margen del pasaporte o lado de la frontera, de la latitud o del día del año en que ocurra.

Así, el pavor puede que no lo cause el grito o el rifle de aquel, pero no cabe la menor duda de que aquí o allá, otro perpetrador es el responsable de la zozobra verdadera que los embarga. El desamparo cultural en una frontera entre mundos puede ser el desamparo urbano que siente otro al ser desahuciado de lo que había llamado su casa.

La desesperación o la dicha no necesitan verificación nacional o ideológica, ni coordenadas GPS, para ser las mismas, compartibles, indiferentemente de la lengua en que uno ore o maldiga. Esto es lo que, si ustedes se lo permiten, esta tropa de foto-reporteros va a ponérselo de frente. Son los hijos de Kertesz, Capa, Bresson, Koudelka, Natchwey, Salgado, Peress, Rodger, algunos de los cuales aún hemos visto trabajar sobre el terreno.

El haber pasado largo tiempo en terreno minado, cura de errores habituales en proyectos, cuyos promotores simplemente no tienen por qué saber qué pasa en una guerra. Quiero creer que estos obreros de la información, tan lejos del tentador foco de los platós, son la aristocracia del periodismo presente; y cada vez más, ellos son también ellas.

Hay otros que también deberían de estar y pienso en Emilio Morenatti, Moisés Saman, Guillermo Cervera, Jon Cazenave, Andrés Kudacki, Ochoa de Olza, Walter Astrada, Sandra Balsells, Darío López-Mills, Bernat Armangué, Ramón Espinosa, Eduardo Verdugo, Fernando Moleres o Silvia Prat. Pero no lo están: unos, por ocupados; otros, por veteranos; otros, por jóvenes; otros, por amigos. Y, por todo junto, no está Enric Martí, jefe de fotografía para América Latina de AP.

Todos ellos, con estos 23, sirven al lector global, cada mañana, una vista posiblemente diferenciada: su memoria cultural, su ojo hispano sobre la arisca espalda del mundo.

La muestra honra a cuantos salen cada mañana, como el matador a las cinco, a escrutarla de cerca y, en ello, nos prestan su mirada a un precio irrisorio. Y, con mayor razón y respeto, a aquellos que, cuando suenen los clarines, ya no volverán y nos faltarán siempre.

THE HARSH PICTURE OF THE WORLD TODAY

RAMIRO VILLAPADIERNA
Director. Instituto Cervantes in Prague

Every minute of the day, seven days per week, hundreds of images assault the retinas of hyper-connected citizens with no warning, nor context that could link them together; no time to digest their significance, let alone their origin or authenticity. Thus, these reach our brain's terminal, prompting it to produce an improvised meaning.

What is *Upfront*? It is an immersive, interdisciplinary exhibition on one of the most exposed and treacherous trades of today. The lenses of 23 photographers covering the most extreme aspects of life and who may already constitute the most international generation of Hispanic photojournalists, from the Balearic islands to the Pampa, and from Melilla to the Rio Grande.

The title demands a frontal and unequivocally harsh introduction - similar to that ring of the telephone bringing the photojournalist down - to the struggles of life; a place where this Spanish avant-garde of observers and listeners work constantly in order to supply their news to the world. And they do it from the first headlines of the international press, those covers inaccessible at first to the highest Spanish or Latin American authorities. Instead, the Hispanic photojournalists put their mark, for the world to see.

I must thank here the instant understanding and enthusiasm from AECID, since it has provided all support for this ambitious idea to be the first of its kind at the Cervantes Institute of Prague, where the project was initially conceived and is being produced for the outside world.

Upfront also alludes to the front line of events, provided to us by this troop of men and women, able to venture into the worst places, to keep reminding us that human suffering, as the veteran Sandra Balselles says: "Is all that has not changed throughout history".

The exhibition has sought some sense to this visual vomiting, just as does the brain does at every moment, looking to match the pieces that are thrown at it, to find some logic, while imagining unlikely stories behind them.

One approach, however, will reveal to the viewer that, this and that image do not match, they have different looks and techniques; that not only have they not been taken by the same photographer, but do not happen at the same time or on the same front. Each day, images served by weight lead us to believe or confirm any proper filter. Thus, although trusting any photographer or media outlet, we should distrust is our own eyes.

A photo framed, published, quoted or distributed in a certain way, may well divert or radicalize its effect. *Upfront's* images do not intend to frighten or play with emotions, or encourage voyeurism, or even promote great photography as icon of modern art. At most, they propose an experiment that connects the line of many fronts in the world with our own home sofa daily view, from where we contemplate everything, including a distracted perception of all the noise and the fury.

There´s a certain uneasiness when preparing the *Upfront* selection, that of realising that the images of many of these photographers could well constitute an exhibition in itself, even without this or other framework. The quality and intensity of their work - leaving aside mentioning its artistic approach, which is already part of their job; or speculating over what they could reach through it - is a strangely added difficulty to this experiential project. I wish there were only these 70 good images and these 23 photographers to challenge our views.

It may well be that good pictures catch your retina forever, or sell one hundred covers, perhaps win the World Press Photo, or enthral, due to their random technique, or reveal to us stories in implausible layers; their silence can slap us in the face; they may be even better than their own message, which, in fact then we hardly discover. What happens next is that some graphic editors prefer "the obvious image, which carries a trace", laments Alvaro Ybarra, a very personal photographer, who I have seen often walking with eyes at the back of his head.

In this regard, I wish to specifically value, and appreciate the support and expert eye, of those who have generously lent it to the project from the beginning; Michaela Sidenberg, visual curator of the Jewish Museum in Prague; as well as the excellent critical eye of the designer and writer Monica Subietas from Zurich; the notes and graphical intuitions of the painter Isabel Alonso; the quick and selective professional look of the photographer Marcelo Schvartz from Bangkok; and understanding and dedication to visually express the idea *Upfront*, from David Pérez Medina.

Hispanic generation

This generation of photographers, which I call post-September 11, those of the new world disorder, began in search of new scars in the world, sometimes without support and alone with only their camera and a determined spirit.

In the bitter first decade of the new century, the eyes of these reporters have been our vision of a world that we did not imagine so unbalanced and fragile after the announced end of history.

Long time forgotten are those large graphic productions under historical headlines, as they have encountered their fate between the agony of traditional media, instant and ongoing communications and the saturation of images, which cheapen and confuse any previous effort.

Somehow September 11 changed the world, even for a flock of young photographers who began their career as a result of it, with some of them already climbing towards the summit of success. Meanwhile the "embedded reporter" was to be born, a coerced but also revealing successor to the classic "guest" photographer. Cases like that of Moises Saman -sadly compelled to drop off of the project- have shown ways to overcome the hurdle and even been awarded for it.

The Arab Springs, with their original epic, have led to unique fishing grounds. The experience at the Balkans led to a total *novum*: a conflict close to the Europeans, which allowed many young people to reach the front at little cost. They were well received and transported by the rebels and, thanks to new technologies, produced easily their own history.

Even the graphic editor of *Newsweek* came to regret having so many guys with a camera wanting to go to war: "I could fill a plane every week"; but you must not "build your career on a violent dream", you cannot go on safari, for impressions. The envoy goes there to unlock the power of an encounter but also to face true killings.

Little remains today of, as in Vietnam and even in Kosovo, professional photographers, guided by first-class graphic editors and backed by media and agencies. The perpetrators themselves are the producers of much of the material circulating on the market, whether the evil is the so-called Islamic State (EI), the drug cartels or world powers with satellites. In fact, there is often zero cost to attain a great and viral impact.

It will never cease to amaze me how easily the general public, whether being highly educated through generations or not, aims equally to consume propaganda rather than information.

Of all that has been studied on how digital communication media has changed the press, one important conclusion points at how greatly our relationship with pictures has changed: its magnetic power seduces all instincts, as well as distracts the eye from the text, thus becoming forgettable; its magnetism exudes the evidence of frozen a moment in time for us to stop, look at it and understand it. In *Capture the Moment*, Eric Newton, director of the Knight Foundation, believes that "one can forget a lot of words but not some images."

In this reign of the image the paradox is how some newsrooms have already fired their entire body of photographers. The media has not only dismissed its photographers, but has also stopped from covering conflicts, as well as lowered the price of the job, to such extent that all have sometimes become invisible.

A *freelance* could not only make a great career, but earn himself some savings during the war in Bosnia. Twenty years later, this seems almost unattainable, even for the most hard-working. The first cuts have naturally affected security, as if life were the least thing in the equation. But the situation is more complex than that: it means not sending a veteran, not providing a *kevlar* helmet and, most importantly, that if one reporter refuses to go under scarce conditions, others will go instead, and they will be the ones who sell.

This pattern is similar to that of secondary markets, which calculate the purchase of a lens or a class-4 vest against the possibility of selling a photo to potential and undifferentiated customers – who sit on fickle scenarios 8,000 miles away – and place a product in exchange for advertising next to that image. Then, traditional geometry seems distorted. And, in between that, people die: "For photos that almost nobody wants", laments the director of Visa pour l'image festival in Perpignan, Jean François Leroy. And in the sonorous funerals, often comes the unspeakable question: why are they not interested in reporters before they are killed?

Often the reader does not wonder why this shot is so close, and it is so clear; what happened before or after; what is the photographer's relationship with what he has in front and around him. Unlike anyone who looks, ashamed or rudely, the mobile when something weird or funny happens, professionals, however, travel to meet up with that shot, and, for this, are capable of extraordinary things, which are unnatural if not supernatural: things that millions of people cannot imagine, even when wielding the latest generation of phones. For example, they cross some frontiers and go to war. They walk towards it, precisely from where people flee, and bring back pictures.

This is difficult to understand from a well-off society, which poorly reproduce what others do. Put yourself in the case of a fire alarm in a department store, an attack, or a hurricane. If you do not see the reporter, it is because precisely at that time he will be going in exactly the opposite direction to you. They go where you do not go, they see what you do not see. You will find this out, possibly the next day. Or maybe not.

One world, one narrative

If an old box of photographs stands as a tunnel in time, this exhibition is the tunnel of our present. The narrative is continuous and unconnected to areas, techniques, or authorship. It is a reflection of the nervous and poetic chaos of an overall day, it is a dialogue of snapshots, seemingly disparate, although united by common experiences.

There are no regions, no worlds. There is no colour, neither black and white. There is a common front, which is where we are in our every day, and it is often that of distaste and unhappiness; that of flesh against flesh and sweet dreams against broken ones.

Whether it be in a Central American coffee plantation or a student revolt, far or near, in the Egyptian squares or the Latino favelas, in the loss of a home in Kirkuk or Murcia, or after a Philippine typhoon; in the walls that separate, shelter, close off and divide visibility; in the refugee and the evicted mother, and the father who drowned trying to cross; in schools and football pitches, in violent death and quietly death; in children that look and in the children who cover their eyes; alone or accompanied.

We could change the places, names, genders and beliefs, pursuits and dreams. The music of life, and of crying out, is the same: human harmony. When that human rhythm is syncopated with the shutter of a camera, then it may become a memory.

Travelling through the hundreds of images, which have been hunted, gathered, selected at length and delivered from the fronts, their corners have been, meanwhile, marked with aspects of the appearance of the world, of the blue at waiting and the white of suspicion, the empty grey and of the hardness of man, of the rarity of them; the concern for looking and not seeing and the red satiety; of the need to lie after death, with respect or, at least, with the silence of an abandoned tripod.

Some images look closely so we think of the aperture with that focal distance, or they involve irony and then a filter is imagined; the drama asks for black and white and to run in order to meet a deadline, perhaps through a speedy shutter. Life asks for zoom and the sky is the best background, but sometimes it darkens. Thus, how dark is black? There is neither white nor black: both represent utter selfish absorption or the generous reflection of others.

The *zoom* lens steals the light so, in order to look closer, a macro is required. Near, far, alone? Someone takes it out, because it is worth it. Who are you people? Back to the living, which in the end barely leaves dust. A weapon, a camera, or is it a combination of both? Is a camera a weapon of mass spreading? And a long, definite, good-bye, pinned to the retina perhaps with an ISO200.

Technology has democratized and cheapened the trigger, but the eye remains unique. It is the photographer who approaches the object, and not otherwise. But technology and the collapse of the entire media industry, most notably and tragically in Spain - less in other Latin countries - have contributed to make this troop the most international generation of Hispanic photojournalists and therefore probably the most travelled and, hopefully, the best. Let´s bet on it.

The great Mexican photographer Graciela Iturbide, who, at her age, continues to explore and extricate with her lens the endless images and stories that make up the name of Mexico, recognises that "the unconscious obsession that we photographers have is that wherever we go, we want to find that which lies within ourselves."

This way of manufacturing what they see with their eyes, is something that photojournalists have to combine both, with the innocence of discovery, and a senior, formed and hardened eye, i.e., with an ethic and their own way of standing on their feet in this world.

Like the solitary person who "looks after his sight, as he has no other" society should seek to protect those eyes like lenses, which move through the dark corners, and come out like explorers, who in fact are like missionaries; providing the irreplaceable and inveterate service, so human, equally as it is to sit in front of the other person at our table and, by looking at him, be able to draw our own conclusions about our own selves.

The great Sebastião Salgado believes that there is no room for objectivity in the camera lens, as a snapshot works "with your past, your ideology, your traumas, your childhood behind you, against the light, in favour of light. There is no room. It is deeply subjective."

Normally, information ceases to be so because of manipulation. Perhaps not when framed in an exhibition. However, *Upfront* does seek to manipulate. Let your eyes see what they want to see, not what it is. As always? Perhaps. But this time presents a legitimate proposal. The fronts are mixed here, there are no areas or topics, because maybe they are too alike; or because every slap in the face and every challenge is the same, despite its uniqueness.

These Asturian miners do not shout at these Palestinian women even though they could. Others do it for them. That fighter, aiming his frenetic gun, being adrenaline injected, does not really do it against that young man raising his bloody hands against a white wall. It is others who threaten him. The first is in Libya and the second on this side of the fence of Melilla. Borrowed items, from some conflicts to others, who seek to manipulate the visitor's eye; confuse their limited objectivity until they feel a similar violence, perhaps interchangeable here and there. In fact, there are only two types of skin: that of the giver and the receiver; he who beats their fears against each other and whoever receives the lash of abandonment.

They say that there is something infernal in photography, in the sense that there is no turning back. Few things are as demonstrative of time, than the taking of a snapshot: what you take with your lens, no longer exists.

Gracia Morales, in her beautiful poem *Imágenes* waits for the photo reporter to frame and patiently prepare his shot, to execute it at that instant when the shutter cuts reality into two and announces the non-existence of the photographer, after the photo. What´s left is the image of what no longer exists: the breath of life that flew, the smile that changed into a grimace, the surprise that no longer is.

I have to thank the musician Mariano Lozano who - while listening to my words on how that preface of silence surrounds a correspondent before opening themselves up to hell - not only composed the soundtrack of *Upfront* but also sent me verses. This is how I came across those of Grace Morales who, unbeknownst to her, were then streaked into the fibres of the project. How did this young person of Granada know about the photographer's preparation, to disappear in a click?

In this regard, I wish to thank the courageous assessment, support and unique expertise, made since the start of the project, by Michaela Sidenberg, visual curator of the Jewish Museum in Prague; as well as the excellent critical eye of the designer and writer Monica Subietas from Zurich; the graphic notes and intuitions of the painter Isabel Alonso; the quick and selective look of the professional photographer Marcelo Schwartz from Bangkok; and the understanding and dedication to conceiving a visual expression of *Upfront* by David Pérez Medina.

The photographer Carlos Saura says photography is what no longer is there: it is what was there a minute ago, when the trigger was pulled and was transformed into a photograph. Somehow the photographer's eye also disappears, without even him being shot at, which also happens. The photo took the author's gaze, and with the next shoot, there will be another.

When they shoot, photographers thus create time: what is caught in their camera is now not there. It is a natural account of a story within its timely economic and social context. But while they are killing his retina with what they see, they keep its negative for our memory, but making a new notch in their soul that falls, sometimes, bleeding after onto the floor.

The Canadian Photographer Louie Palu acknowledges that "every picture has some of self portrait in it, part of the photographer is always in the picture", becoming at least double-portraits of what is in front as well as behind the lens.

Roland Barthes went further in *La Camera Lucida* when speaking of the semiotic relationship that is created between what we see and what, at the time, was looking at the photographer's face, resulting in a revival of an unexpected emotional triangle.

Photographers officiate this religious ritual between the parties through distance and time; but they do not get away scot-free, as at least their soul strikes up more notches than the butt of a bounty hunter. If the eye gets exhausted by reading so many letters, does it also get tired of interpreting images? Do the gaze and the soul get tired of understanding that when photography stops life, the drama is still alive, occurs again, becoming past?

It is a real myth that there is a mysterious faith to be able to stop time and pain with a final photo, but it seems that no one can stop it. The veteran photojournalist Sandra Balselles quotes with bitterness "how easy a war starts and then how hard it is to go back to some order in the lengthy post-war periods." They start with a few shots, but for the vast majority of people, it does not end after the shooting.

Photojournalists become angry because they see it more, because they see it up closer and place themselves into some hard situations for you to see as well. In *The Eyes of War,* by Esther Vergara Yague, Balselles believes that "what photography can do is to show, in a sincere and empathetic way, what is human suffering. And that, does not change, it is the same, it's universal."

In the objective, one more day

It is the same primary objective of he that shoots, as it is of the person being portrayed, but behind what we call the lens, there is arithmetic and geometry. For instance, when a person sees someone else falling, what a photographer sees in the movement, in addition to the drama, is an aperture reading, focal distance, a resolution, a geometry, a flashing battery. In addition, while his eyes calibrate countless convergences, as well as he senses the group in which he has been immersed and in which, sooner or later, and according to the emergency, should be able to retire discreetly and if possible without drawing blood. Above all, he is able to see in advance how "it will turn out".

Sometimes, they see themselves surprised more than when in the darkroom trays. Santiago Lyon, an old colleague in the Balkans and now Director of world photography of Associated Press, explains the attachment of the photographer to his photo "because one knows how that image smelled." The deployment of senses at that moment has to do with the ability to reproduce it later, in detail, what was happening at that moment. Lyon assumes that "you must often edit coldly a report made with passion."

Recently, Reuters published its best photographs of the year. Nevertheless, after the formidable compilation, it also offered for the first time the exif behind the takes. Thus, allowing us to know the target, camera, ISO speed, and an exercise in voyeurism in the corsetry of the image and its creator.

We generally know too little about the tricks of this reporter who frames the windows of the world in our daily newspaper and screens. Neither that his back will hurt the whole of his life, to the day when holding the camera in his hands, trembling from Parkinson, could not even be hidden by shooting fast.

We know, for example, that despite the Nikon fans the choice is its rival in 92.6% of the shots; although company agreements may distort the choice. More illustrative is the chosen optic: when working with zoom the preferences are polarized between 53% with that of 16-35 mm, and 38%, with 70-200 mm; surely 91% carry in each shoulder one of these lenses. The use of the fixed lens is more diverse, but three focuses account for 50% of the objectives: 24 mm, 50 mm or 16 mm; the other 50% are looking to bring the reality closer with zoom lens.

The aperture of a third of the lighting was an f 2.8, followed by the upper and lower point (f4, 10%, f1.4, 9%), while half of the grain sensitivity used reveals effort: ISO200 (17%), ISO 400 (13%), ISO 800 (13%) and ISO1.600 (10%); the shutter is adjusted to 1/320 (12%) 1/250 (9%) and 1/800 (6%).

Sharpness is important, which forces higher shutter speeds even at the expense of noise and resulting quality. The exhibitor triangle reveals that the reporter takes shoots often in low lighting conditions but tries, nevertheless, to work with what there is, choosing bright optics and increasing the sensitivity of his sensor.

Sebastião Salgado says that photography is, like hunting, based on the art of waiting, in the pleasure of seeing history shape before your eyes. And therefore, it's a very lonely profession. "If you live for photography, you see yourself immersed in the real process", what happens becomes interesting; you need to take part in it, to capture it.

I have admired photographers on the field, but sometimes they seem like hooligans at the front: for their type of discipline – between the monastic and athletic –, for their obligation to go one step forward and one step further. But especially because of how they handle the brutal situation of putting an objective in front of someone's face. A camera is an aggressive weapon, compared to the poetry of the notebook. Sometimes, it must seem insulting to appear as if from Mars with those fierce tools, shimmering, dark matt, overpriced, in order to place them in front of a person who is fearful and suffering from their intimacy.

Naturally, it may be understood as harmless to sneak into the house of strangers and end up eating from their plate, while you roll, get near, and finally take the thread a heavy history, of an old breach, of the hope of a daughter or the loss of a husband, juggling with a pen and curiosity.

The advantage, however, of the photographer is that he is able to throw the shield of his camera to the face, buffering distance, there where you would not run out of breath. I have talked to many photojournalists when they are back from the field, in turn, less for their opinions – sometimes cantankerous – but for that talent to see other things than me.

Why photojournalists? Photographers become reporters at some point in the past decades; probably as they discovered each other's history, behind the composition and shutter; the focus shifted and the profession grew.

And why do they go? It is the need to see, the original adventure, but it is not enough; there is ugly and mocking, albeit some miraculous human sparkling. If the concept of current society under which we have been raised is to bring us the rare certainty that we would not again see the pain nearby, or hardly almost recognize it, certain divine justice seems to have been created, in the vaccinated West, a unique determination to know the stranger and by extension, a profession that requires leaving the house behind, as well as these lenses that allow you to set an account of even the most difficult things.

But there they kill and kidnap, with great dedication. "I admire the fact that I am more afraid each time", admits Aranda, a great photographer born out the Arab spring; "to master it – says Lyon – is to focus on what is sought." And it is true that, the farther away you get and are able to return, the more it encourages you to repeat.

And the new drama is no longer the embedded photographer, but not knowing in which hands they are in or who will come to kidnap you tonight. More than 80 journalists have been kidnapped in Syria, more than 70 have died.

Among the emotional fanfare of the traditional meeting of Visa Pour l'Image at the Perpignan Festival, its discoveries and consecrations, the last had the funeral tone of the 36 photojournalists killed in 2014, from notorious veterans to respectable newcomers. Is it worth risking being beheaded in order to temporarily fill pages or screens, in order to make make money with advertising that is placed next to the images which seek to defer your attention to them? Never before have images of the decapitated in Mexico, of Yazidis kneeling as they die, o of people riddled with bullets in Iraqi churches, intermingle with those of beheaded reporters or NGO aides, questioning all values.

So is it worth going, is it worth sending someone, worth publishing a beheading? Is an editor a reporter or censor? Does he de-sensitize the flow of violence given the human capacity for empathy? Moreover, are we asked for it or do we dictate it?

Today the power of many images lies certainly with their reissue and a viral virtue than in the art and profession of the photographer. A growing proportion of the public follows them or replicates them as mere entertainment. Their origin is not even of interest or questioned, and that is how they are actually designed by propagandists, knowing also that the option of self-censorship is abhorrent to the system to which they are intended. In the new world order, the media itself has fallen, at least in the first secular decade, into breaking the first commandment: to verify the material and source, and has changed the fact of publishing truthfully for that of publishing it quickly.

The incursion of the computer and its exponential repeater capability is at the origin of the visual diarrhoea that drowns us. The photographers shoot much more than before. With multiplication and manipulation possibilities *ad infinutum*, creativity soars but only in a similar measure to mediocrity. In view are the photographs now reaching the kiosks.

Saturation has put a serious question mark over the role of the image and, moreover, on its capacity of influence. Among the dangers of this new rule is also the boomerang speed effect with which a photo returns to its origin: that shot on a patrol, linked by satellite, distributed by agencies, aimed at Internet and *Google* search, can show a mother her son doing something improper, if not dead before she even gets the phone call.

When you speak to photographers it is not uncommon to glimpse a magical attribute in photography: the opaque belief that you will get a picture that will end with all pain, the Pulitzer price which has put an end to all wars.

To perform the last shot in the style of *Saigon Execution*, by Eddie Adams in the Tet Offensive, one in which, for the second reading, we understand that the bullet is still going through the brain of the person executed by the Viet Cong, which hit us in such away that it contributed to the end of that disaster. Adams says the camera is the most powerful weapon in the documentary about his life, *An Unlikely Weapon*.

Or the shot of Bernie Boston, picturing policemen at The Mall of Washington, similar to the icon of the Carnation Revolution, or Nick Ut's girl fleeing napalm in Trang Bang; or the man in Tiananmen Square by Stuart Franklin. There is that *Dolorosa árabe* by Samuel Aranda, in Yemen, which won the World Press Photo no less than in the year of the Arab Springs, among dozens of stunning new images; there is no explanation why this image is not in *Upfront*, but not everything desirable is possible.

But "talent is not everything", says Jimmy Fox, the historical editor of Magnum, remembering the great: "It is important to understand the composition, but above all, be able to understand the subject." Here there is no room for opportunism, or prominence; people and issues are not objects. So that it is why today it is disturbing that images are distributed without history or context.

Hunting down a subject, like he who steals a photo through a peephole, is to take the person over, rather than being his/her witness. Consequently, the boundaries become cloudy between who is more important: if the person in front or the one behind the camera. When you deal with human suffering, playing with aesthetics is dangerous.

The first was in Mexico

The first photographed war was that caused among the States of the Union and Mexico, between 1846 and 1848; although the old *Neue Zurcher Zeitung* already had special envoys in Waterloo.

But the recent lighting technique allowed only portraits; the first prominent photographers' device did not appear until the Crimean War, directed by Roger Fenton, between 1853 and 1856 and, shortly thereafter, a similar one was coordinated by Mathew Brady during the American Civil War.

On the eve of WWI, Barnack manufactured Leica's first compact 35mm camera for Leitz in Germany. Eastman created the roll of film in New York and the first Kodak; this great inventor preceded many photographers in their identification with the person on the other side of the lens and devoted much of his profits to those who have nothing.

Leica and Kodak would become in the future, the borrowed moving eyes that would bring to the face of the conceited Western viewer what is not wished to be seen. But it is the power of the image: once seen nothing will look the same way again.

Photography evolves, between the humanization of the First World War, and the media coverage of the Second, abandoning pure documentation to start introducing itself into the artistic field and turning into another of the fine arts. As its brutality grew, it began to be industrially manufactured.

It was, however, the emergence of conflict photography in Vietnam, half a century ago, that society which radically changed the way in which contemplated the fact of war.

The Great Western public was forced to have breakfast and intimate with the terrible truths of war beyond the schematic reading of literature based on wins, losses, and a game of strategy.

From My Lai to the latest offensive in Gaza, going through the districts of Belfast, photo-reporters have finished placing before society the tangible evidence of the terrible moral price of any military incursion, whatever justification there is.

Indeed, war is horror. The photographers have been stripped of their epic. All we think we know about it is through the photographs and, from CNN in 1990, from television. And yet, from Goya to Picasso and reporters in Syria or Sierra Leone, art has also been produced, and at great level. Richard Avedon formed his gaze by photographing the Vietnamese front. But although we know Lee Miller, Cecil Beton, Margaret Bourke-White or Taro and Capa, even Nogales or Mondejar in the Hispanic world, we can not ignore that the vast majority of photo-journalists are unknown.

"If a picture is not good enough it is that you are not close enough", – said, as is renowned – the reporter Robert Capa. But in *Upfront* we have taken that in relation to the spectator: when the observer approaches the intimacy of a photograph, into its interior architecture and its relationship with the reporter himself, one discovers a unique complexity of strata, which is not accessible to the non-sensitized eye.

Each photo is unique if one stops to scrutinise it. Normally we do not give it enough attention but a photographer does. Armed with a lens, he goes in search of it, he waits for it, looks at it, measures it, frames it, until his 'eye', that sixth sense - half intuition, half experience - "presses the shutter / and the photographer ceases to exist" writes the poet Gracia Morales. It is no longer there. The camera has it. Out there, remains only the afterwards.

That capture of reality already has the magical power of photography: that of restarting a second life in the moment that it reaches the observer's retina. Filtered through the visual and cultural concepts, the image takes on an amazing power, even devious, and manipulative, capable to reinvent a virtual reality.

Upfront seeks the added value of sensitising the eyes and a certain way of looking at the photos, as a vehicle to better understand the power of an encounter. If so, visitors will discover that really your eyes are not totally wrong to arbitrarily composed relations, as in those games of pairs or trios of photos.

The narrative is structured artificially by chance, with invented dialogue, digressions and climax. Its humanity and astonishment, started up from this *pars pro toto* of the gushing of images that inundate our perception of the world. And this is because, indeed, the experience inflicted on a skin or a soul is equal, undifferentiated, substitutable. Pain, cowardice or hope is the same, regardless of passport or side of the border, latitude or day of the year.

Thus, the fear of them may not cause the cry or its rifle, but there is no doubt that here, there or elsewhere, another perpetrator is responsible for the anxiety, undoubtedly true, that overwhelms. The cultural helplessness in a border between worlds may as well be equal to the urban neglect that the other feels when he is evicted from what he had called home.

Desperation or good fortune do not require ideological verification or concordant GPS coordinates to be equal, true, shareable, never mind the language in which one prays or screams. This is what, if you allow me, this band of photojournalists will put in front of them and face to face. And they are the children of Kertesz, Capa, Bresson, Koudelka, Natchwey, Salgado, Peress, Rodger, some of which I have still seen working on the ground.

Having spent a long time on mined land has cured me of common errors in projects, with promoters that simply do not have to know what happens in war. I would like to believe that these workers of information, so far from the attractive focus of the sets, are the aristocracy of journalism today, including an increasing number of women.

There are others who should be present in this project as well. I think of Emilio Morenatti, Moisés Saman, Andrés Kudacki, Jon Cazenave, Guillermo Cervera, Ochoa de Olza, Walter Astrada, Sandra Balsells, Darío López-Mills, Bernat Armangué, Ramón Espinosa, Eduardo Verdugo, Fernando Moleres or Silvia Prat. The reason: some are busy, others are veterans, others too young, some others are friends…Specially missed is Enric Marti, head of Latin American photography for AP.

But all of them, with these 23, serve the global reader, every day, a possibly differentiated view: their Hispanic view and cultural memory when looking at the surly back of the world. The exhibition honours those who go out every morning, like the *matador* at five, to scrutinise things closely, and in those who provide us with their gaze at a bargain price. Most respect, specially, goes to those who, when the trumpets sound, will not return and will always be missed.

IMÁGENES DE LA GUERRA CONTRA LA GUERRA

JUAN BORDES
Miembro de la Real Academia Canaria de Bellas Artes de San Miguel Arcángel y de la Real Academia de Bellas Artes de San Fernando

Irremediablemente Goya, la sombra de Goya, los herederos de Goya: este *Frente hispano*, estos 23 testigos del frente y la retaguardia de guerras actuales y eternas; con 70 imágenes, que reconstruyen el imaginario de un solo, único fotógrafo: ese, el que «aprieta el disparador… (y) deja de existir»; con el relato común de ideas engarzadas sobre la desolación de todas las guerras; ideas que están enunciadas con títulos casi goyescos, y juntas parecen reconstruir un poema épico, tan desesperado y sobrecogedor que podría titularse como una de sus líneas: *Objetivo, vivir un día más*:

«Vista de la apariencia del mundo. | Espera, pero ¿qué esperamos? | ¿Y ahí arriba? | Hombres, pero ¿qué pasa? | Sospecho; con reservas | Eso es un hombre. Eso es una mujer | Estos son niños reales | Mira y aprende | Te lo dije | ¿Estamos locos o qué? | Solo. Acompañado | Tan lejos, tan cerca | ¿Cómo de cerca estuvimos? | Sí. Soy yo | Vacío ¿Qué queda después? | Ver para creer | Desenfunda | Objetivo, vivir un día más | Mira y verás | Vida, acércate | Y el mundo gira | En torno al dolor | Déjenme ya descansar | Polvo eres | Caballero. Un respeto | Cómo se pasa la vida | En un salto».

Y los herederos de Goya que ilustran esta narrativa de todos los días y todos los lugares, siempre la única guerra, se llaman: Alfonso Moral, Andoni Lubaki, Andrés Martínez Casares, Ariadna Cubillos, Catalina Martín Chico, Diego Ibarra, Esteban Félix, Guillem Valle, J. M. Lopez, José Colón, Luis de Vega, Manu Brabo, Maysun, Miguel Ángel Sánchez, Moisés Saman, Natacha Pisarenko, Olmo Calvo, Pep Bonet, Rafael Fabres, Raúl Gallego, Ricardo García Vilanova, Rodrigo Abd, Sergio Caro. Militantes que acuden al frente con la única arma de sus cámaras y con el objetivo de pararlo.

Todos comparten el convencimiento de que «la fotografía como imagen fija, es la unidad básica la memoria», idea que Susan Sontag concluyó en su libro *On photography* (1977) razonando que «las fotografías pueden ser más memorables que las imágenes móviles, pues son fracciones de tiempo nítidas, que no fluyen. La televisión es un caudal de imágenes indiscriminadas y cada cual anula a la precedente. Cada fotografía fija es un momento privilegiado convertido en un objeto delgado que se puede guardar y volver a mirar. Fotografías como la que cubrió la primera plana de casi todos los diarios del mundo en 1972 –una niña survietnamita desnuda recién rociada con el estadounidense *napalm* que corre hacia la cámara por una carretera, chillando de dolor, con los brazos abiertos– probablemente contribuyeron más que cien horas de atrocidades televisadas a incrementar la repugnancia del público ante la guerra». (Sontag, 2005, p. 32)

Cuando en junio de 2012 presenté en la Fundación Audi de Beirut una exposición que contenía la serie de grabados *Los desastres de la guerra* (1810-1820) de Goya que conservamos en la Calcografía Nacional, comparados con imágenes fotográficas de la Guerra Civil española del archivo de la Biblioteca Nacional, fue muy revelador y emocionante un encuentro que tuve con reporteros de guerra en la sociedad fotográfica libanesa *Dar Al mussawir*. La exposición titulada *Goya cronista de todas las guerras* y patrocinada por el Instituto Cervantes, ha hecho un recorrido por 15 de sus sedes asiáticas y europeas. Goya habría estado satisfecho de la oportunidad de su mensaje pues en varias de las ciudades que visitó la exposición, el recuerdo de la guerra era un pasado reciente. En el Líbano, la exposición cobró un significado especial. En Beirut, además de que las ráfagas de los tiroteos aun no estaban cubiertas en los edificios de la *Línea Verde*, acudieron a la exposición algunos de los reporteros que pasaban a Siria en incursiones prohibidas para ser testigos imparciales de los horrores de una guerra actual y contaron cosas atroces.

En el encuentro con aquellos foto-reporteros de guerra, uno de los comentarios más sorprendentes fue la unánime consideración y autoridad que todos confieren a las imágenes de Goya, hasta el punto de considerarlas un modelo grabado en sus retinas. Las reconocen como referencia que abarca de forma universal todo su trabajo.

Las imágenes del genial grabador nos muestran no solo instantáneas del frente alejadas de toda consideración heroica, sino que en una atmósfera caótica aparecen escenas de adversarios populares enfrentados en claro desequilibrio de fuerzas a un ejército armado; a la vez que otras imágenes dan testimonio del ensañamiento cruel del vencedor, bien sea de un bando o de otro. La galería de iconos goyescos continúa recogiendo, con idéntica penetración en el irracional comportamiento violento de los protagonistas de una guerra, las más variadas situaciones dramáticas que suceden en todas las guerras. En una secuencia de horrores, el buril dibuja con mirada fotográfica juicios y ejecuciones sumarísimas, violaciones, saqueos, éxodos, evacuaciones de heridos, despojos y apilamiento de cadáveres anónimos. Descripciones en las que la sagaz observación de Goya nos advierte que, además de ser terrible la muerte, aun puede añadirse otro dolor suplementario con la pérdida de la identidad de los cuerpos que se amontonan como estiércol. Goya también describe con sus testimonios incluso la retaguardia, donde sucede otro tipo de violencia e, igualmente, documenta situaciones reiteradas en todas las guerras que van desde humillaciones y linchamientos a forzados colaboracionistas, a las hambrunas, enfermedades y muertes causadas por la escasez de alimentos.

El puñetazo que Goya nos lanza desde sus grabados para golpearnos y escupirnos la inutilidad de la guerra, nos lo duplica presentándonos una posguerra que hace aún más inútiles los sufrimientos y sacrificios mostrados en la imágenes del frente y la retaguardia. Así, la posguerra que Goya nos presenta en imágenes simbólicas y metafóricas, con el grupo de estampas que él llama «caprichos enfáticos», describen la paz fernandina que acarrea la pérdida de derechos humanos.

No es suficiente con calificar las imágenes de *Los desastres de Goya* como precursoras en lo que respecta a su generalización de los desmanes que acontecen durante todas las guerras. Tampoco basta con destacarlas como las primeras imágenes que en la historia del arte asumen una posición decidida de imparcialidad frente a los horrores cometidos por los dos bandos. Es importante señalar que las imágenes creadas por Goya para elaborar todo su complejo discurso en contra de la guerra, no solo anticipan con toda claridad la actitud del foto-reportero que, con su medio de representación, recoge pruebas que dan un testimonio fehaciente de los hechos, sino que también predicen las nuevas estrategias plásticas sobre la imagen que unas décadas después traerá la fotografía.

La intención testimonial y crítica que Goya muestra en *Los desastres* podríamos identificarla como una táctica fotográfica que buscaba obtener pruebas presenciales e imparciales. Títulos como los de las estampas número 44, 45 y 47 (*Yo lo vi*, *Y esto también* o *Así sucedió*), son indicaciones con las que Goya desplaza la fantasía confirmando su voluntad de hacer una crónica de acontecimientos que él mismo acredita. Indicó así que, aunque las imágenes estén recreadas, parten de relatos fiables y de algunas situaciones que fueron vividas personalmente: como las del hambre y la miseria en el Madrid de 1811. Estas dos fuentes, relatos y vivencias, fueron transcritas conceptualmente y generalizadas para conseguir en cada una un alegato intemporal contra la guerra.

Y aún hay más, pues en las imágenes de *Los desastres* existen varias evidencias, que aún no han sido advertidas, por las que podemos asegurar que el método que utiliza Goya para crear sus singulares iconos contra la guerra anuncia una plástica fotográfica, y más concretamente la que será el manifiesto característico del foto-reportero. Esta nueva actitud prefotográfica que asume Goya en *Los desastres*, es completamente diferente a la que tiene durante la realización de sus otras tres series calcográficas, como son *Los caprichos, Los disparates* o incluso *La tauromaquia*, en las que desde luego también se inviste como precursor de próximas tendencias como el surrealismo, el simbolismo o el expresionismo, pero en las que su construcción de la imagen es muy diferente.

Así pues, analizando los grabados de *Los desastres* como antecedentes de la imagen fotográfica, vemos cómo sus acusaciones las transmitió directamente y sin demagogias, es decir, con el leguaje de la instantánea, sin composiciones estéticas y complejas que edulcoren la brutalidad del mensaje. Vemos cómo esos encuadres descompuestos coinciden con lo que será el credo plástico del foto-reportero, buscando enfoques furtivos, desarreglados e insólitos que muestran la oportunidad y rapidez del disparo de la cámara. De la misma manera, al igual que las imágenes de los futuros reporteros gráficos, casi todas las escenas grabadas por Goya contienen *negros parásitos* o zonas vacías de información que centran la atención sobre las áreas de la imagen con el asunto principal. Por eso, todas estas estampas parecen *imágenes robadas*, que hacen vivir al espectador el riesgo y el acierto del fotógrafo al estar en la proximidad del acontecimiento y en el *momento decisivo* del suceso.

Llegar a que los fotógrafos cronistas de guerra tuvieran la independencia crítica y alcanzaran la objetividad actual, de la que ya hacían gala las imágenes de Goya, ha supuesto un largo camino, jalonado de distintas guerras en las que la fotografía ha participado con unos comportamientos bien distintos. Finalmente la opinión independiente e imparcial del fotógrafo de guerra prevalece hoy a la presión del patrocinador y a la censura gubernamental sobre los medios. Pero no siempre ha sido así. Podríamos situar en la guerra de Vietnam (1955-1975) el punto de inflexión que produce esta tendencia, pues la presión mediática de sus fotógrafos contribuyó a los grandes movimientos populares de protesta, que provocaron el cese de hostilidades. Pero hasta llegar a esa imparcialidad del foto-reportero actual conviene recordar sus principales hitos.

Los fotógrafos acudieron a los campos de batalla, por encargo oficial o iniciativa propia, desde la primera década después de la invención de la fotografía en 1839; y eso a pesar de la lentitud y dificultad del manejo de los primeros equipos y procedimientos fotográficos. Aunque la historia de la fotografía está siempre en continua revisión, puesto que su investigación y bibliografía se ha multiplicado tras el interés de las últimas décadas, se considera que algunos daguerrotipos conservados de la guerra entre México y Estados Unidos (1846-1848) son las fotografías de guerra más antiguas. Fueron realizados por un daguerrotipista local de la ciudad de Saltillo y sus largas exposiciones de cinco minutos no permitían más que rígidos retratos de militares.

Una visión más cruda de esta guerra la tenemos a través de los daguerrotipos con imágenes clínicas de los heridos del frente, que fueron tomados por el cirujano Charles J. Bett. Esta visión indirecta de la guerra a través de sus heridos mostrados como casos médicos, volverá a ser contemplada en otras ocasiones, pero siempre el dolor de las víctimas estará oculto tras los fríos textos científicos. La guerra también se muestra a través de fotografías de sus víctimas en un álbum de calotipos conservado en el National Army Museum de Londres que fue realizado por un cirujano y fotógrafo llamado John MacCosh, que sirvió en el ejército durante la segunda guerra sij (1848-49) y que también estuvo presente con su cámara en la segunda guerra burma (1852-53). Esta forma de la fotografía de guerra volverá a aparecer en el siglo XX en la I y en la II Guerra Mundial, así ocurre con la impresionante galería de imágenes de rostros desfigurados por la metralla de las nuevas armas explosivas utilizadas en la I Guerra Mundial, y que la clínica Bier de Berlín realizó para mostrar sus progresos en la cirugía de la reconstrucción del rostro.

Una selección de este archivo se publicó ilustrando el libro médico *Lambeaux biologiques* (1936) de Jean L. Faure, pero también algunas las utilizó el pacifista y anarquista Ernst Friedrich en su libro *War agains War* (1924). Un año antes a esta publicación había creado en Berlín el Museo Internacional Antiguerra, en el que mostraba estas imágenes pero tras la ascensión al poder del partido nazi, fue perseguido hasta cerrarlo. Huyó a Bélgica, donde creó una segunda versión de su museo y, de nuevo, la invasión alemana de 1940 le obligó a huir a Francia. Finalmente dedicó el resto de su vida al activismo pacifista en Estados Unidos. Una colección de imágenes semejantes, con víctimas de la II Guerra Mundial y con idénticos fines clínicos para la cirugía estética, la realizó el fotógrafo Percy Hennell.

Al margen de estos testimonios indirectos de las consecuencias de la guerra, todas las historias de la fotografía citan a la guerra de Crimea (1854-56) como la primera en tener una cobertura fotográfica, oficial y privada. En ella destacó Roger Fenton (1819-1869) como el primer gran fotógrafo de guerra enviado en misión oficial, pues la prensa inglesa del momento se hizo eco de una opinión que manifestaba el descontento sobre la desatención gubernamental de su ejército. Por eso, *The Times* sugirió el envío de reporteros que dieran una exacta representación de las realidades de la guerra. Finalmente, el gobierno decidió enviar una unidad fotográfica, dirigida por el fotógrafo Roger Nicklin pero el barco en el que viajaba todo el equipo desapareció durante un huracán. Poco después fue Fenton, fotógrafo de la familia real, quien recibió el encargo del editor Thomas Agnew de ser testigo de la contienda, que enfrentaba a Inglaterra, Francia y Cerdeña contra Rusia disputándose el control de la provincia del Mar Negro. La expedición fotográfica fue financiada por el gobierno inglés a cambio de que sus imágenes no registraran el horror de la guerra. La difícil labor de Fenton culminó con la toma de unas 700 placas de cristal utilizando la técnica del colodión. Pero su reportaje, mediatizado por los acuerdos previos, solo mostró una guerra controlada, que tuvo su reflejo en prensa a través de versiones grabadas.

Una visión algo más dura de esta guerra es la que dieron los fotógrafos James Robertson (1813-1888) y Felice Beato (1834-1909), que llegaron a Crimea al retirarse Fenton. Robertson mostró vistas panorámicas de escenas de campaña, mientras que Beato fue quien primero fotografió los cadáveres de soldados sobre el campo de batalla. Este fotógrafo mostró esa misma crudeza en otras contiendas de las que fue testigo en su viaje a Oriente, como la segunda guerra del opio (1857) y la rebelión de la India (1857), hasta terminar estableciéndose en la ciudad japonesa de Yokohama para comercializar desde allí una visión poética de escenas costumbristas. Otros fotógrafos independientes estuvieron presentes en esta guerra, entre los que destacó el rumano Carol Popp, que accedió a las líneas rusas y turcas.

La guerra de Secesión (1861-1865), contrariamente a la de Crimea, tuvo una cobertura exclusivamente privada, y con un alcance amplísimo en todos sus frentes, lo cual no tenía precedentes, y tardaría tiempo en igualarse. Sin embargo, esta independencia produce una visión militarista y poco crítica con los horrores, exceptuando las escasas imágenes de campos de batalla. El creador de este proyecto fue el fotógrafo Mathew Brady (1822-1896) que organizó a su costa un equipo de más de veinte fotógrafos, para realizar el seguimiento de los distintos ejércitos. En 1863 expuso una parte del trabajo en su galería de Nueva York, impactando con imágenes de cadáveres yacentes en los campos de batalla. La inversión económica fue considerable, unos 100.000 dólares, logrando realizar un archivo de 10.000 tomas; sin embargo su ruina fue total, ya que después de muchos años, tras el fin de la guerra, solo consiguió que el Gobierno comprara su trabajo por 25.000 dólares. Algunos de los fotógrafos más destacados de su equipo buscaron una identidad propia, declarándose como autores independientes de Brady. Así ocurrió con Alexander Gardner (1821-1882), que publicó un álbum de fotografías encoladas con el título *Gardner Photographic Sketch Book of the War* (1866), o George N. Barnard (1819-1902), que publicó el resultado de su seguimiento a las tropas del general Sherman en el álbum *Photograph Views of the Sherman Campaign* (1866). Otros dos fotógrafos destacados del nutrido equipo fueron Timothy H. O'Sullivan (1840-1882) y Thomas C. Roche (1826-1895).

Poco después, en el sitio de París durante la guerra franco-prusiana (1870-71), la estrategia militar francesa descubrió usos inéditos para la fotografía utilizándola como arma bélica. Fueron las primeras aplicaciones de la fotografía aérea, obtenidas desde cometas y globos, para conocer los despliegues de las tropas asaltantes; así mismo, para transmitir mensajes con palomas mensajeras se utilizó la microfotografía, que era ampliada con la linterna mágica.

Pero en la terrible represión de la Comuna de París (1871), la imagen fotográfica sufrió gran variedad de manipulaciones lo que devaluó su valor testimonial. En esa revolución, las fotografías más conocidas que trucan hechos históricos fueron realizadas por el pintor y fotógrafo Eugène Appert (1831-1890?). Es una serie de diecisiete escenificaciones con actores, muchos de sus rostros sustituidos con collage, que recreaban *Les Crimes de la Commune* en complejas composiciones sobre los lugares de los hechos. Unas representan la matanza de los dominicos d'Arcueil, otras los fusilamientos llevados a cabo por órdenes de la Comuna, etc. Con estas imágenes la fotografía sufrió un golpe a su credibilidad, sin embargo, como contrapartida a estas falsas fotografías, el mismo gobierno versallesco que las propició utilizó las que en los días de euforia revolucionaria había hecho Bruno Braquehais (1823-1875) a grupos de orgullosos comuneros en sus barricadas. Estos documentos fotográficos, incautados por los vencedores, sirvieron para testificar en contra de los ciudadanos oponentes al gobierno represor y fueron las pruebas acusatorias para sus condenas y ejecuciones. Otro uso singular que tuvo la fotografía en las revueltas de 1871 en París fueron los álbumes comercializados con fotografías del estado de ruina en el que quedaron muchos de los principales edificios públicos en donde se habían hecho fuertes los comuneros; entre otros destacan los de A. Liebert, *Les Ruines de Paris*, y Charles Soulier, *Paris Incendies*.

Una nueva forma de mirar la guerra estuvo alimentada por intereses comerciales. Esta opción fue habitual en la guerra surafricana de los Bóers (1899-1902), en la que se produjo una inusitada demanda comercial sobre sus imágenes, que provenía de particulares interesados en coleccionarlas. Este nuevo mercado se atendió con la fotografía estereoscópica, moda que alimentaba el ocio de las reuniones sociales europeas.

El 4 de marzo de 1880 el *Daily Graphic* de Nueva York reprodujo, por primera vez, una fotografía de una de las guerras que coincidían con la irrupción de la fotografía en la prensa ilustrada, fue la hispanoamericana o guerra de Cuba (1898). El interés americano sobre estos acontecimientos bélicos tiene el seguimiento de fotógrafos profesionales como Richard Harding Davis, Burr McIntosh, Charles Sheldon, John Hemment, George Lynch, y sobre todo el de fotógrafos enviados por la prensa, como James Burton, William Dinwiddie para el *Harper's Weekly* o James Hare para el *Collier's Weekly*. Otras guerras tuvieron un seguimiento, aunque menor, desde las prensas foráneas a los países contendientes. Valgan como ejemplo la ruso-japonesa (1904-1905), seguida por el citado fotógrafo James H. Hare (1856-1946) ayudado por V. K. Bulla, R. L. Dunn, J.F.J. Archibald R. Barry, A. Bartlett, J. Ricalton; o la revolución mexicana (1910-1917), para la que la mejor fuente de documentación fotográfica es el archivo del fotógrafo de prensa mexicana Agustín Casasola (1874-1938).

Con la fotografía amateur, que se desarrolló desde que en 1888 la empresa Kodak, fundada por George Eastman (1854-1832), introdujo en el mercado una sencilla cámara portátil, capaz de hacer 100 tomas que eran descargadas y reveladas en los laboratorios de la firma, se democratizó el uso de la fotografía. Desde entonces, para capturar los recuerdos propios, no se necesita la ayuda del profesional. Los anónimos soldados se convirtieron en reporteros de sus momentos memorables y de sus tragedias, hasta el punto de que la mayor parte de los archivos con fotografías que describen la I Guerra Mundial (1914-1918) son de autores anónimos. Así, por ejemplo, la extraordinaria colección del Musée de l'Armée de París está formada por fotos realizadas por soldados y mandos combatientes. Entre los fotógrafos de esta guerra destaca el teniente Jean Baptiste Tournassoud (1866-1951) que, junto con algunos fotógrafos profesionales como Cautelleont, fue el primero en utilizar el color en la fotografía de guerra. Tournassoud fue amigo de los hermanos Auguste y Louis Lumière, quienes en 1903 habían inventado y patentado el *autochrome*, una de las primeras soluciones comercializadas para obtener la fotografía en color. Sin embargo, los testimonios de estos fotógrafos favorecen una visión militarista y sin denuncias.

En la década de 1930, las cámaras con óptica de calidad y uso de película de 35 mm se aligeran con la aparición de la Leica I (1928), lo que provee a los profesionales de la misma movilidad de la que hacía alarde la fotografía del aficionado. También desde esos años se generalizó el uso en el fotoperiodismo de la Rolleiflex, igualmente portátil pero con negativo de 6x6 y cuyo visor superior puso de moda los «planos de ombligo», pues esa era la altura a la que se sitúa la cámara para el disparo.

Los reporteros utilizaron por primera vez estos equipos en la Guerra Civil española, contienda que tuvo una gran cobertura en la prensa internacional. Robert Capa (1913-1954) es el fotógrafo extranjero más conocido y autor de uno de los iconos míticos de esta tragedia: *La muerte de un miliciano en Cerro Muriano*, publicada por primera vez en la revista *Vu* (1936) y al año siguiente en *Life*. Igualmente hemos de destacar a sus compañeros David Seymour (Chim) (1911-1956) y Gerda Taro (1910-1937), que murió en el frente atropellada por un tanque; también a Margaret Michaeli (1902-1985), Hans Namuth (1915-1990) y, desde luego, a los españoles Agustí Centelles (1909-1985) y Alfonso Sánchez (1880-1953). Sería imposible referir a tantos fotógrafos locales o anónimos que forman el grueso de los importantes archivos españoles sobre la Guerra Civil, como el de Salamanca, el de Alcalá de Henares y los de varias bibliotecas públicas que guardan nuestra memoria histórica. De entre ellos, destaca la colección de fotografías sobre la Guerra Civil que se custodia en la Sección de Bellas Artes de la Biblioteca Nacional.

La II Guerra Mundial (1939-1945) coincidió con un momento en el que las revistas gráficas estaban plenamente evolucionadas y tenían unos sólidos equipos formados por los más importantes fotógrafos del momento. El mejor ejemplo es la revista americana *Life*, fundada en 1937, que envió un equipo de 21 fotógrafos para cubrir los distintos frentes en los que se desarrolló la guerra. Entre ellos estaban Robert Capa, que acompañó a las tropas aliadas en día D en Normandía; Margaret Bourke White (1904-1971), primera mujer corresponsal de guerra y que fotografió en los frentes de Italia y la Unión Sovietica; el ruso Dmitri Baltermants (1912-1990) destacado durante la batalla de Stalingrado; Eliot Elisofon (1911-1973), en el Norte de África; o William Vandivert (1912) presente durante los bombardeos de Londres, etc.

Pero durante la II Guerra Mundial, una de las guerras con menos críticas sobre su justificación, circularon imágenes de los desastres de ambos contendientes, aunque no fueran de la misma autoría, y eso alertó ciertas conciencias que más tarde fueron críticas. Las pruebas fotográficas del ensañamiento destructivo de los aliados sobre objetivos civiles de Hamburgo o Berlín silenciaba la rabia que generaban la destrucción de Londres por la aviación alemana, y sobre todo las terribles imágenes del exterminio judío por los nazis, conocidas tras el final de la guerra con las imágenes de George Rodger (1908-1995), el primero en fotografiar el horror del campo de concentración de Bergen-Belsen tras su liberación. Sin embargo, fotógrafos como Yosuke Yamahata (1917-1966), que puso imágenes al horror de la bomba atómica sobre Nagasaki, dejaron sin argumentos a quienes justificaban el bombardeo como necesario para finalizar la guerra. Verdaderamente resulta cínico tal razonamiento si pensamos que la demostración del poder de tales armas para conseguir la claudicación del enemigo se habría conseguido igualmente sobre un paisaje desolado u objetivos militares, y en el peor de los casos, sobre una única ciudad y no sobre dos grandes poblaciones civiles.

Finalmente, durante la larga guerra de Vietnam (1955-1975), aparecieron nuevas revistas gráficas con grandes tiradas, como *Bunte, Época, Paris Mach, Stern*, pero sin que *Life* perdiera su liderazgo. Esta guerra supuso una atención prioritaria para todas ellas, por lo que a las pioneras agencias de prensa, como Magnum y Black Star, se unieron Gamma, Sygma, Sipa, Agence France-Presse, Associated Press, o United Press. La lista de foto-reporteros que cubrieron esta singular guerra es muy extensa, pero es imprescindible destacar a Eddie Adams, Larry Burrows, Robert Capa, Charles Chellapah, David Douglas Duncan, Charles Eggleston, Horst Faas, Philip Jones Griffiths, Dirck Halstead, Henri Huet, David Hume Kennerly, Catherine Leroy, Don McCullin, Tim Page, Toshio Sakai, Kyoichi Sawada, Dana Stone, Shigeru Tamura, Nick Ut. Y entre la labor de todos ellos fue un hito el reportaje «Vietnam: a degree of disillusion» (*Life*,1969), del mítico fotógrafo Larry Burrows (1926-1971), muerto en esta guerra. Pero el efecto que entre todos ellos consiguieron resolvió el final de la guerra. Después de la retirada de las tropas de Vietnam, el Pentágono acusó a los medios de comunicación de ser los verdaderos causantes de la derrota americana. Desde entonces, el fotógrafo de guerra conoció su propia fuerza, por eso después de Vietnam la prensa adquirió un nuevo compromiso de responsabilidad.

Desde entonces, el número de reporteros presentes en los conflictos actuales se ha multiplicado extraordinariamente. El progresivo aumento ha sido extraordinario si observamos que el desembarco de Normandía fue cubierto por 27 informadores; en la guerra de Corea estuvieron acreditados 70 reporteros, mientras que en la guerra de Vietnam ya alcanzaron a ser 400 los periodistas que trabajaron en las líneas americanas. En la primera guerra del Golfo fueron 159 fotógrafos los que estuvieron en primera línea de fuego, y pasaron a ser 500 en la segunda guerra del Golfo. Esta fue la primera guerra de la historia retransmitida en directo, y a la que las principales cadenas de televisión enviaron unos equipos numerosos: 250 personas por la CNN, 200 por la BBC, 100 por la Fox, mientras que Al-Yazira con solo 50 batió todos los récords de audiencia. Sin embargo, desde la difusión de la fotografía en 1839, la guerra de las Malvinas (1982) fue la primera guerra sin imágenes.

«La primera víctima de la guerra es la verdad», este es un tópico que siempre ha circulado entre los cronistas de una guerra y precisamente la verdad, personificada por una resplandeciente figura femenina, es la idea protagonista de los últimos grabados de *Los desastres*.

IMAGES OF WAR AGAINST WAR

JUAN BORDES
Member of the Real Academia Canaria de Bellas Artes de San Miguel Arcángel and the Real Academia de Bellas Artes de San Fernando

Inevitably Goya, Goya's shadow, Goya's heirs: *Up Front*, these 22 witnesses of the front and the rearguard of existing wars; with 66 images that reconstruct the imaginary of a sole photographer: he who "pulls the trigger and ceases to exist"; with the common narrative of 27 ideas strung over the desolation of all wars; ideas that are stated with almost Goya-like titles, and together seem to reconstruct an epic poem, so hopeless and overwhelming it could be called the same as one of his lines: *Objective, live another day:*

"View of the appearance of the world. | Wait, but what are we waiting for? | And up there? | Men, but what is happening? | I suspect; with reserves | That's a man. That's a woman | These are real children | Look and learn | I told you | Are we crazy or what? | Alone. Accompanied | Faraway, so close | How close were we? | Yes. It is I | Empty. What is left afterwards? | See-ing is believing | Draw | Objective, live another day | Look and see | Life, come closer | And the world turns | Around the pain | Let me rest now | Ashes to ashes | Gentleman. A respect | How life passes | In a leap".

And Goya's heirs who illustrate this narrative are called: Alfonso Moral, Andoni Lubaki, Andrés Martínez Casares, Ariadna Cubillos, Catalina Martín Chico, Diego Ibarra, Esteban Félix, Guillem Valle, J. M. Lopez, José Colón, Luis de Vega, Manu Brabo, Maysun, Miguel Ángel Sánchez, Moisés Saman, Natacha Pisarenko, Olmo Calvo, Pep Bonet, Rafael Fabres, Raúl Gallego, Ricardo García Vilanova, Rodrigo Abd, Sergio Caro. Militants who go to the front to stop the war with only their cameras as a weapon.

They all share the belief that "the picture as a still image, is the basic unit of memory", an idea that Susan Sontag concluded in her book *On photography* (1977) reasoning that "photographs can be more memorable than moving images, because they are sharp fractions of time, that do not flow. Television is a wealth of indiscriminate images and each overrides the previous one. Each still photograph is a privileged moment turned into a slim object that can be saved and looked at again. Photographs like the one that covered the front page of nearly every newspaper in the world in 1972-a naked South Vietnamese child just sprayed by American *napalm* running towards the camera down a road, screaming in pain, arms open-probably contributed more than one hundred hours of televised atrocities to increase public revulsion against the war". (Sontag, 2005: 32)

When in June 2012 I presented at the Audi Foundation of Beirut an exhibition that contained the series of prints *Los Desastres de la Guerra* (1810-1820) by Goya that were conserved at the National Chalcography, compared with photographic images of the Spanish Civil War of the archives at National Library, I had a very revealing and emotional encounter with the war reporters of the Lebanese photographic society *Dar Al mussawir.*. The exhibition entitled *Goya cronista de todas las Guerras* and sponsored by the Cervantes Institute, toured 15 of its Asian and European centres. Goya would have been pleased with the opportunity to post his message in several of the cities the exhibition visited, the memory of the war was a recent past. In Lebanon, the exhibition took on a special meaning. In Beirut, in addition to the fact that the bursts of gunfire had still not been erased from the buildings of the *Green Line*, some of the reporters who came to the exhibition were those who go into Syria on banned raids to be impartial witnesses about the horrors of the current war and told us of terrible things.

At the meeting with those war photojournalists, one of the most striking comments was the unanimous consideration and authority they all conferred to Goya's images to the point of considering them a model engraved in their retinas. They recognise them as a reference that universally covers all their work.

The images of the great engraver not only show us snapshots of the front far away from any heroic consideration, but that in a chaotic atmosphere there are scenes of popular adversaries facing a clear imbalance of forces with an armed army; while other images testify to the brutal cruelty of the winner, either from one side or the other. The gallery of Goya-like icons continues collecting, with identical insight in the irrational violent behaviour of the protagonists of a war, the most diverse dramatic situations of what happens in all wars. In a sequence of horrors, the engraver draws with photographic gaze the trials and summary executions, rapes, looting, exodus, evacuation of wounded, plundering and stacking of anonymous corpses. Descriptions in which Goya's wise observation warns us that, besides being a terrible death, there can be another additional pain with the loss of identity of the bodies piled up like manure. Goya also even describes the rearguard with his witness statements, where there are other types of violence, and also reports situation which occur repeatedly in all wars ranging from lynchings and humiliations to forced collaborators, famines, diseases and deaths caused by food shortages.

The blow that Goya hits us with from his engravings, in order to beat into us and spit at us the futility of war, he increases by presenting us with a post-war that makes the suffering and sacrifice shown in the images of the front and the rearguard even more useless. Thus the postwar that Goya shows us in symbolic and metaphorical images, with the group of prints which he calls "caprichos enfáticos", which describe the Ferdinand peace and that lead to the loss of human rights.

It is not enough to qualify the images of Goya's *Los desastres* as precursors with respect to their generalisation of the excesses that occur during all wars. Nor is it enough to highlight them as the first images that in the history of art take a decisive stance of impartiality against the horrors committed by both sides. It is important to point out that the images created by Goya to produce his complex speech against war, not only anticipate clearly the photo-reporter's attitude who, with his means of representation, collects evidence which provide a reliable testimony of the facts, but also predict the new visual strategies on the image which some decades later would be brought by photography.

The testimonial and critical intention that Goya shows in *Los Desastres* we could identify as a photographic tactic which was seeking to obtain face to face and impartial evidence. Titles such as print numbers 44, 45 and 47 (*Yo lo vi*, *Y esto también* or *Así sucedió*), are indications with which Goya displaces fantasy, confirming his willingness to chronicle events which he himself has evidenced. In this way he indicated that, even if the images are recreated, they start off from reliable accounts and some situations that were experienced personally: like hunger and poverty in Madrid in 1811. These two sources, stories and experiences, were transcribed conceptually and generalised to obtain in each one a timeless statement against war.

And there is more, because in the images of *Los Desastres* there are several evidences, which have not yet been noticed, by which we can ensure that the method that Goya uses to create his unique icons against war announce a visual photography, and specifically that which will be the characteristic statement of the photo-reporter. This new pre-photographic attitude that Goya assumes in *Los Desastres* is completely different to that he has when he carries out the other three hand calcographic series, such as *Los Caprichos*, *Los Disparates* or even *La Tauramaquia*, in which of course he is also a precursor of upcoming trends such as surrealism, symbolism and expressionism, but in which his construction of the picture is very different.

Thus, analysing the engravings of *Los Desastres* as the precedents of photographic image, we see how he transmitted his accusations directly and without demagoguery, that is, with the language of the snapshot, without aesthetic and complex compositions that sweeten the brutality of the message. We see how these chaotic frames match what will be the visual creed of the photo-reporter, looking for furtive, dishevelled and unusual approaches that show the timing and speed of the camera shot. Similarly, like the images of future graphic reporters, almost all the scenes recorded by Goya contain *black parasites* or empty areas of information that focus attention on the areas of the image with the main action. Therefore, these prints seem like *stolen images* that make the viewer experience the risk and the success of the photographer being near the event and at the *decisive moment* of the event.

To get to point where chronicler photographers of war had the critical independence and objectivity of today, which Goya's images already demonstrated, has been a long road, dotted with different wars in which photography has been involved with some very different behaviours. Finally, the independent and impartial view of the War Photographer prevails today with the pressure of the sponsor and government censorship of the media. But it has not always been so. We could cite the Vietnam War (1955-1975) the turning point which produced this trend, as the media pressure of its photographers contributed to the great popular protest movements that led to the cessation of hostilities. But to get to that impartiality of the current photo-reporter we should remember their major milestones.

Photographers flocked to the battlefields, by official order or their own initiative, since the first decade after the invention of photography in 1839; and this was despite the slowness and difficulty of managing the first photographic equipment and procedures. Although the history of photography is always under constant review, as its research and literature has increased after the interest of the last decades, some daguerreotypes preserved from the war between Mexico and the United States (1846-1848) are considered to be the oldest war photographs. They were taken by a local daguerreotypist of the city of Saltillo and their long exposures of five minutes did not allow anything more than rigid military portraits.

We have a harsher view of this war through daguerreotypes with clinical images of the wounded from the front, which were taken by the surgeon Charles J. Bett. This indirect view of war through its wounded shown as medical cases, will be seen at other times, but the pain of the victims will always be hidden behind the cold scientific texts. The war is also shown through photographs of its victims in a calotype album preserved in the National Army Museum in London which were taken by a surgeon and photographer named John MacCosh, who served in the army during the Second Sikh War (1848 49) and was also present with his camera in the second Burma War (1852-1853). This form of war photography reappears in the twentieth century in the First and Second World Wars, so it is with the impressive gallery of faces disfigured by shrapnel from explosive new weapons used in World War II, and those of the Bier clinic of Berlin taken to show its progress in reconstructive face surgery.

A selection of this archive was published illustrating the medical book *Lambeaux biologiques* (1936) by Jean L. Faure, but some were also used by the anarchist and pacifist Ernst Friedrich in his book *War against War* (1924). A year before this publication he established the International Anti-War Museum in Berlin, which showed these pictures but after the rise to power of the Nazi party, he was persecuted until he closed it. He fled to Belgium, where he created a second version of his museum and, again, the German invasion of 1940 forced him to flee to France. Finally, he devoted the rest of his life to peace activism in the United States. A collection of such images, with victims of the Second World War and with identical clinical purposes for cosmetic surgery, were taken by the photographer Percy Hennell.

Besides this indirect evidence of the consequences of war, all photography stories cite the Crimean War (1854-1856) as the first to have official and private photographic coverage. In it Roger Fenton (1819-1869) stood out as the first great war photographer sent on an official mission, as the British press of the time echoed an opinion expressing discontent over governmental neglect of its army. So, *The Times* suggested sending reporters to give an accurate representation of the realities of war. In the end, the government decided to send a photographic unit, directed by the photographer Roger Nicklin but the ship in which the entire team was travelling disappeared during a hurricane. Shortly after it was Fenton, the royal family's photographer, who was commissioned by the publisher Thomas Agnew to be witness to the battle, which pitted England, France and Sardinia against Russia vying for control of the Black Sea province. The photographic expedition was funded by the British government in exchange that its images did not register the horror of war. Fenton's difficult work ended up with 700 glass plates being taken using the collodion technique. But his coverage, mediated by previous agreements, only showed a controlled war, which was reflected in the press through recorded versions.

A somewhat harsher view of this war was given by the photographers James Robertson (1813-1888) and Felice Beato (1834-1909), who came to Crimea when Fenton retired. Robertson showed panoramic scenes of the campaign while Beato was the first to photograph the bodies of soldiers on the battlefield. This photographer showed the same harshness in other battles he witnessed on his journey to the East, such as the Second Opium War (1857) and rebellion in India (1857), until he ended up settling in the Japanese city of Yokohama to market from there a poetic vision of scenes of local customes and manners. Other independent photographers were present in this war, including the Romanian Carol Popp who accessed the Russian and Turkish lines.

The American Civil War (1861-1865), unlike the Crimea, had an exclusively private coverage, and with a broad scope on all fronts, which was unprecedented, and would take time to equalise. However, this independence produced a militaristic and uncritical vision of the horrors, except for the few images from the battlefields. The creator of this project was the photographer Mathew Brady (1822-1896) who organised at his own expense a team of more than twenty photographers to track the various armies. In 1863 he exhibited some of the work at his gallery in New York, making an impact with recumbent images of corpses on the battle fields. The financial investment was substantial, about $100,000, creating an archive of 10,000 shots; however his ruin was complete, because after many years, after the end of the war, he could only get the government to buy his work for $25,000. Some of the most prominent photographers of his team sought their own identity, declaring themselves independent authors from Brady. So it was with Alexander Gardner (1821-1882), who published a photo album with the title *Gardner Photographic Sketch Book of the War* (1866), and George N. Barnard (1819-1902), who published the results of his following of General Sherman's troops in the album *Photograph Views of the Sherman Campaign* (1866). Two other prominent photographers from the large team were Timothy H. O'Sullivan (1840-1882) and Thomas C. Roche (1826-1895).

Soon afterwards, in the siege of Paris during the Franco-Prussian War (1870-1871), French military strategy discovered unprecedented use for photography using it as a weapon of war. These were the first applications of aerial photography, obtained from kites and balloons, to get to know the deployments of assailant troops; micro-photography was also used to transmit messages with homing pigeons, which was enlarged using a magic lantern.

But in the terrible repression of the Paris Commune (1871), the photographic picture suffered many manipulations which devalued its testimonial value. In this revolution, the best known historical photographs that fake the historical events were taken by the painter and photographer Eugène Appert (1831-1890?). It is a series of seventeen staged scenes with actors, many of their faces replaced with *collage*, recreating *Les Crimes de la Commune* in complex compositions on places of the events. Some represent the killing of the d'Arcueil Dominicans, others executions carried out by order of the Commune, and so on. With these images photography suffered a blow to its credibility; however, as a counterpart to these fake photographs, the same government from Versailles that supplied them used those which had been taken by Braquehais Bruno (1823-1875) during the days of revolutionary euphoria, of groups of proud commoners in their barricades. These photographic documents seized by the victors, served to testify against citizens opposing the repressive government and were used as incriminating evidence for its convictions and executions. Another unique use that photography had in the 1871 riots in Paris were albums sold with pictures of the state of ruin in which many of the major public buildings had been left when the Commune people turned them into forts; among others are highlighted those of A. Liebert, *Les Ruines de Paris,* and Charles Soulier, *Paris Incendies.*

A new way of looking at the war was fuelled by commercial interests. This option was common in the South African Boer War (1899-1902), in which there was an unprecedented commercial demand for its images that came from individuals interested in collecting them. This new market was met with stereoscopic photography, a fashion that fuelled entertainment at European social gatherings.

On 4th March 1880 the *New York Daily Graphic* reproduced for the first time, a photograph of one of the wars that coincided with the advent of photography in the illustrated press, it was the Spanish-American or Cuba war(1898). The American interest in these war events was followed by professional photographers like Richard Harding Davis, Burr McIntosh, Charles Sheldon, John Hemment, George Lynch, and especially the photographs sent by the press, such as James Burton, William Dinwiddie for *Harper's Weekly* or James Hare for *Collier's Weekly*. Other wars were followed, but less so, by the foreign press of the contender countries. An example would be the Russo-Japanese (1904-1905), followed by the photographer James H. Hare (1856-1946) helped by V.K. Bulla, R.L. Dunn, J.F.J. Archibald R. Barry, A. Bartlett, J. Ricalton; or the Mexican Revolution (1910-1917), for which the best source of photographic documentation is the archive of the Mexican press photographer Agustín Casasola (1874-1938).

With *amateur* photography, which evolved when in 1888 the company Kodak, founded by George Eastman (1854-1832), introduced to the market a simple hand-held camera, capable of 100 shots that were unloaded and developed in the company's laboratories, and so the use of photography was democratised. Since then, no professional help was needed to capture one's own memories. Anonymous soldiers became reporters of their memorable moments and tragedies, to the point that most of the archives with photographs depicting the First World War (1914-1918) are by anonymous authors. For example, the extraordinary collection of the Musée de l'Armée in Paris consists of photographs taken by soldiers and combatant commands. Among photographers of this war Lieutenant Jean Baptiste Tournassoud (1866-1951) stands out who, along with some professional photographers like Cautelleont, were the first to use colour in war photography. Tournassoud was a friend of the brothers Auguste and Louis Lumière, who in 1903 had invented and patented the *autochrome*, one of the first solutions on the market for colour photography. However, the testimonies of these photographers favour a militaristic vision and without complaints.

In the 1930s, cameras with optical quality together with the use of 35mm film become lighter with the appearance of the Leica I (1928), which provided professionals the same mobility flaunted by amateur photography. During those years the use in photojournalism of Rolleiflex was also generalised, it was also as portable but with 6x6 negatives and whose upper viewer put into fashion the *flat belly spreads*, because that was the height at which the camera was located for the shots.

Reporters first used such equipment in the Spanish civil war, a conflict that had great coverage in the international press. Robert Capa (1913-1954) is best known foreign photographer and author of one of the legendary icons of this tragedy: *La muerte de un miliciano en Cerro Muriano*, first published in the magazin *Vu* (1936) and the following year in Life. We should also highlight his colleagues David Seymour (Chim) (1911-1956) and Gerda Taro (1910-1937), who died on the front, run over by a tank; also Margaret Michaeli (1902-1985), Hans Namuth (1915-1990) and, of course, the Spaniard Agustí Centelles (1909-1985) and Alfonso Sánchez (1880-1953). It would be impossible to refer to so many local or anonymous photographers who form the bulk of the important archives on the Spanish civil war, such as those of Salamanca, those of Alcala de Henares and several public libraries that keep our historical memory. Among these is the collection of photographs of the civil war that is kept in the Section of Fine Arts at the National Library.

The Second World War (1939-1945) coincided with a time when graphic magazines had fully evolved and had solid teams made up by the most important photographers of the time. The best example is the American magazine *Life*, founded in 1937, which sent a team of 21 photographers to cover the different fronts where the war took place. Among them were Robert Capa, who accompanied Allied troops on D-Day in Normandy; Margaret Bourke White (1904-1971), the first woman war correspondent and who photographed the fronts of Italy and the Soviet Union; Russian Dmitri Baltermants (1912-1990) highlighted during the Battle of Stalingrad; Eliot Elisofon (1911-1973), in North Africa; or William Vandivert (1912) present during the bombing of London, and so on.

But during World War II, one of the wars with fewer criticisms regarding its justification, images circulated of the disasters of both contenders, even if not of the same ownership, and this raised certain awareness that was later criticised. Photographic evidence of the destructive brutality by the allies on civilian targets in Hamburg or Berlin were silenced by the rage generated by the destruction of London by German aircraft, especially the terrible images of Jewish extermination by the Nazis, known about after the end of the war with images by George Rodger (1908-1995), the first to photograph the horror of the concentration camp of Bergen-Belsen after its liberation. But photographers like Yosuke Yamahata (1917-1966), which put images to the horror of the atomic bomb on Nagasaki, left without arguments those that justified the bombing as necessary to end the war. Indeed such reasoning seems cynical if we think that the demonstration of the power of such weapons to get the enemy to capitulate would have been achieved in the same way over desolate landscape or military objectives, and in the worst case, on one city and not on two large civilian populations.

Finally, during the long Vietnam War (1955-1975), new graphic magazines with large print-runs appeared, such as *Bunte, Época, Paris Mach, Stern,* but without *Life* losing its leadership. This war was a priority for all of them, so the pioneers news agencies such as Magnum and Black Star, were joined by Gamma, Sygma, Sipa, Agence France-Presse, Associated Press, or United Press. The list of photojournalists who covered this particular war is very extensive, but we should highlight Eddie Adams, Larry Burrows, Robert Capa, Charles Chellapah, David Douglas Duncan, Charles Eggleston, Horst Faas, Philip Jones Griffiths, Dirck Halstead, Henri Huet, David Hume Kennerly, Catherine Leroy, Don McCullin, Tim Page, Toshio Sakai, Kyoichi Sawada, Dana Stone, Shigeru Tamura, Nick Ut. and between the work of all of them the report "Vietnam: a degree of disillusion" (*Life*, 1969) from the legendary photographer Larry Burrows (1926-1971), who died in this war, was a landmark. But the effect they all achieved between them resolved the end of the war. After the withdrawal of troops from Vietnam, the Pentagon accused the media of being the true causes of American defeat. Since then, the war photographer knew his own strength, so the press after Vietnam gained a new commitment to responsibility.

Since then, the number of reporters present in current conflicts has increased dramatically. The gradual increase has been extraordinary if we observe that the Normandy landing was covered by 27 informants; in the Korean War 70 reporters were accredited, while in the Vietnam War they were more than 400 journalists who worked on the American lines. In the first Gulf War there were 159 photographers who were on the front-line, and these became 500 in the second Gulf War. This was the first war in history to be broadcast live, and the major television networks sent large teams: 250 people from CNN, 200 from the BBC, 100 from Fox, while Al-Jazeera with only 50 broke all audience records. However, since the spread of photography in 1839, the Falklands War (1982) was the first war without pictures.

"The first casualty of war is truth", this is a topic that has always circulated among the war chroniclers and indeed the truth, personified by a glowing female figure, is the leading protagonist of the last prints of *Los Desastres.*

FOTO-REPORTEROS HISPANOS QUE TRIUNFAN

SANTIAGO LYON
Associated Press. Vicepresidente y Director de fotografía de la agencia

Recuerdo que en 2012 me encontré con un conocido periodista español en el pasillo del edificio neoyorquino donde trabajo y hablamos del gran éxito de Samuel Aranda, primero colaborador de los diarios *El País* y *El Periódico de Catalunya* y luego de las agencias EFE y France Presse, al obtener el premio World Press Photo of the Year de 2011 por la conmovedora fotografía de una madre consolando a su hijo herido en Yemen. Me comentó: «Es raro ver triunfar así a un fotógrafo español». Le respondí que al contrario, pues varios foto-reporteros de nacionalidad española, así como también otros cuantos hispanoamericanos y algunos extranjeros muy vinculados a nuestro periodismo, llevan años destacando en este peligrosísimo ámbito profesional, la mayoría de las veces fuera de España. Me miró con algo de extrañeza y comencé a repasar una nómina que ya comienza a ser extensa y que a todos nos llena de orgullo y satisfacción.

El primer nombre que entonces me vino a la mente fue el de Manuel Pérez Barriopedro, también ganador del World Press Photo en 1981, por aquella extraordinaria fotografía para la agencia EFE del teniente coronel Tejero asaltando el Congreso de los Diputados durante el fallido golpe de Estado del 23–F.

Enseguida cité al asturiano Manuel Varela de Seijas Brabo (Manu Brabo), quien luego habría de obtener el Premio Pulitzer en 2013 junto a otros cuatro compañeros de la agencia Associated Press (AP) por su trabajo durante la guerra civil que está asolando Siria, y quien fue secuestrado en Libia durante la llamada Primavera Árabe. Fíjate qué agallas y compromiso con la verdad tiene Brabo –le dije–. Después de haber visto con sus propios ojos cómo moría tiroteado su compañero de viaje, el fotógrafo surafricano Anton Hammerl y después de haber pasado casi dos meses prisionero de las fuerzas de Gadafi, Manu apenas descansó unos días en casa antes de volver al ruedo libio casi de inmediato. Así documentó la caída de Sirte, refugio del dictador, y logró hacer unas imágenes de su cadáver tras el linchamiento del déspota.

Manu Brabo tampoco ha sido el único español ganador del Pulitzer, un premio que es como el Nobel del foto-periodismo. También lo ha conseguido el asturiano Javier Bauluz, quien fue el primero en lograrlo allá por 1995 (junto con otros tres compañeros de AP) por sus reportajes en África durante y después del genocidio ruandés. Bauluz ha pasado varias décadas arriesgando su vida para dar testimonio de los terribles conflictos sociales, políticos y bélicos que han enfangado la convivencia en Suramérica y Oriente Medio. Pasando unos días con Brabo hace poco en Nueva York, vi un reflejo en vivo de Javier Bauluz. La misma valentía a través de sus imágenes, el mismo compromiso con la verdad a través de su gran motivación.

A esta relación no dudé en añadir el nombre del magnífico Gervasio Sánchez, fotógrafo de origen cordobés (aunque ahora hijo adoptivo de Zaragoza), que ha documentado para los diarios *Heraldo de Aragón* y *La Vanguardia*, la revista *Tiempo*, el servicio español de la BBC o la Cadena SER, año tras año desde 1984, los abusos, atrocidades y desapariciones perpetrados por las dictaduras centroamericanas, las guerras del Golfo y los Balcanes, y un sinfín de conflictos alrededor del mundo, especialmente en África y Asia. Ganador de numerosos premios (Cirilo Rodríguez, 1996; Liber Press, 2005; Javier Bueno, 2006; Ortega y Gasset, 2008; Rey de España y Nacional de Fotografía, 2009 y el Julio Anguita Parrado, 2011), Gervasio Sánchez también fue nombrado Embajador por la Paz de la Unesco en reconocimiento de su gran labor para denunciar las inhumanas consecuencias de las minas antipersonas.

Mientras pensaba en Gervasio, me vino a la mente el nombre de Enric [Folgosa] Martí, quien empezó su carrera en Managua con France Presse en 1989, donde luego se convirtió en corresponsal de Reuters. Al trasladarse a Sarajevo como *freelance*, primero fichó para la agencia European Press Photo (EPA), y luego fue contratado por AP, trabajando en El Cairo y Jerusalén. Actualmente reside en Ciudad de México donde dirige para AP la mesa de foto-periodismo de América Latina y el Caribe. A lo largo de su extensa carrera y en reconocimiento de su excelente ojo fotográfico y de su empeño por contar las historias de los «sin voz» de este mundo, Martí ha conseguido premios tan señalados como el FotoPres la Caixa (en tres ocasiones desde 1994); el Ortega y Gasset, 1999; el Bayeaux, 2001 o el World Press Photo, 2000 (galardón del que fue jurado en 2008).

Cualquier reseña sobre el foto-periodismo español resultaría incompleta si no se mencionara a Emilio Morenatti, a quien yo llamo «el fotógrafo andaluz de oro». Le conocí a principios de los años 90 en España. Siempre le he admirado y le sugerí que se uniera a nosotros. Estaba en EFE y no quería perder la estabilidad que eso suponía. Le convencí de que probara un año porque teníamos la oportunidad de enviar un fotógrafo a Afganistán durante ese tiempo. Así comenzó su carrera en AP allá por el año 2004. Desde entonces, Morenatti ha viajado de conflicto en conflicto ilustrando con una mirada a la vez realista, tierna y exquisita las escenas y situaciones más duras y difíciles, pues él no solo sabe domar la luz con su objetivo, sino que logra que los protagonistas de sus instantáneas reflejen con la mirada una confianza absoluta en sus buenas intenciones, lo cual es, en mi opinión, la mayor virtud de todo buen foto-periodista. Aunque Emilio tuvo en 2009 la desgracia de perder un pie víctima de un artefacto explosivo en Afganistán, además de haber sufrido un secuestro de 15 horas en Gaza durante 2006, todo eso nunca le ha amedrentado o detenido. Desde entonces ha realizado reportajes sobresalientes en Haití, Túnez y El Cairo. Cuenta, entre otros galardones, con el Premio Andalucía de Fotografía 1993; con una mención de Honor en el World Press Photo 2007 y con el FotoPres La Caixa, 2009.

Siguiendo esa línea, aunque con una cámara de televisión a los hombros, persiste, inolvidable, la memoria de Miguel Gil, trágicamente abatido por las balas durante una emboscada en Sierra Leona el 24 de mayo de 2000, a los treinta y tres años. Gil, a pesar de su juventud, ya era un maestro a la hora de entrar y salir de situaciones difíciles en Pristina, Grozni y Etiopía, entre muchos otros lugares. Lograba que sus tomas de vídeo parecieran casi fotogramas suspendidos en el tiempo hasta que, de pronto, los protagonistas cobraban movimiento gracias a un encuadre fotográfico tan simple como potente.

Entre los foto-reporteros hispanoamericanos que han mantenido siempre estrechos vínculos con el periodismo español, cabe citar, por último, al peruano Moisés Saman, miembro de la legendaria agencia norteamericana Magnum (fundada por los no menos legendarios Robert Capa, David Seymour, Henri Cartier-Bresson, María Eisner, Robert Rodger, y Bill y Rita Vandivert) quien se ha distinguido durante los últimos años haciendo un sinfín de trabajos (Balcanes, Irak, Afganistán, Egipto), muchos de ellos publicados en *The New York Times*. Saman fue uno de los primeros fotógrafos que logró adentrarse en Siria después de haber documentado el levantamiento de Libia.

Aunque en esta breve relación no están todos los que lo merecen, sí merecen sin duda el título de grandes foto-reporteros todos los que he conocido. En fin, está claro que los fotógrafos que tienen que ver con el periodismo español también tienen mucho que ver con una tradición muy potente en el mundo del fotoperiodismo. Lástima que casi todos hayan tenido que marcharse fuera y trabajar para medios extranjeros para así demostrar lo mucho que valen. Lo están demostrando y podemos llamarlos ya la generación más internacional de foto-reporteros hispanos. Ojalá que ese no sea ya el motivo cuando haya que resumir el estado de la cuestión dentro de algunos años.

HISPANIC PHOTOJOURNALISTS THAT SUCCEED

SANTIAGO LYON
Associated Press. Vice President and Director of Photography of the agency

I remember in 2012 when I met a well-known Spanish journalist in the hallway of the New York building where I work and we talked about Samuel Aranda's great success, first contributor to the newspapers *El País* and *El Periódico de Catalunya* and then the agencies EFE and France Presse, who obtained the World Press Photo of the Year Award 2011 through the poignant photograph of a mother comforting her wounded son in Yemen. He commented: "It's so rare to see a Spanish photographer succeed like this." I replied that on the contrary, as several photojournalists of Spanish nationality, as well as a few other Hispanic and some foreign ones closely linked to our journalism, have spent years standing out at this very dangerous professional level, most of the time outside Spain. He looked at me with some surprise and I began to go over a list that is beginning to be extensive and that fills us all with pride and satisfaction.

The first name that then came to mind was that of Manuel Pérez Barriopedro, also winner of World Press Photo in 1981 for that extraordinary photo for EFE of Lieutenant Colonel Tejero storming the House of Representatives during the failed coup of 23-F.

Then I quoted Manuel Varela de Seijas Brabo (Manu Brabo) from Asturias, who then would get the Pulitzer Prize in 2013 along with four other colleagues from the Associated Press (AP) agency for their work during the civil war that is ravaging Syria and who was kidnapped in Libya during the Arab Spring. "See what guts and commitment to the truth Brabo has", I said. After having seen with his own eyes how his travelling companion the South African photographer Anton Hammerl died after being shot and having spent nearly two months as a prisoner of Gaddafi forces, Manu only rested a few days at home before returning to the Libyan arena almost immediately. This is how he documented the fall of Sirte, the dictator's refuge, and managed to take some pictures of his body after the despot's lynching.

Manu Brabo has not been the only Spanish winner of the Pulitzer Prize, an award that is like the Nobel prize of photojournalism. Javier Bauluz from Asturias has also obtained it; he was the first to achieve it back in 1995 (along with three other colleagues from AP) for his reporting in Africa during and after the Rwandan genocide. Bauluz has spent decades risking his life to bear witness to terrible social, political and military conflicts that have mired coexistence in South America and Middle East. Spending a few days with Brabo recently in New York, I saw a real reflection of Javier Bauluz. The same courage through his pictures, the same commitment to truth through his great motivation.

To this list I did not hesitate to add the name of the great Gervasio Sanchez, photographer who originated from Cordoba (but now adopted son of Zaragoza), who has reported for the newspapers *Heraldo de Aragón* and *La Vanguardia*, *Tiempo magazine*, the Spanish service of the BBC or *Cadena SER*, every year since 1984, the abuse, atrocities and disappearances perpetrated by Central American dictatorships, wars in the Gulf and the Balkans, and countless conflicts around the world, especially in Africa and Asia. Winner of numerous awards (Cirilo Rodriguez, 1996; Liber Press, 2005; Javier Bueno, 2006; Ortega y Gasset, 2008, King of Spain and National Photography, 2009 and the Julio Anguita Parrado, 2011), Gervasio Sanchez was also named Peace Ambassador by UNESCO in recognition of his hard work to denounce the inhuman consequences of land mines.

While thinking of Gervasio, I remembered the name of Enric [Folgosa] Martí, who began his career in Managua with France Presse in 1989, where he later became a correspondent for Reuters. When moving to Sarajevo as a *freelancer*, he first signed for the European Press Photo Agency (EPA), and was then employed by AP, working in Cairo and Jerusalem. Currently he lives in Mexico City where he directs the photo-journalism board in Latin America and the Caribbean for AP. Throughout his long career and in recognition of his excellent photographic eye and his determination to tell the stories of the "voiceless" in this world, Martí has won awards as renowned as FotoPres la Caixa (three times since 1994); Ortega y Gasset, 1999; the Bayeaux, 2001 or the World Press Photo, 2000 (an award on which he was on the jury in 2008).

Any review of Spanish photojournalism would be incomplete without mentioning Emilio Morenatti, whom I call "the Andalusian golden photographer". I met him in the early 90s in Spain. I have always admired him and suggested he join us. He was in EFE and did not want to lose the stability that meant. I convinced him to try a year because we had the opportunity to send a photographer to Afghanistan during that time. Thus his career at the AP began back in 2004. Since then, Morenatti has travelled from conflict to conflict illustrating with a look that is realistic, tender and exquisite, all the scenes and situations that are hard and difficult. He not only knows how to tame the light with his lens, but achieves that the protagonists of his snapshots should reflect with their look an absolute confidence in his good intentions, which is, in my opinion, is the greatest virtue of every good photojournalist. Although in 2009 Emilio had the misfortune of losing a foot as a victim of an explosive device in Afghanistan, in addition to having been abducted for 15 hours in Gaza in 2006, all this has never scared or stopped him. Since then he has carried out outstanding reports in Haiti, Tunisia and Cairo. He has, among other awards, the Andalusia Prize for Photography 1993; an honourable mention in the World Press Photo 2007 and the FotoPres La Caixa, 2009.

Following this line, although with a television camera on his shoulders, persists the unforgettable memory of Miguel Gil, tragically killed by bullets during an ambush in Sierra Leone on 24 May 2000, aged thirty-three. Gil, despite his youth, was already a master at getting in and out of difficult situations in Pristina, Grozny and Ethiopia, among other places. He achieved that his video footage frames seemed almost suspended in time until, suddenly, the protagonists started to move thanks to a photographic framing that was as simple as powerful.

Among Hispanic photojournalists who have always maintained close ties with the Spanish media, we include, finally, the Peruvian Moisés Saman, a member of the legendary US Magnum agency (founded by the equally legendary Robert Capa, David Seymour, Henri Cartier-Bresson, María Eisner, Robert Rodger and Bill and Rita Vandivert) who has distinguished himself over the years with countless works (Balkans, Iraq, Afghanistan, Egypt), many of them published in *The New York Times*. Saman was one of the first photographers who managed to enter Syria after having reported the Libyan uprising.

Although not all those who deserve it are in this brief list, all those I've met definitely deserve the title of great photojournalists. Finally, it is clear that the photographers that have to do with Spanish journalism also have a lot to do with a very powerful tradition in the world of photojournalism. It is too bad that almost everyone has had to go abroad and work for foreign media in order to show how much they are worth. They are demonstrating this and we can already call them the most international generation of Hispanic photojournalists. Hopefully this will not be the reason when we have to sum up the state of affairs in a few years' time.

A TRAVÉS DE LA LENTE: RE/DE/CONSTRUCCIÓN DE LA REALIDAD

MISHA SIDENBERG
Comisaria Artes Visuales
Museo Judío de Praga

«Algo de lo que se habla cien veces no merece verse ninguna». Este antiguo proverbio chino resulta especialmente adecuado en un mundo que –a pesar de mostrar una imagen desalentadora, marcada por los constantes conflictos armados, la pobreza, el hambre y las epidemias mortales– está más que nunca obsesionado con el consumo de lo visual, de modo casi narcisista y voyeur.

Salvando los ensayos pre-fotográficos sobre los horrores de la guerra de Jacques Callot y Francisco de Goya, los últimos ciento cincuenta años han confirmado la imposibilidad de una representación real de guerras y revoluciones –por no mencionar las catástrofes naturales y humanitarias– solo a través de las palabras. El lenguaje parece incapaz de adaptarse a la extraña dinámica mundial de acontecimientos divergentes. Muy a menudo quedamos mudos, lingüísticamente incapacitados, amputados...

«¡Una imagen es mejor que mil palabras!» fue el imperativo del periodismo a principios del siglo XX que originó, hacia la segunda mitad de 1930, la proliferación de revistas como *Life*, *Look* o *Picture Post*, célebres por su gran énfasis en el fotoperiodismo. El creciente dominio de los medios de comunicación, así como el poder de la televisión, provocaron el mantra «¡Ver para creer!» de la posguerra. Y ello, a pesar de que las fotografías y filmaciones de las atrocidades perpetradas durante el Holocausto y la II Guerra Mundial suscitaban aún la incredulidad de muchos, y de que resultaba tremendamente fácil manipular a las masas por medio de la financiación estatal de diversas técnicas de propaganda y publicidad basadas en el cine y la fotografía.

Aquello fue décadas antes de nacer la noción de que la contemporaneidad no puede reducirse a una única narrativa de firme jerarquía interna. Desde la aceptación más amplia del cambio de paradigma posmoderno, se ha hecho evidente que, en lugar de un *grand récit* lineal, singular, existe una pluralidad de voces –sin orden preciso, ni disposición categórica– armada en la textura del tejido social. La imagen del mundo ha comenzado a reflejar la fluidez de la experiencia: las fronteras cambiantes, las lealtades dispersas y las identidades borrosas o constantemente redefinidas, son ya centros transformados en periferias, y viceversa.

En estas arenas movedizas, resulta indudablemente paradójico que la fotografía fija haya sido la más próspera, en concreto, su formato periodístico y documental. Liberada de la necesidad de emular una estructura narrativa coherente, en cierto modo lineal, la fotografía documental sigue siendo la más cercana a la realidad fragmentada de la condición contemporánea. No se limita a cualquier secuencia de comandos o guión. La realidad es la fuente, y el único intermediario entre aquélla y su imagen es el fotógrafo: su visión, experiencia, sensibilidad y, cada cierto tiempo, el riesgo de lesiones y muerte que da a cada disparo un carácter único. En este nuevo contexto, la fotografía periodística y documental deja de ser una mera operación de registro para convertirse en un poderoso instrumento para la reflexión crítica.

En el fotoperiodismo contemporáneo, la imagen es mucho más que un testimonio petrificado de la evidencia. Más bien es una forma de «traducción emocional» por parte del fotógrafo que actúa en primera línea y, como tal, puede llevar a desencadenar transformaciones en el ámbito intelectual, social, e incluso, a veces, político. En este sentido, cada fotografía se convierte en un poderoso vehículo, que pone en marcha una gran cantidad de información, posiblemente oculta y fuera de alcance, si no perdida por completo. Se convierte en un mensaje en una botella, una cápsula sellada que viaja al espacio, un destello de tiempo al instante congelado.

Una sola mirada del ojo del fotógrafo transmite –a menudo de una manera muy íntima– la ansiedad, el dolor, la agonía, el alivio, la alegría, e incluso el éxtasis del fotografiado, a otros que nunca han vivido una experiencia similar, ni en circunstancias similares, pero que, sin embargo, se ven obligados a aplicar su propio juicio crítico y empatía en la formación de una opinión. Por lo tanto, los fotoperiodistas de hoy tienen el poder de catapultar al espectador justo in *medias res*, deslizándose a través de la lente y con su mirada, directamente «al otro lado». En palabras de Edward Steichen, pueden «explicar un hombre al hombre y cada uno a él mismo» o, citando a Pierre Bourdieu, «ampliar el discurso posible del universo» deconstruyendo algo que, basándose en la convención social o en los prejuicios personales, «no hay ni que decirlo pues nos llega también sin decir nada».

Con esta selección de imágenes de veintitrés fotógrafos en la vanguardia del fotoperiodismo de habla hispana, el proyecto *Upfront* presenta una oportunidad única de experimentar el trabajo de aquellos que arriesgan sus vidas siendo los ojos del mundo. *Upfront* corta en profundidad a través de la cruda realidad e invita a los espectadores distantes a revivir el nacimiento de cada fotografía. Esta inmersión, así como la presente publicación, crea un espacio íntimo para desentrañar el misterio del momento en el que, el estímulo de mente y mirada, se lanzan al sujeto buscado, a través de la lente, mientras que la mano, en un movimiento perfectamente sincronizado, ajusta el enfoque y aprieta el obturador en una milésima de segundo, como si de un repentino paro cardíaco se tratara. En la vivencia de esta cualidad erótica natural, por la que el fotógrafo prácticamente deja de existir, el espectador es arrastrado más cerca de ese lejano Otro. El espectador se convierte así en parte de un triángulo amoroso extraño: entre el ojo que dispara/ve, la visión de los sujetos fotografiados, y la realidad inmediata que atrae su propia atención más allá de un marco cuya verdadera naturaleza solo puede ser imaginada.

Upfront no ofrece respuestas definitivas. Tampoco busca herir sensibilidades a base de impactos visuales, ni encumbrar a los fotógrafos como estrellas del hoy. Simplemente pretende recrear momentos importantes de esa caza en «primera línea «e invitar a los espectadores a sumergirse en un experimento para sensibilizar su mirada, estimular su mente, y tal vez , de alguna manera, centrar de nuevo su atención dispersa.

THROUGH THE SHOOTING GLASS: RE/DE/CONSTRUCTING REALITY

MISHA SIDENBERG
Visual Arts Curator
Jewish Museum in Prague

"Hearing about something one hundred times is not worth seeing it at once." This ancient Chinese proverb seems especially apt in a world such as ours, which despite the unflattering image it presents, marked by drawn-out armed conflicts, poverty, starvation, and fatal epidemics, has never been more obsessed with the consumption of visual content, verging on the narcissistic and voyeuristic. Leaving aside the early pre-photographic attempts of Jacques Callot and Francisco Goya to depict the horrors of war, the past 150 years have shown that it is impossible to describe the reality of wars and revolutions, not to mention natural and humanitarian catastrophes, with words alone. Language seems incapable of keeping pace with the strangely divergent dynamics of global events. More often than not we are left speechless, linguistically incapacitated, maimed ...

"Use a picture. It's worth a thousand words!" was the imperative of early 20th-century journalism, which in the second half of the 1930s gave rise to the famous periodicals, such as *Life*, *Look*, or the *Picture Post*, that placed a strong emphasis on photojournalism. The growing dominance of the mass media and the power of television in the postwar period introduced another mantra – "Seeing is believing!" – and this despite the fact that the photographed and filmed evidence of atrocities committed in the Holocaust and WWII was still met with disbelief by many and that it was still quite easy to manipulate the masses by various forms of state-financed propaganda and advertising that heavily relied on film and photography.

It was another few decades before the idea took hold that disparate contemporaneity could not be reduced to a single all-encompassing narrative with a firmly established internal hierarchy. Since the wider acceptance of the post-modern paradigm shift, it has become obvious that in lieu of a singular linear *grand récit* there is a plurality of voices, albeit not necessarily firmly hierarchized or evenly arranged, woven into the texture of the overall social fabric. The image of the world has begun to mirror the fluidity of experience: shifting boundaries, scattered loyalties, blurred and constantly redefined identities, centers becoming peripheries and vice versa.

It is surely paradoxical that in these shifting sands it is still photography – and especially its journalistic and documentary forms – that has prospered most. Liberated from the need to emulate a coherent, more or less linear narrative structure, documentary photography remains closest to the fragmented reality of the contemporary condition. Not confined to any script, reality is the source, and the only intermediary between reality and its image is the photographer, her vision, experience, sensitivity, and, every so often, risk of injury and death that gives each shot its unique character. In this reframed context, journalistic and documentary photography departs from mere documentation to become a sharp instrument for critical reflection.

In contemporary photojournalism, the photograph is far more than a petrified testimony of the self-evident world. Rather, it is a form of "emotional translation" by the photographer operating on the front line, and as such it might serve to trigger intellectual, social, and even at times political change. In this regard, each photograph becomes a powerful vehicle setting in motion a wealth of information that would otherwise remain hidden and out of reach, if not outright lost. It becomes a message in a bottle, a sealed capsule sent into space, a flash of instantly frozen time. A single glimpse of the eye – the photographer's eye – conveys, often in a very intimate manner, the anxieties, pain, agony, relief, joy, and even ecstasy of the photographed to others who have never lived a similar experience under similar circumstances, but who are, nevertheless, compelled to let their own critical judgment and empathy form an opinion. Photojournalists today, therefore, have the power to catapult the viewer right in *medias res,* allowing her to slide through the lens along with their gaze directly to "the other side." As Edward Steichen once put it, they can "explain a man to man and each to himself," or, to echo Pierre Bourdieu, expand "the universe of possible discourse" by deconstructing anything that, based on social convention or personal bias, "goes without saying because it comes without saying."

By bringing together a representative selection of images from 23 photographers currently at the forefront of photojournalism in the Spanish-speaking world, the *Upfront* project presents a unique opportunity to experience what we might only guess about the work of those who risk their lives to be the world's eyes. It cuts deep into the flesh of reality, inviting us, the distant onlookers, to relive the birth of each single photograph. *Upfront's* immersive installation, as well as this publication, creates an intimate space for unraveling the mystery of the moment when the mind-stimulating gaze ventures through the lens toward the sought-out subject while the hand, in a perfectly synchronized motion, adjusts the focus and makes the shutter close for a millisecond, as if a sudden cardiac arrest. In experiencing this natural erotic quality, whereby the photographer virtually ceases to exist, the viewer is drawn closer to the distant Other. She becomes part of an odd love triangle between the shooting/viewing eye, the gaze of the photographed subjects, and the immediate reality that attracts their attention beyond the frame and whose true nature can only be imagined.

Upfront offers no definitive answers, nor does it mean to shock sensibilities or to play with emotions. It neither panders to voyeuristic proclivities nor promotes photographs as modern-day icons. Its intent is simply to reenact important moments from the "frontline game" in order to invite viewers to immerse themselves in its experimental lab, to sensitize their gaze, stimulate their mind, and perhaps in some small way to refocus their scattered attention.

NATACHA PISARENKO

Unos muchachos juegan al fútbol en la villa miseria de La Cava en Buenos Aires. Deporte nacional por excelencia, el fútbol nunca ha sentido las crisis económicas argentinas y ha permitido a muchos jóvenes escapar de la pobreza. Argentina, 12 de abril de 2003.

Boys playing soccer in the shantytown district of La Cava, Buenos Aires. Argentine's national passion, soccer, easily survived the worst economic crisis in modern times and provided an escape from the daily penuries and joblessness ravaging this country. Argentina, 12 April, 2003.

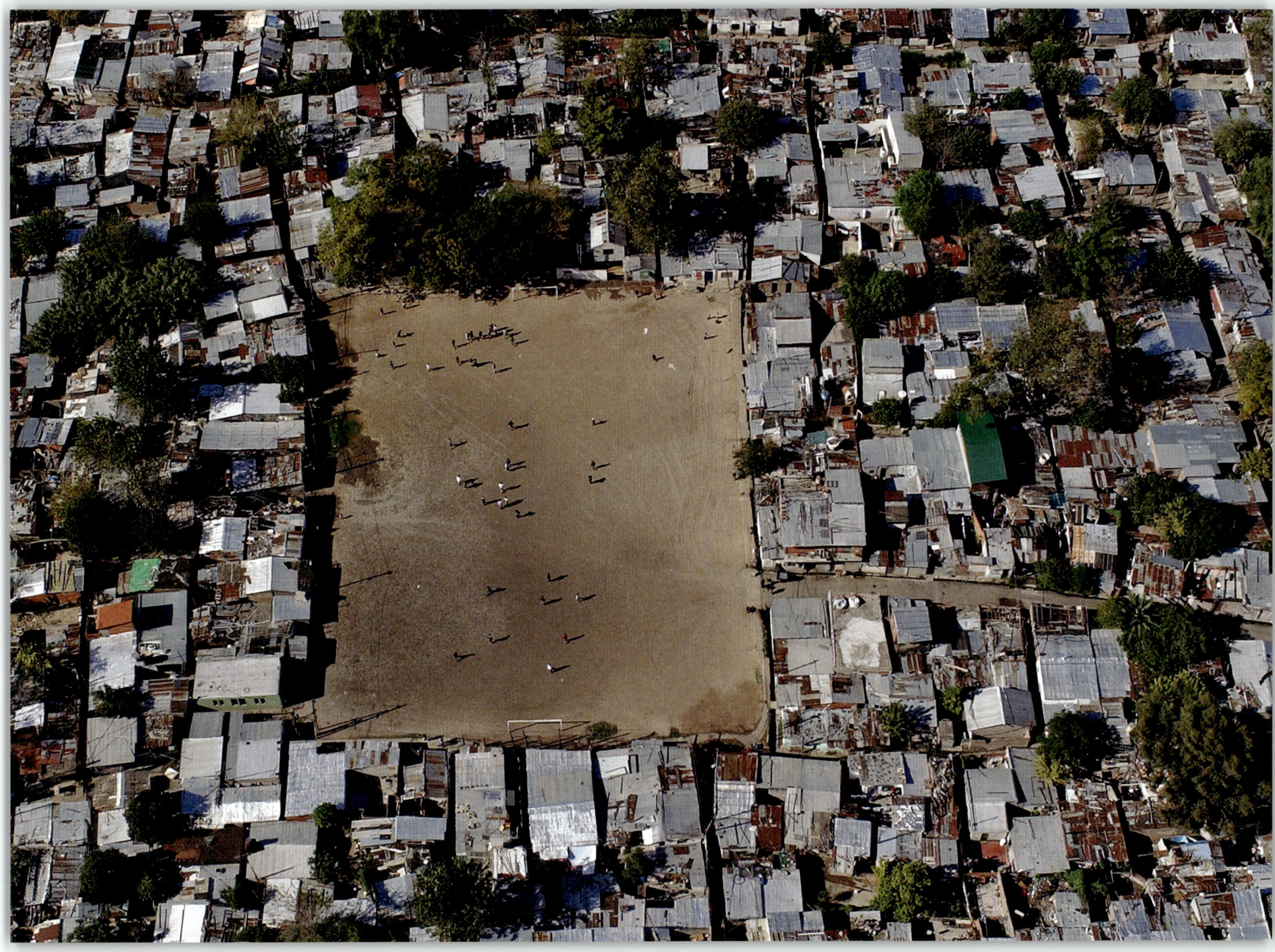

NATACHA PISARENKO

Dos niños refugiados afganos juegan junto a su casa en Kabul. Más de dos millones de refugiados en Pakistán retornaron a su país tras la caída del régimen de los talibanes.
Afganistán, 31 de agosto de 2003.

Two Afghan refugee children playing outside their home in Kabul. Over 2 million refugees in Pakistan have returned to their country since the fall of the Taliban regime.
Afghanistan, 31 August, 2003.

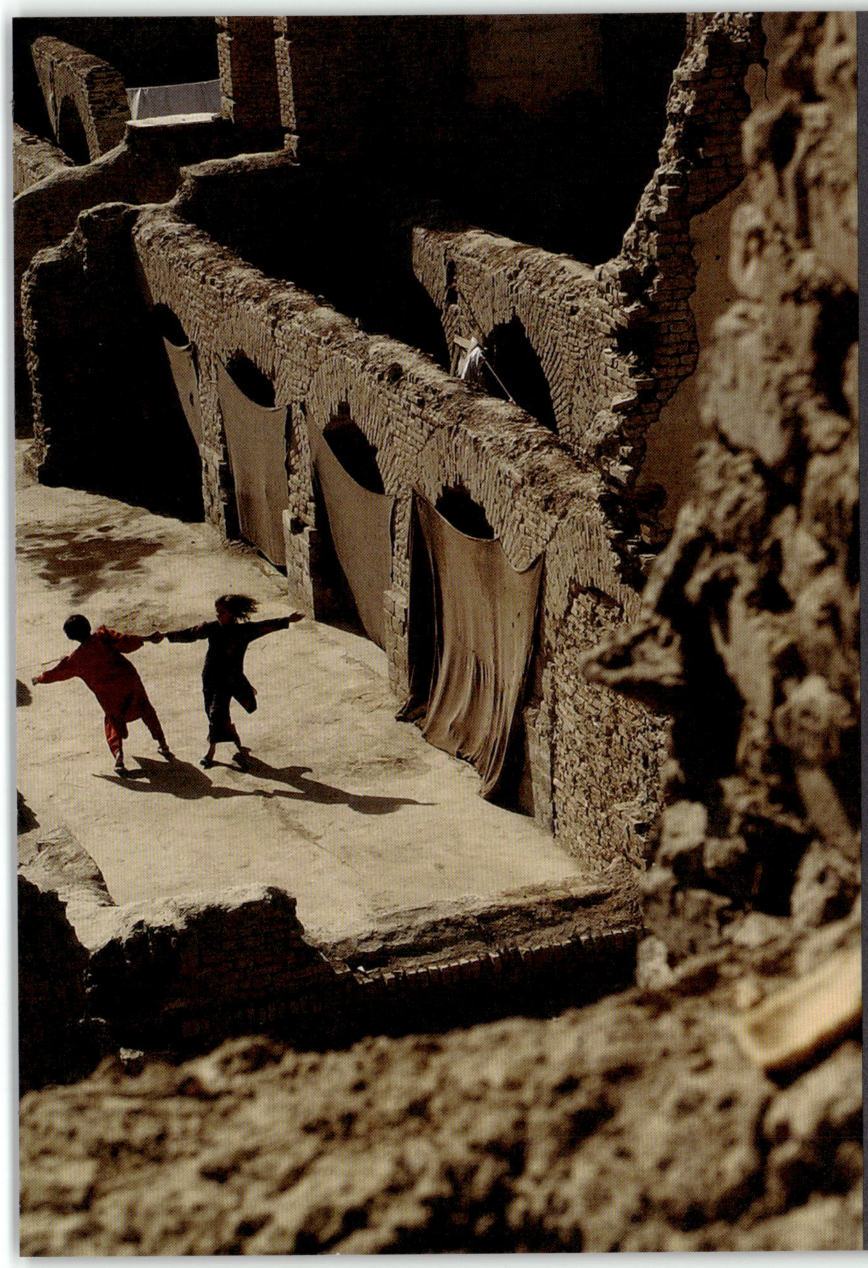

MAYSUN

Olas de humo salen de los edificios destruidos por el Ejército sirio con bombardeos de artillería en el distrito de Saif al Dawla de Alepo. El Ejército ha continuado con su bombardeo y traído refuerzos para poner fin a la resistencia de los rebeldes.
Siria, 2 de octubre de 2012.

Smoke pouring out of buildings destroyed by the Syrian army shelling of the Saif al-Dawla neighbourhood in Aleppo. The army has continued its bombing and brought reinforcements to end the rebels' resistance.
Syria, 2 October, 2012.

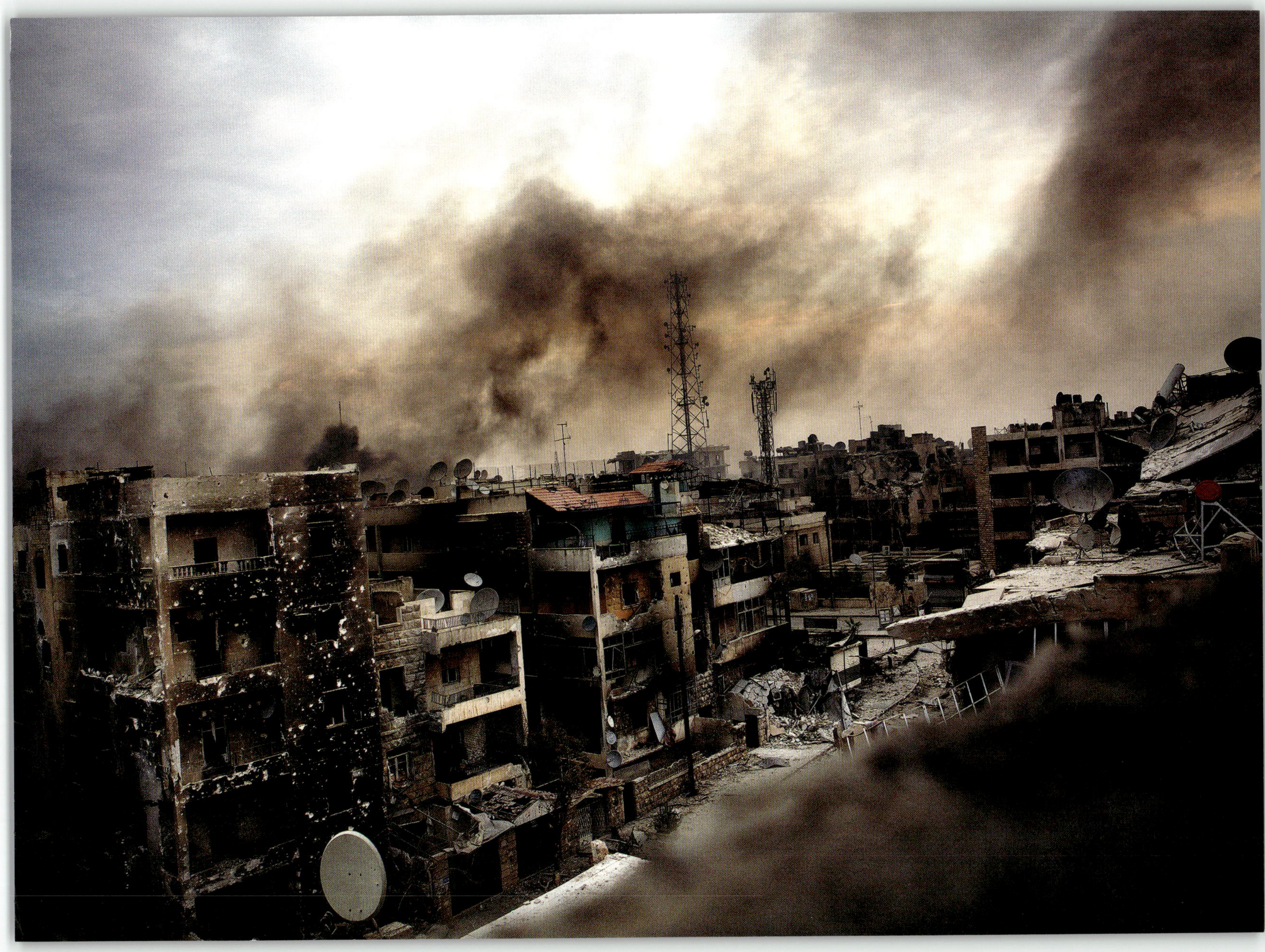

Un hombre y una mujer
This Is a Man. This Is a Woman

ÁLVARO YBARRA ZAVALA

Un soldado del Ejército congoleño sostiene en sus manos los órganos sexuales y la mano que acaba de amputar con un cuchillo a un combatiente muerto del Congreso Nacional para la Defensa Popular. República Democrática de Congo, noviembre de 2008.

An FRDC (Congolese Army) soldier holds the sexual organs and the hand of a dead CNDP (National Congress for People's Defense) soldier that he has amputated with a knife. Democratic Republic of Congo, November 2008.

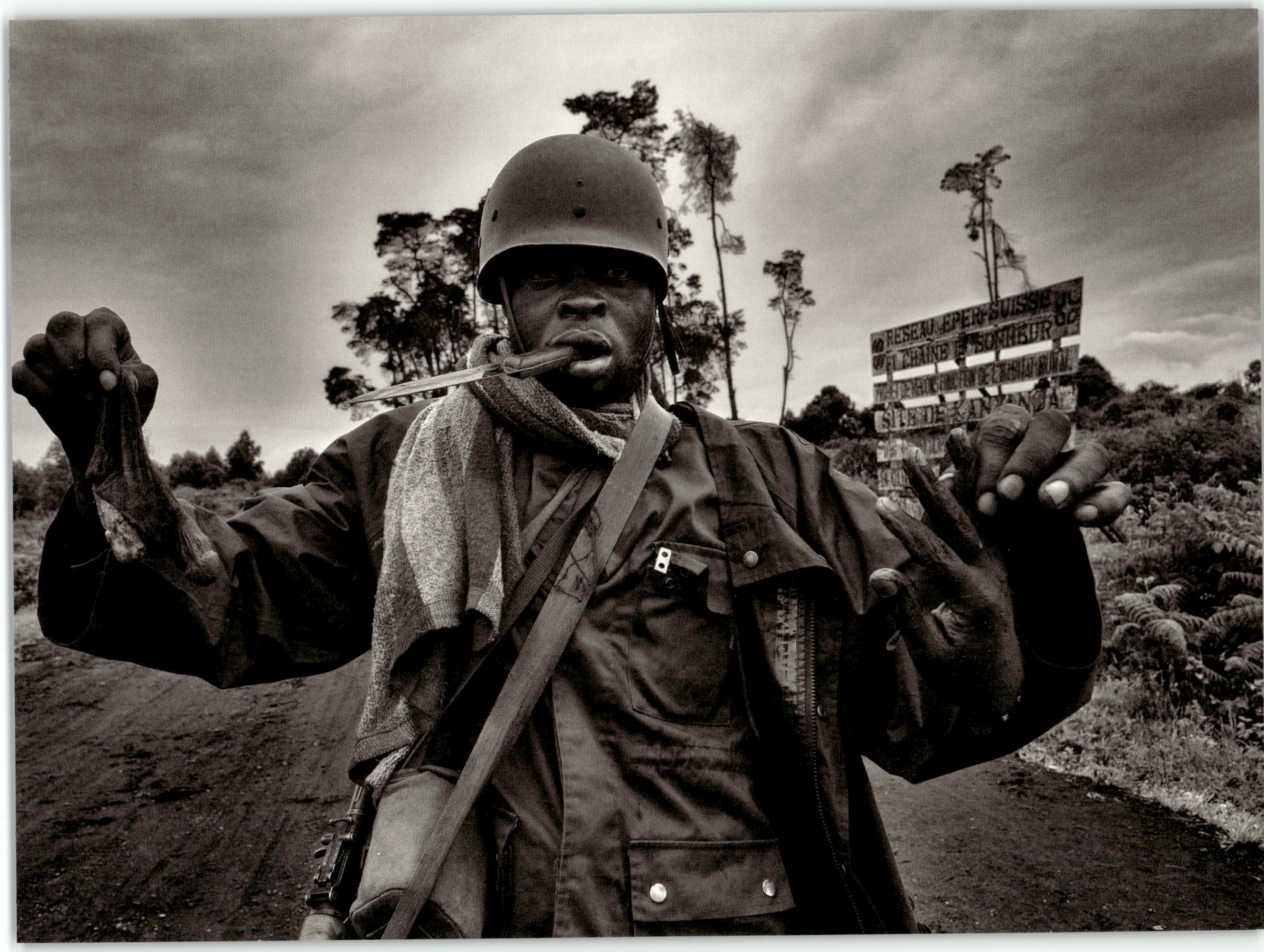
RESEAU EPER SUISSE

Un hombre y una mujer
This Is a Man. This Is a Woman

MANU BRABO

Soldados rebeldes (FSA) toman posiciones en el interior de un edificio durante una ofensiva en el barrio de Saif Al Dawla, en Alepo, durante la guerra civil que asola el país.
Siria, septiembre de 2012.

(FSA) rebel soldiers take positions inside a building during an offensive in the Saif al-Dawla neighbourhood, in Aleppo during the civil war ravaging the country.
Syria, September, 2012.

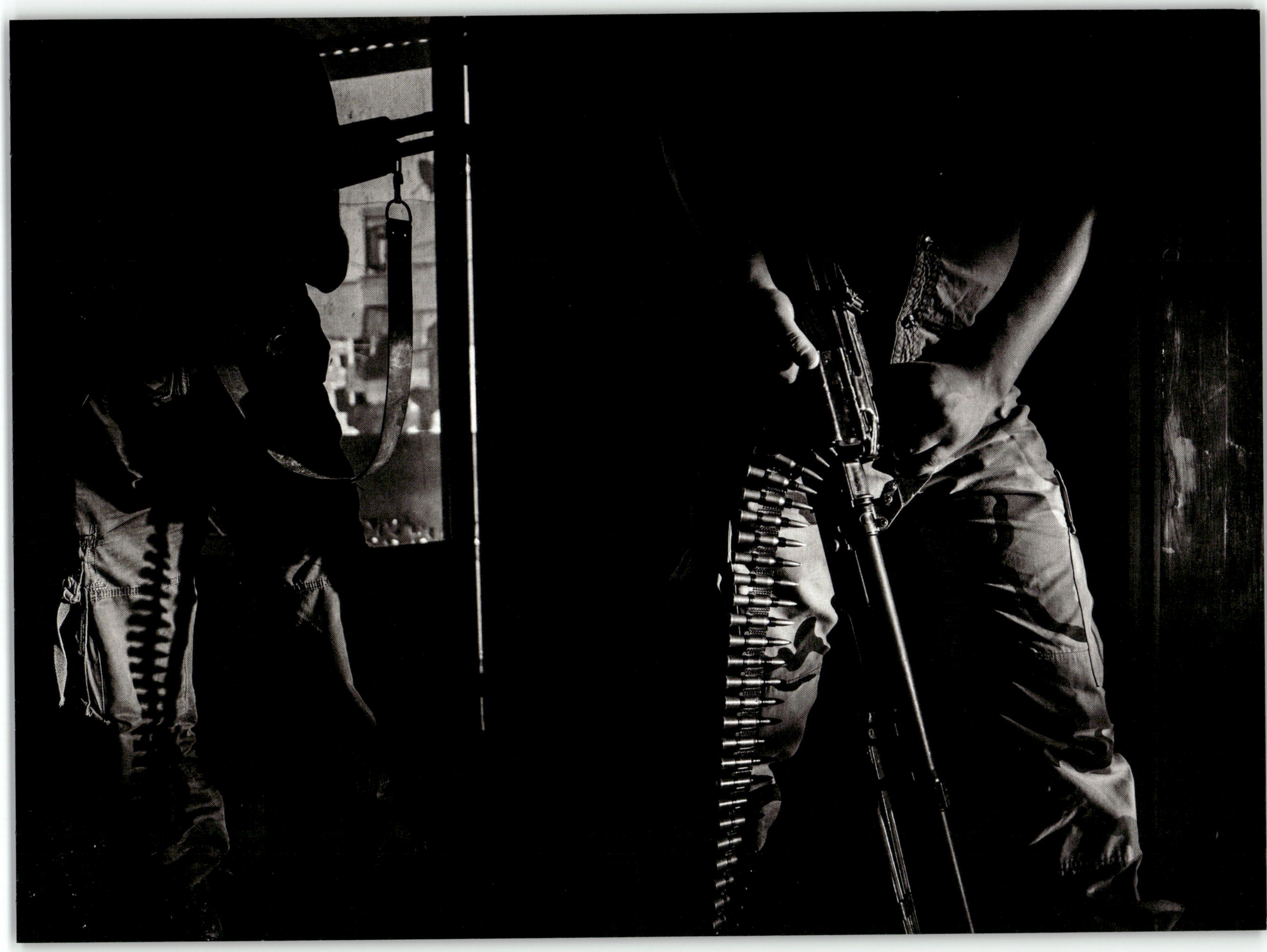

Un hombre y una mujer
This Is a Man. This Is a Woman

ARIANA CUBILLOS

Una mujer grita sofocada entre una multitud frenética, durante una operación de reparto de alimentos tras el terremoto, en Ciudad del Sol, barrio bajo de Puerto Príncipe.
Haití, 14 de noviembre de 2002.

A woman screams, suffocated amidst a frenzied crowd during a food distribution operatin after the earthquake, in the impoverished neighbourhood of Cité-Soleil, in Port-au-Prince.
Haiti, 14 November, 2002.

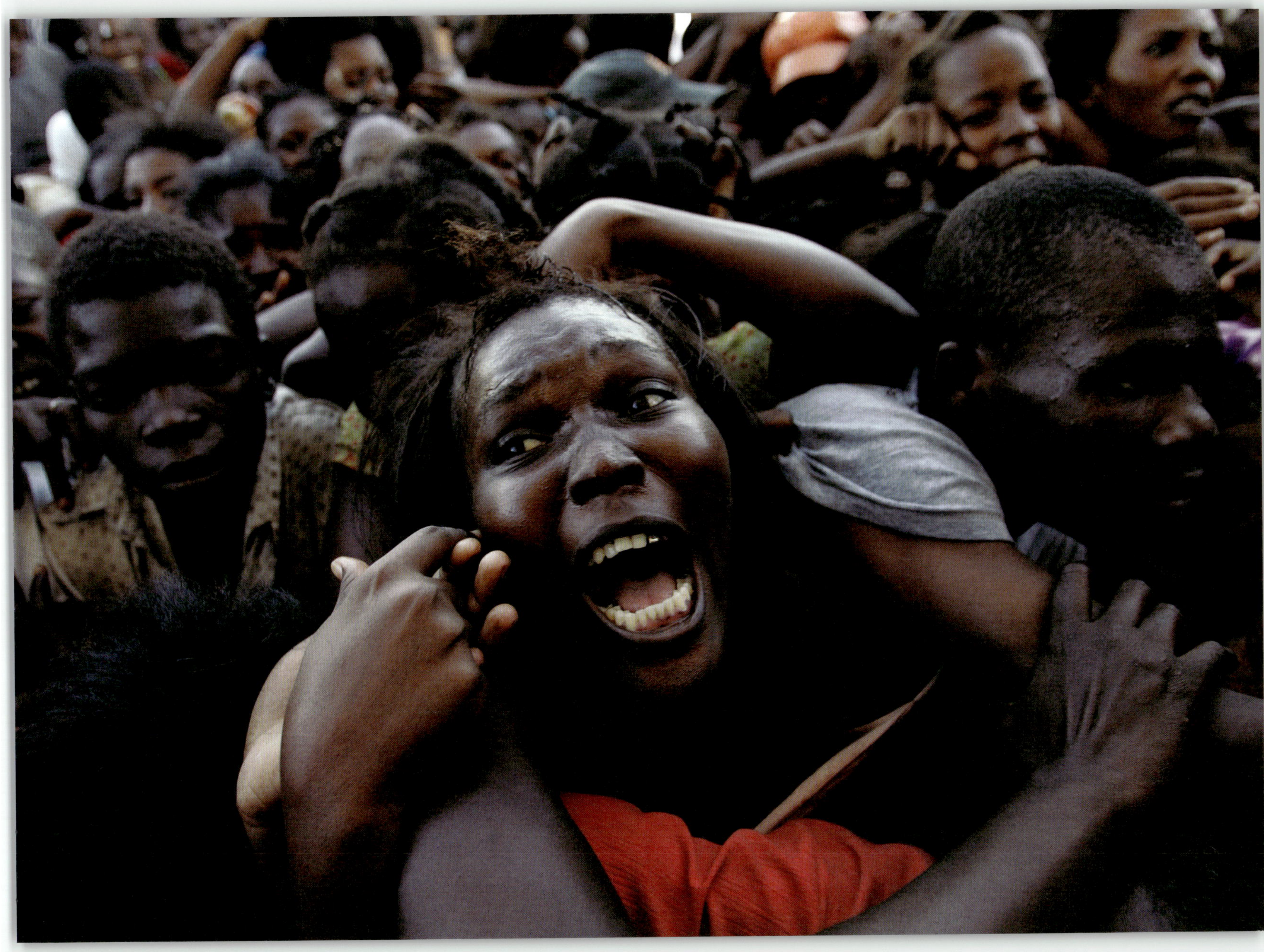

RICARDO GARCÍA VILANOVA

Un grupo de niños se protege en el interior de las cuevas de Idlib de los continuos bombardeos sobre la zona, donde sobreviven sin agua, ni electricidad.
Siria, enero de 2013.

A group of children take shelter inside caves at Idlib to protect themselves from the continuous bombing of the area, where they survive without water or electricity.
Syria, January 2013.

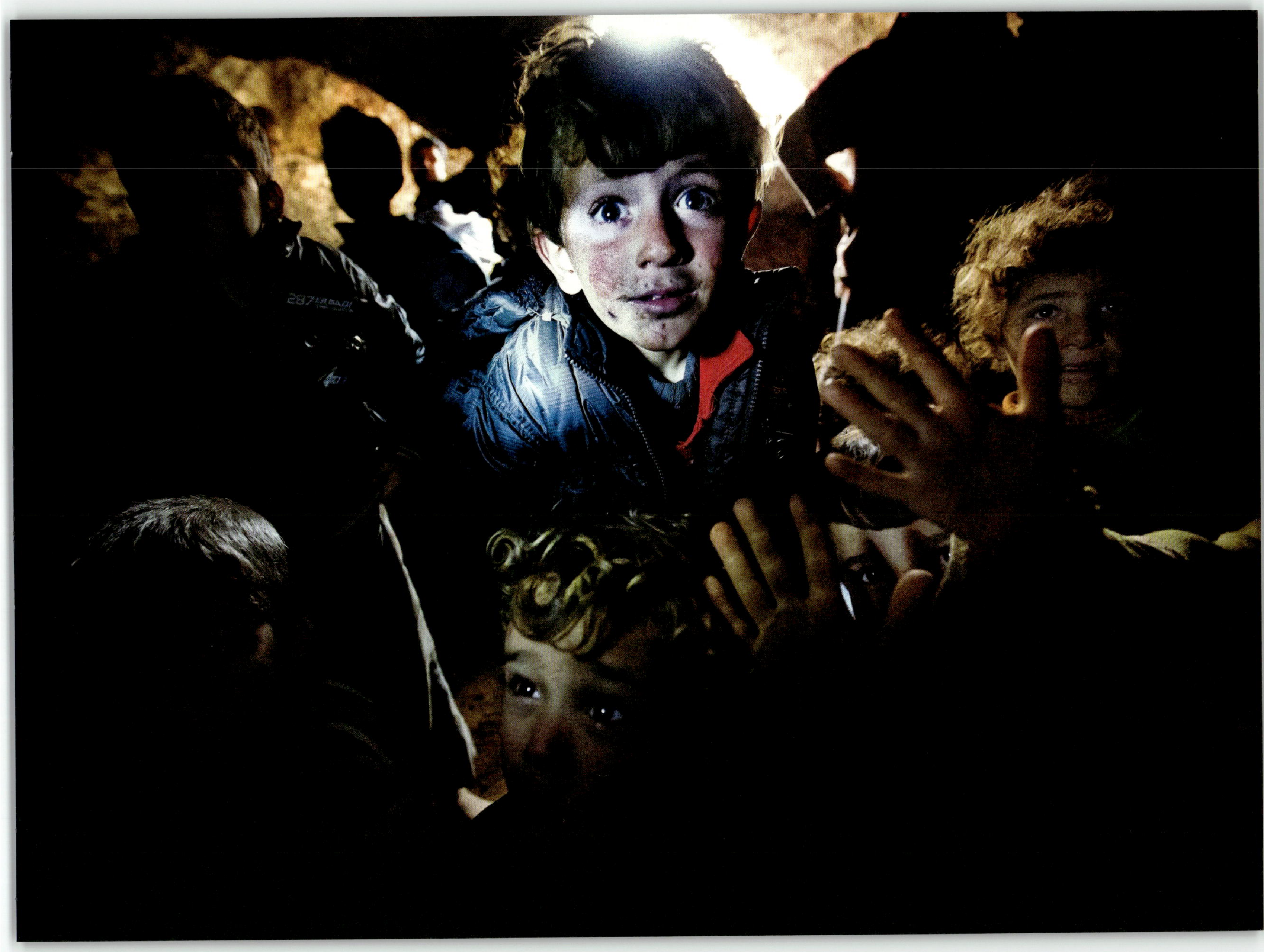

ALFONSO MORAL

Un niño somalí guía y ayuda a un anciano ciego. Han llegado desde su país al campo de refugiados de Dadaab, tras caminar en estas condiciones durante tres días. Parte del trabajo *Refugiados somalís en Kenia.*
Kenia, julio de 2011.

A Somali child guiding and helping an elderly blind man. They have come from their country to the Dadaab refugee camp, after walking for three days in these conditions. Part of the work *Refugiados somalís en Kenia.*
Kenya, July 2011.

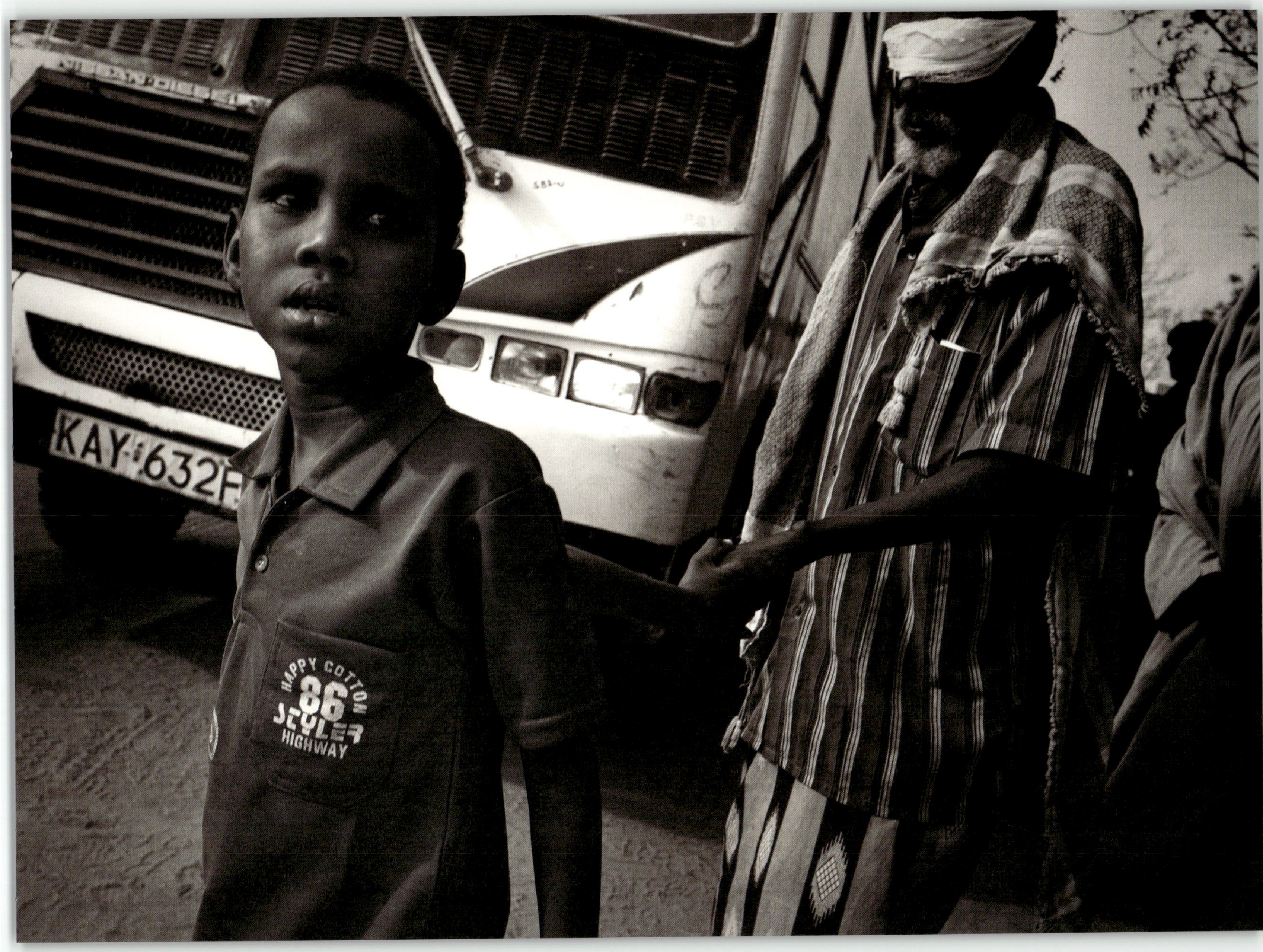
KAY 632F
HAPPY COTTON
86
HIGHWAY

Espera. Pero ¿qué esperamos?
Wait. But What Are We Waiting for?

ALFONSO MORAL

Entierro popular del líder druso Cheij Abu Suleiman Ali Al-Kademi, de 111 años de edad, en la aldea de Rassaye, al sur del país. Parte del trabajo *Líbano, entre mar y fuego*. Líbano, 2007.

Funeral of 111-year-old Druze leader Sheikh Abu Suleiman Ali al - Kademi, in the village of Rassaye, to the South of the country. Part of the work *Líbano, entre mar y fuego*. Lebanon, 2007.

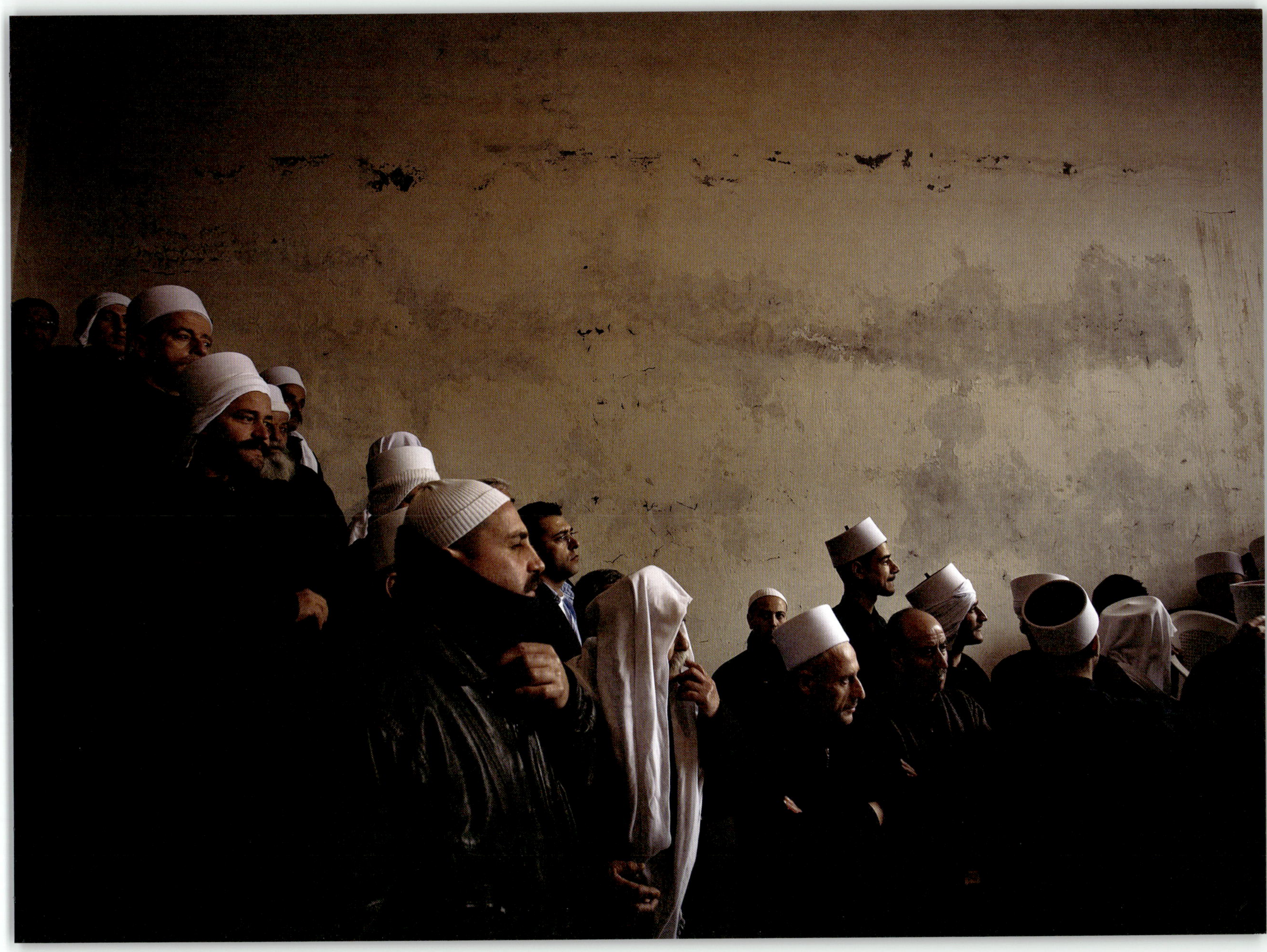

Espera. Pero ¿qué esperamos?
Wait. But What Are We Waiting for?

NATACHA PISARENKO

Apolinario Domínguez, indio toba de cincuenta y dos años, junto a la puerta de su casa en Castelli, provincia del Chaco, donde sobreviven en situación de extrema pobreza y malnutrición más de 60.000 indígenas.
Argentina, 29 de agosto de 2007.

Apolinario Domínguez, 52, a Toba Indian, standing outside his home in Castelli, Chaco province, where 60,000 indigenous people live in a situation of extreme poverty and malnutrition.
29 August, 2007. Chaco, Argentina.

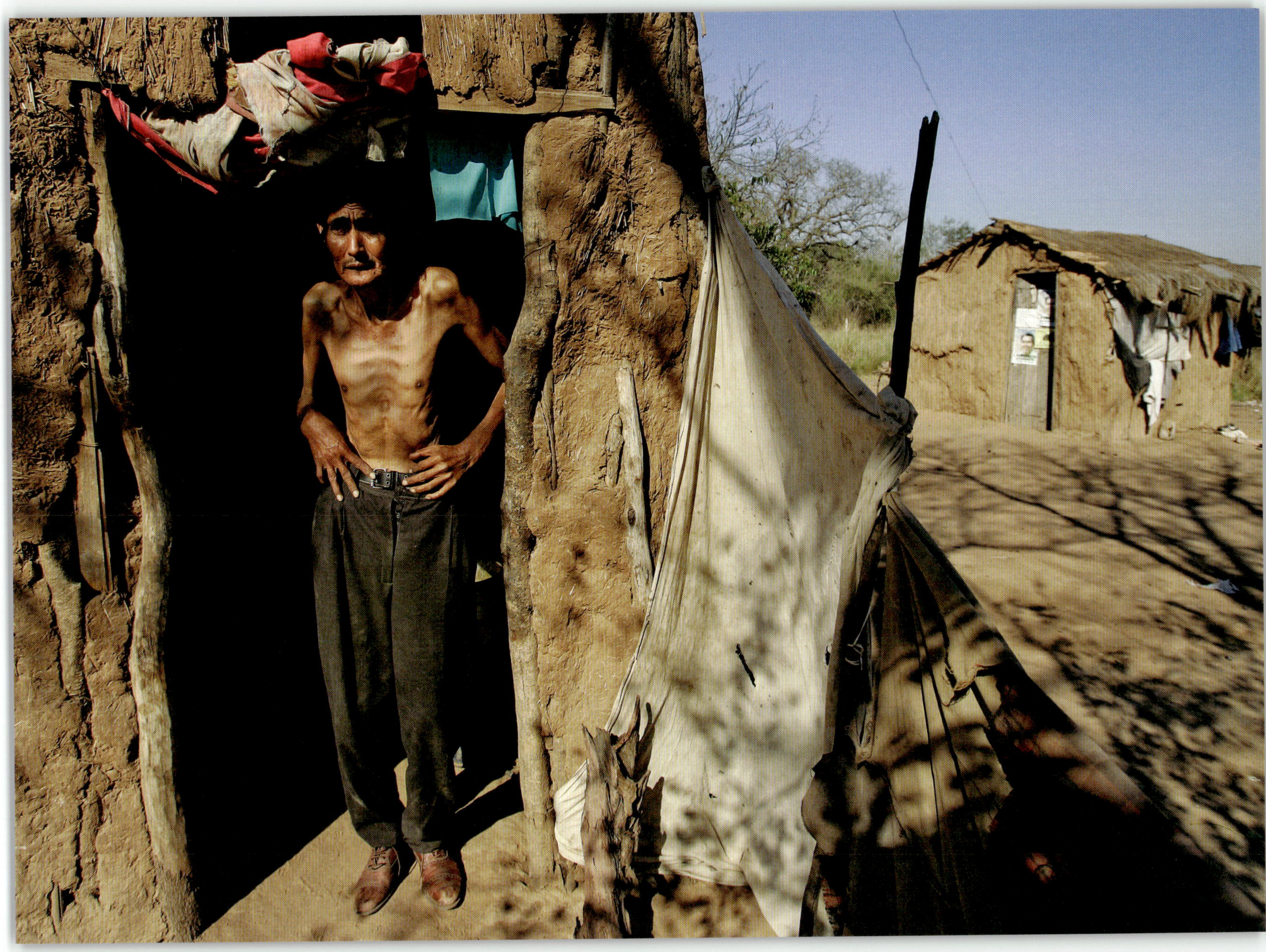

Sospecho
Got a Hunch

GUILLEM VALLE

A mediados de julio de 2012, cuando los rebeldes comenzaron sus ataques a Damasco y se produjo el bombardeo que acabó con la vida de cuatro importantes asesores del presidente Al-Assad, el ejército regular fue expulsado de numerosos enclaves fronterizos, como este de Srekaniye, cediendo el control a los guerrilleros kurdos.
Siria, 31 de diciembre de 2012.

In mid-July 2012, when rebels started attacking Damascus, and a bomb blast killing four of President Al-Assad's top security aides, Syrian security forces began pulling back from several towns and villages across the border area, such as Serekaniye, ceding control to armed Kurdish fighters.
Syria, 31 December, 2012.

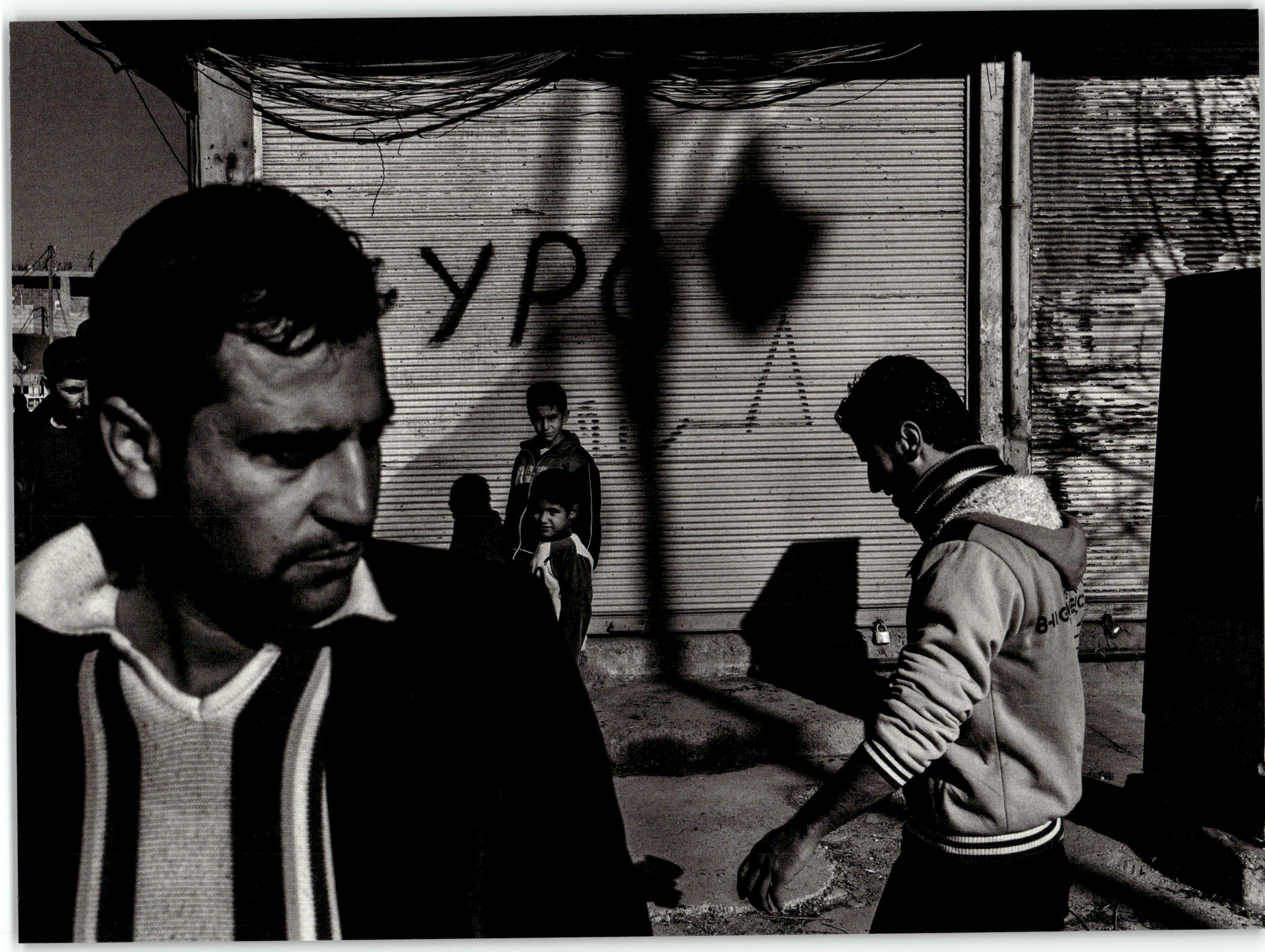
YP

CATALINA MARTÍN CHICO

Hanan, Alya y Amina son tres hermanas yemeníes. En este país tan tradicional, de 25 millones de habitantes, los hombres y las mujeres no se tocan y apenas se hablan. Las mujeres deben de volver a casa al caer el sol y no salen nunca después.
Yemen, abril de 2011.

Hanan, Alya and Amina are three Yemeni sisters. In this traditional country with a population of 25 million, men and women cannot touch each other and hardly talk. Women must be home at dusk and cannot go out again.
Yemen, April 2011.

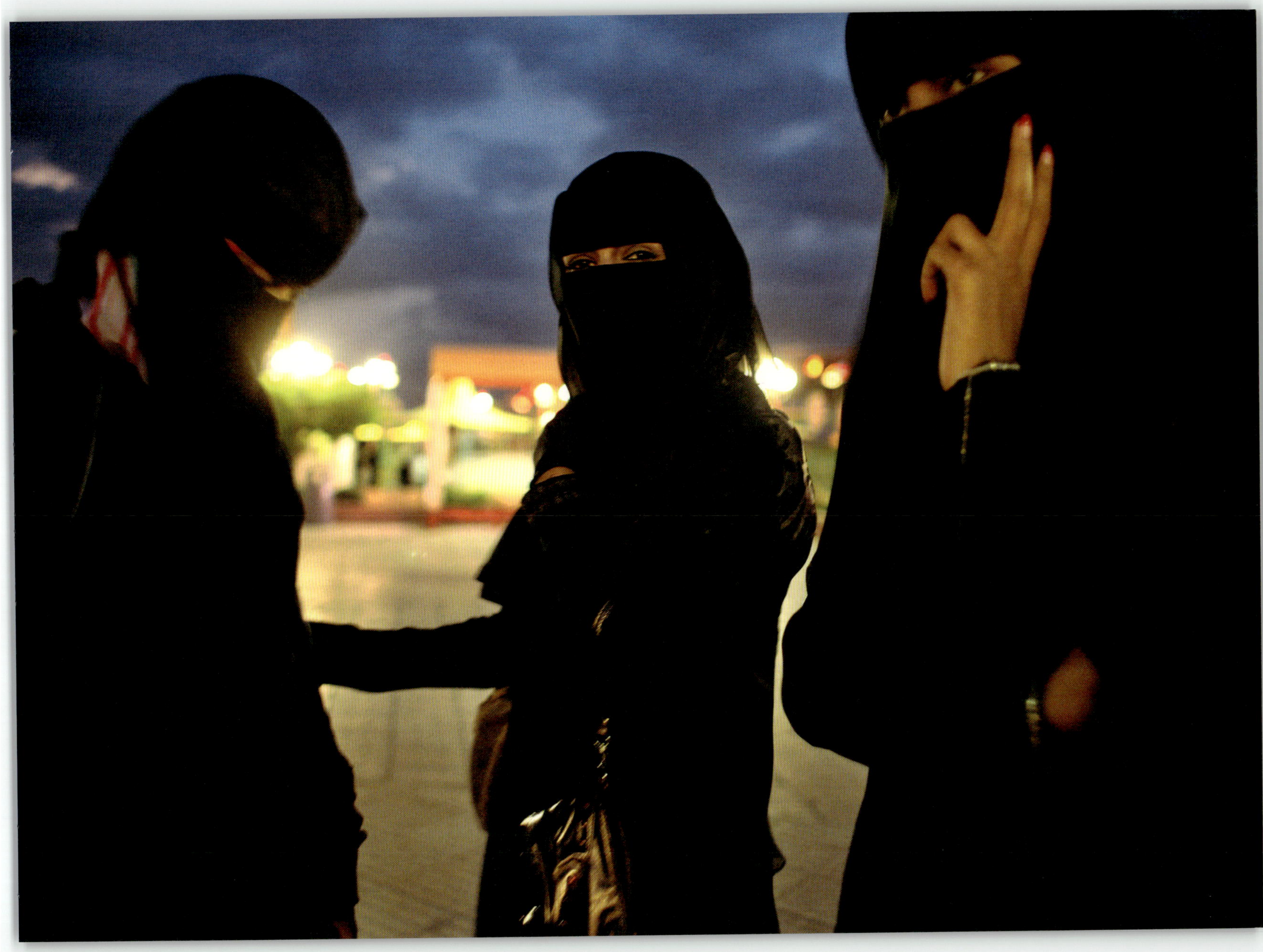

J. M. LÓPEZ

Un paciente se fuma un cigarrillo en el hospital psiquiátrico de Dar Al-Ajaza, que está situado en el casco antiguo de Alepo entre las posiciones de los rebeldes y las del ejército sirio, por lo que ha sido bombardeado varias veces. Los internos viven solos, sin apenas agua, luz, electricidad y mal alimentados, pues sus cuidadores han huido.
Siria, 18 de diciembre de 2012

A patient smokes a cigarette at Dar Al-Ajaza psychiatric institution in the Old City of Aleppo, between FSA and Syrian Army positions, having been bombed several times. Patients live alone, hardly without water, electricity, and malnourished, since their carers have fled.
Syria, 18 December, 2012.

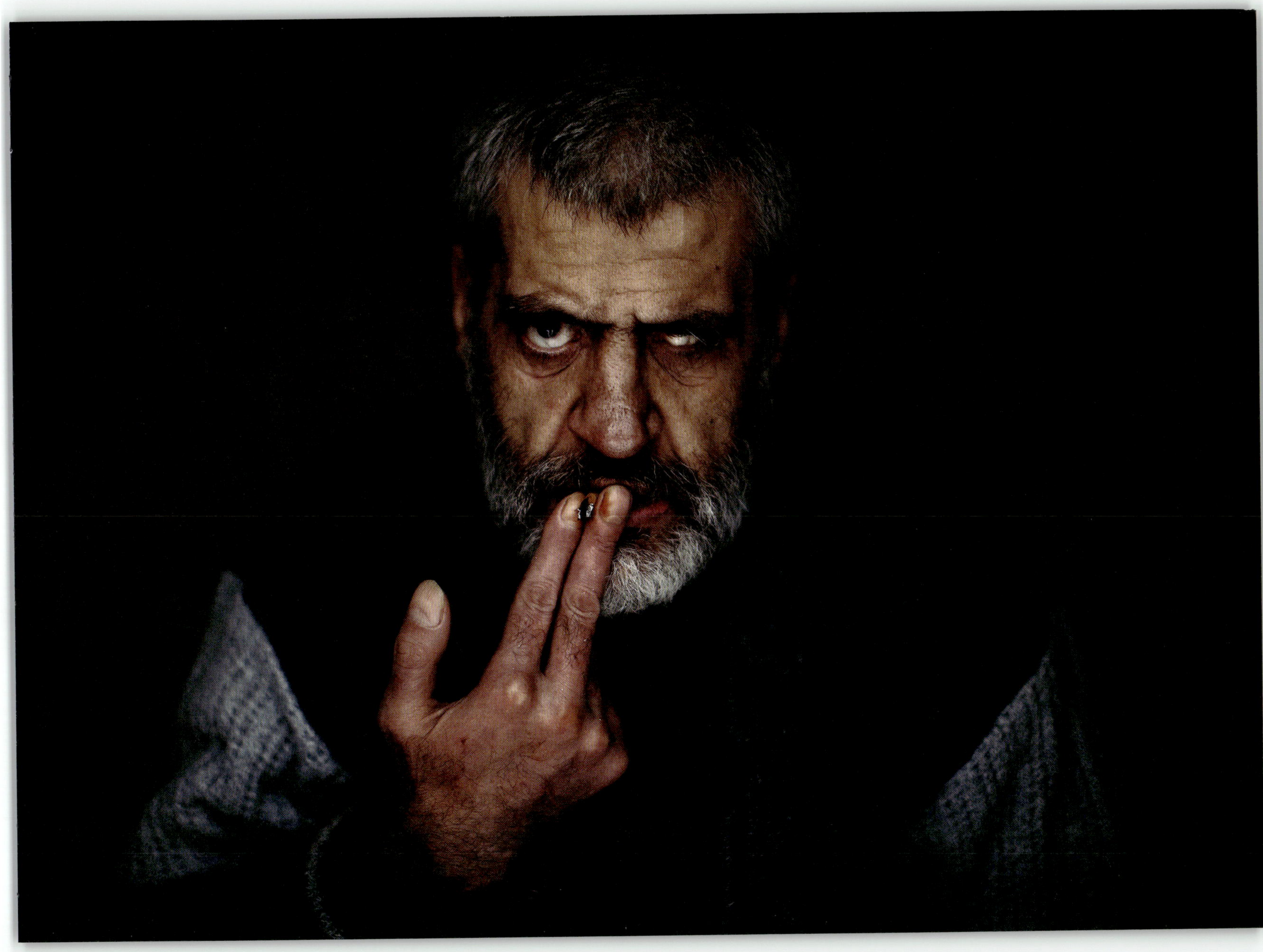

Sospecho
Got a Hunch

DIEGO IBARRA SÁNCHEZ

El pasado 22 de septiembre de 2014, un ataque talibán acabó con la vida de más de ochenta cristianos en la iglesia de Todos los Santos de Peshawar. Una ola de sectarismo islamista está diezmando a ojos vista las más antiguas comunidades cristianas en el próximo y medio oriente. Este fue el ataque más sangriento en los últimos setenta años. Pakistán, 2012-14.

On 22 September (2014) a Taliban attack killed over 80 Christians at All Saints Church in Peshawar. A wave of Islamic sectarianism is noticeably decimating the oldest Christian communities in the Near and Middle East. This was the bloodiest attack in the last 70 years. Pakistan, 2012-14.

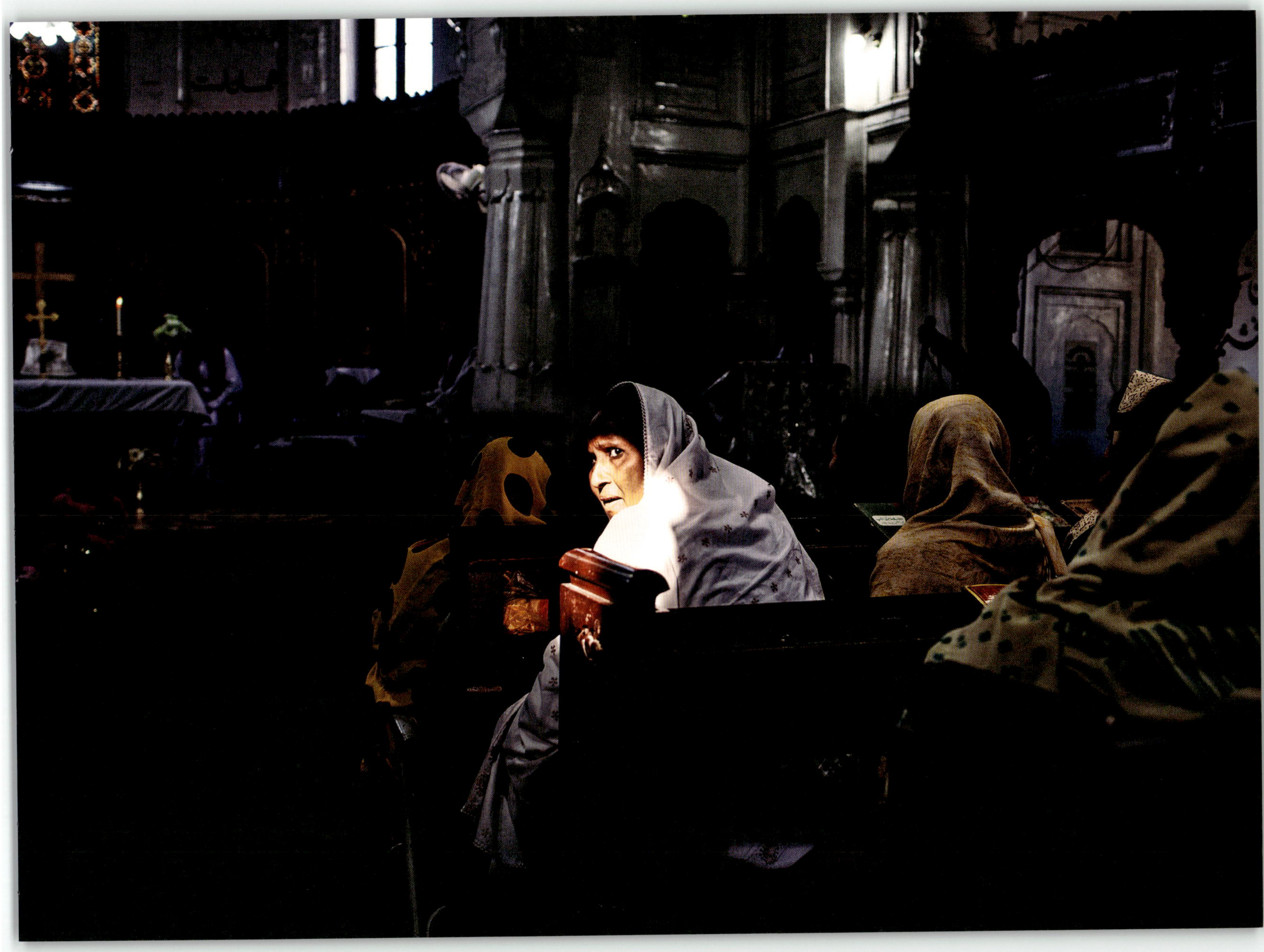

RAÚL GALLEGO

La plaza Tahrir de El Cairo se convirtió en uno de los símbolos de la "Primavera árabe". Los manifestantes se enfrentaron a la policía y el ejército de Mubarak con piedras, palos, cócteles Molotov e incluso con camellos y caballos, algo inusual en el siglo XXI y en una revuelta animada desde internet.
Egipto, febrero de 2011.

Tahrir square in Cairo became a revolutionary symbol of the "Arab Spring". Demonstrators clash with police and pro-Mubarak forces using stones, batons, petrol bombs and even camels and horses, something unusual in the 21st century, and in an uprising encouraged from the Internet.
Egypt, February 2011.

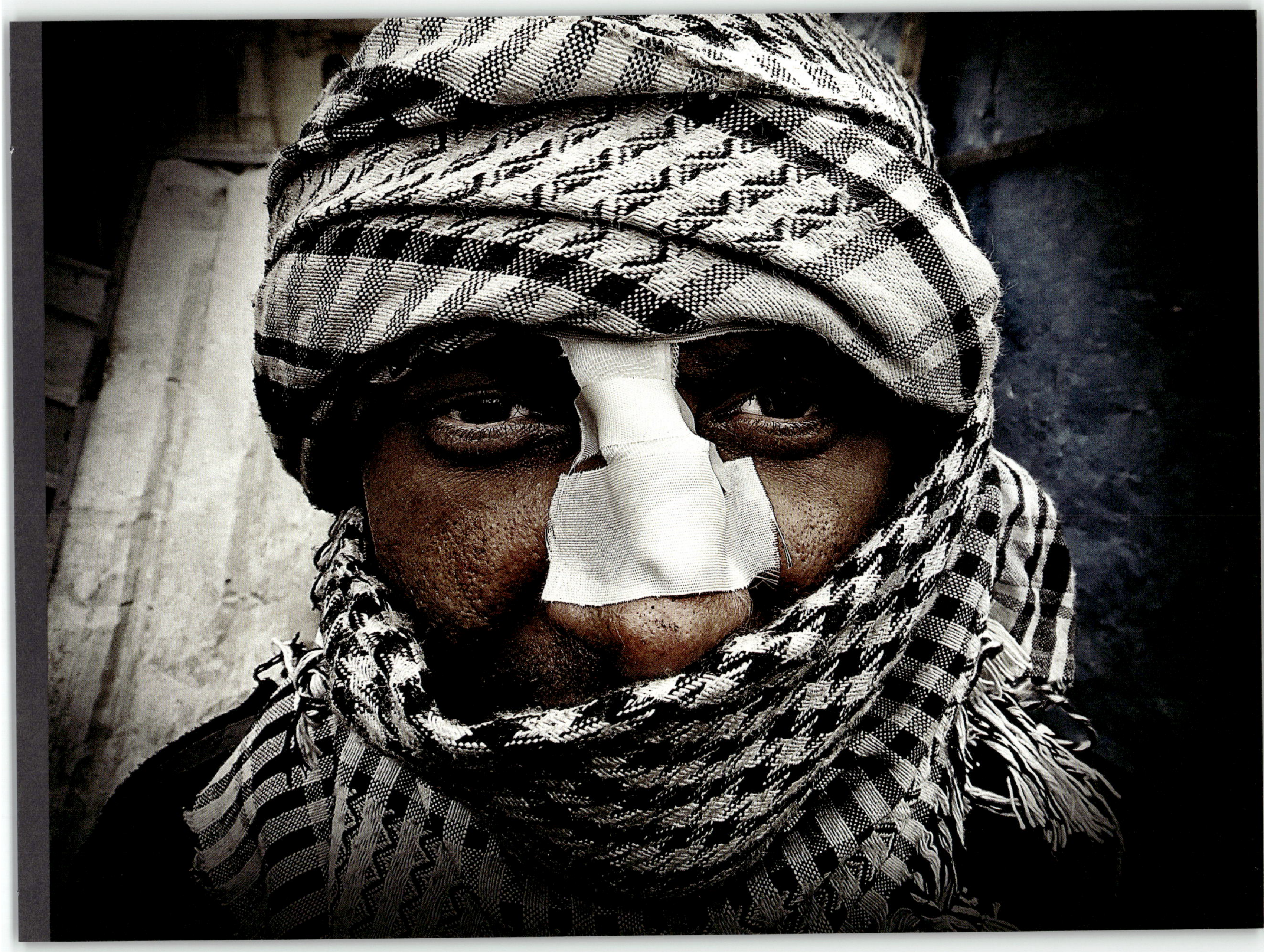

ARIANA CUBILLOS

Un seguidor de la creencia vudú sujeta en su boca la cabeza de un cabrito, sacrificado durante una ceremonia ritual, algo tradicional a esta cultura, en la villa de Plain du Nord.
Haití, 24 de julio de 2007.

A Voodoo follower holds a goat's head in his mouth, sacrificed during a ritual, traditional ritual ceremony for this culture, in the village of Plain du Nord.
Haiti, 24 July, 2007.

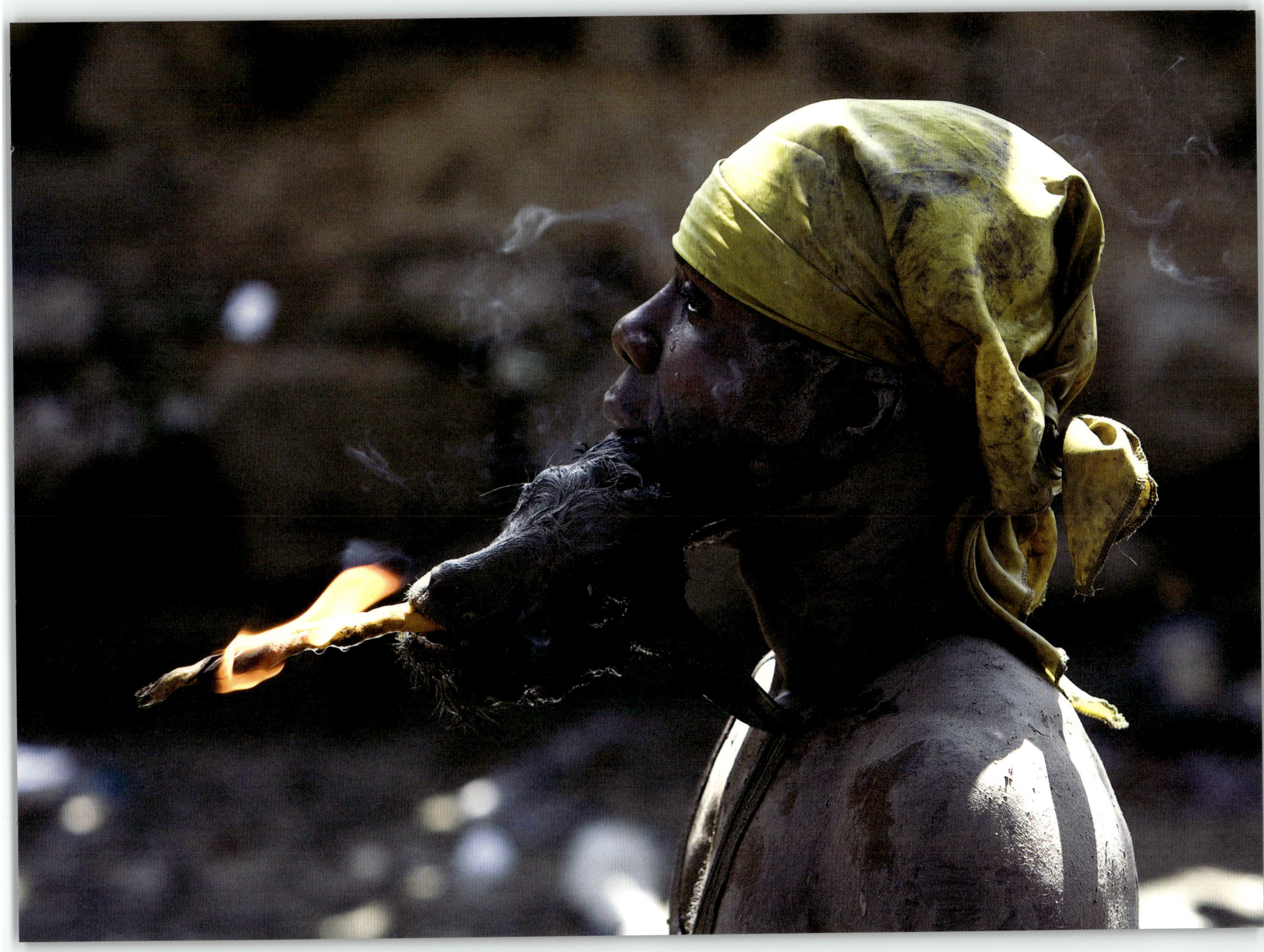

LUIS DE VEGA

Un emigrante se asea en un campamento del Monte Gurugú, mientras espera lograr alcanzar Melilla, al fondo a la izquierda (junto a la localidad marroquí de Beni Enzar), y con ello España.
Marruecos, 21 de agosto de 2004.

An emigrant has a wash at a camp at Mount Gurugu, while waiting to reach Melilla, in the background on the left (next to the Moroccan town of Beni Enzar), and Spain.
Morocco, 21 August, 2004.

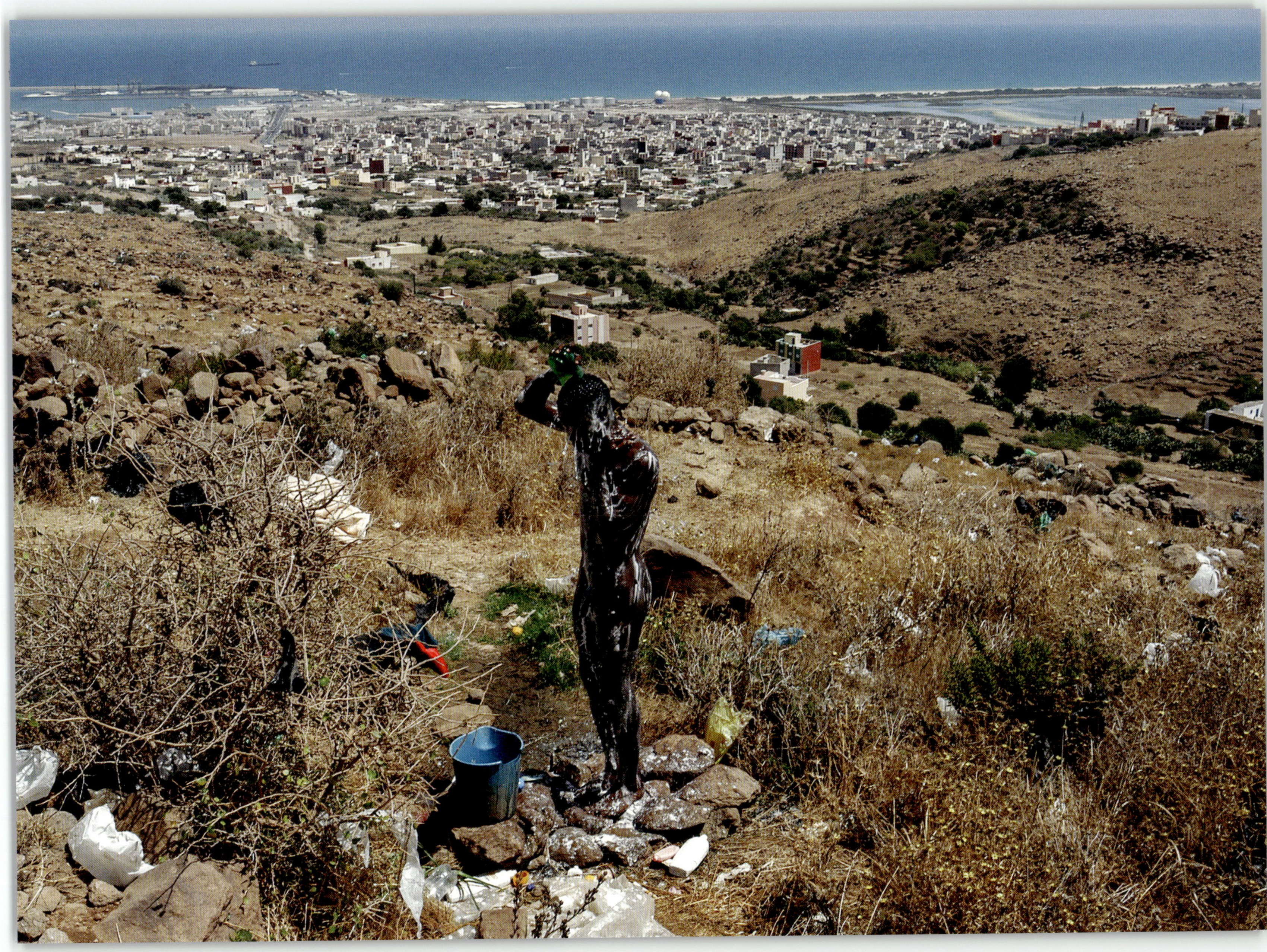

JOSÉ COLÓN

Europa, España, Asturias, Langreo, 18/06/2012. Un minero grita durante la manifestación que tuvo lugar en Langreo (Asturias), con motivo de la huelga indefinida convocada por los sindicatos UGT y CCOO en protesta por los recortes previstos por el Gobierno central en el sector del carbón en España.

Europe, Spain, Asturias, Langreo, 18/06/2012. A miner shouts during the demonstration that took place in Langreo (Asturias), due to the indefinite strike called by trade unions UGT and CCOO in protest at the cuts planned by the Central Government in the Spanish coal sector.

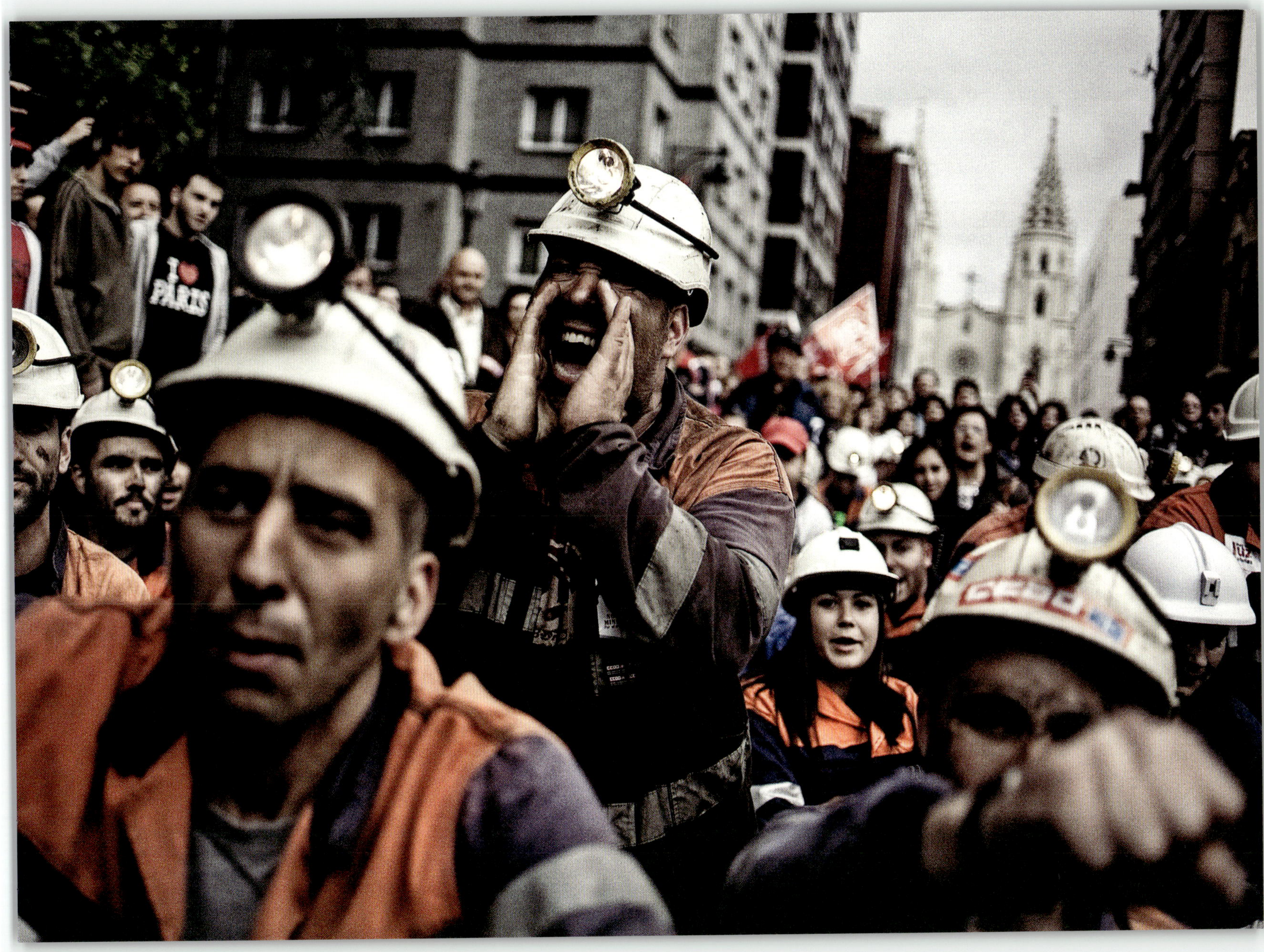
I ♥ PARIS

¿Estamos locos?
Are We Insane or Else?

RAFAEL FABRÉS

Un caballo trota escaleras arriba tras un oficial de la Policía antidisturbios durante la ocupación de una favela perteneciente al grupo de comunidades Complexo de Alemao, en Río de Janeiro.
Brasil, 26 de abril de 2012.

A horse trots up some steps behind a riot police officer during the occupation of a shantytown belonging to the Complexo de Alemao group of communities, Rio de Janeiro.
Brazil, 26 April, 2012.

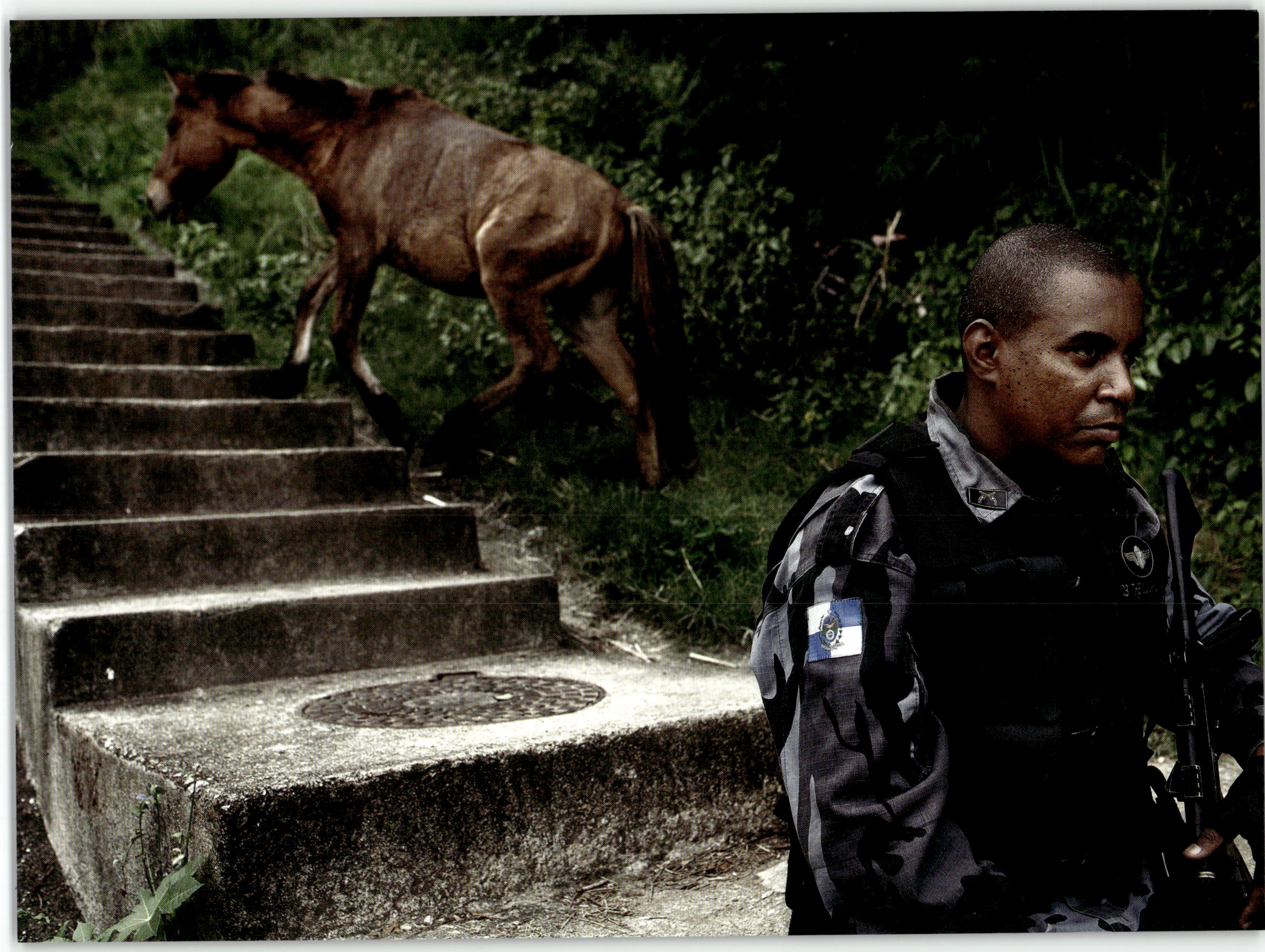

ANDRÉS MARTÍNEZ CASARES

La madre de Stephanie Sanbronce, fallecida víctima del cólera a los 16 años en Puerto Príncipe, huye despavorida a la llegada de un equipo de trabajadores del Ministerio de Salud que acuden a retirar el cadáver de su hija.
Haití, 20 de noviembre de 2010.

The mother of Stephanie Sanbronce, 16-year-old deceased victim of cholera in Port au Prince, runs away terrified at the arrival of Ministry of Health workers coming to take away her daughter's body.
Haiti, 20 November, 2010.

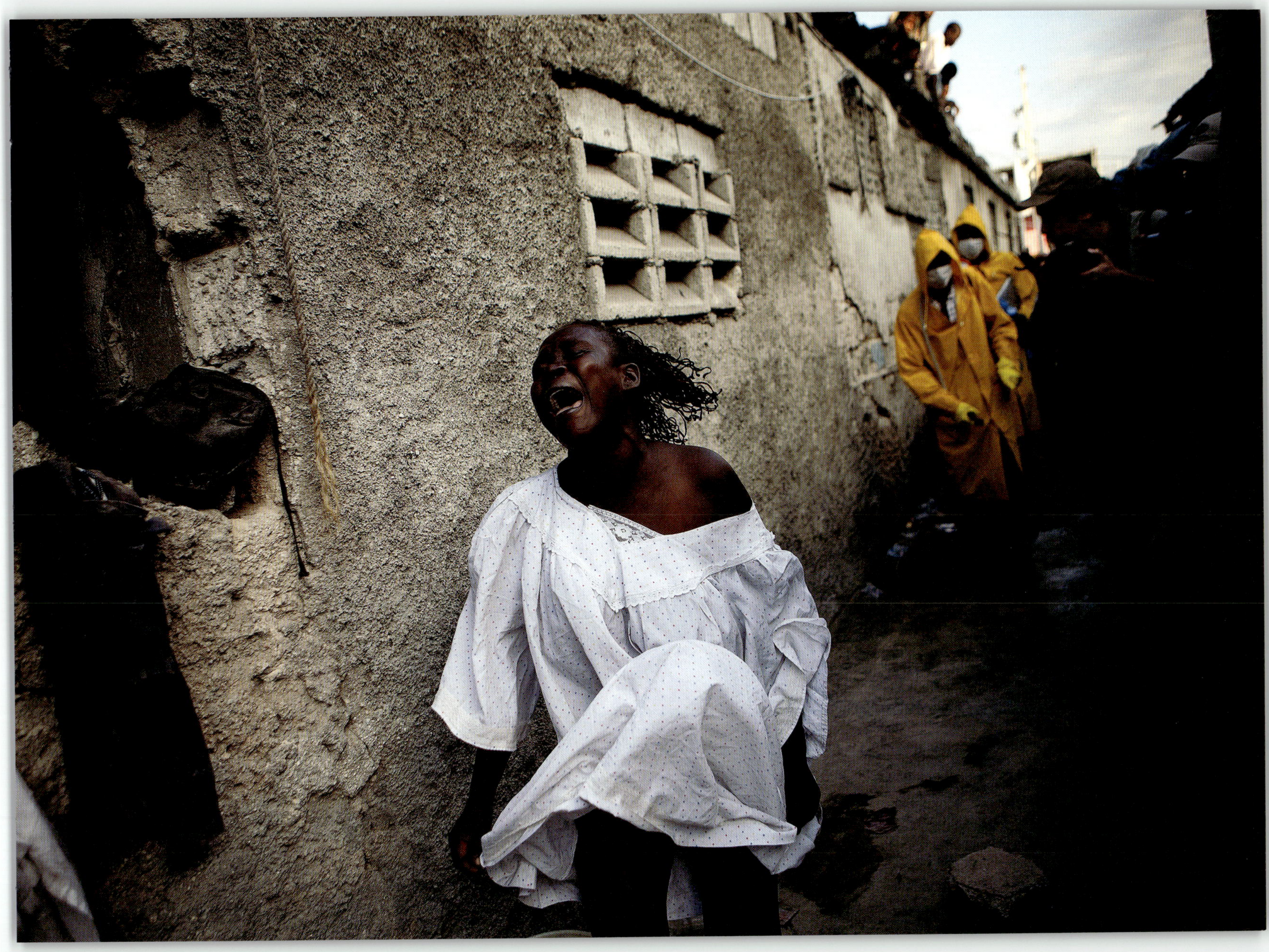

J. M. LÓPEZ

Soldados rebeldes inspeccionan el hueco de una escalera durante enfrentamientos con el Ejército regular sirio en el distrito de Saif al-Dawla en Alepo.
Siria, 19 de septiembre de 2013.

Rebel fighters inspect a stairwell during clashes with Syrian government forces in the Saif al-Dawla district of Aleppo.
Syria, 19 September, 2013.

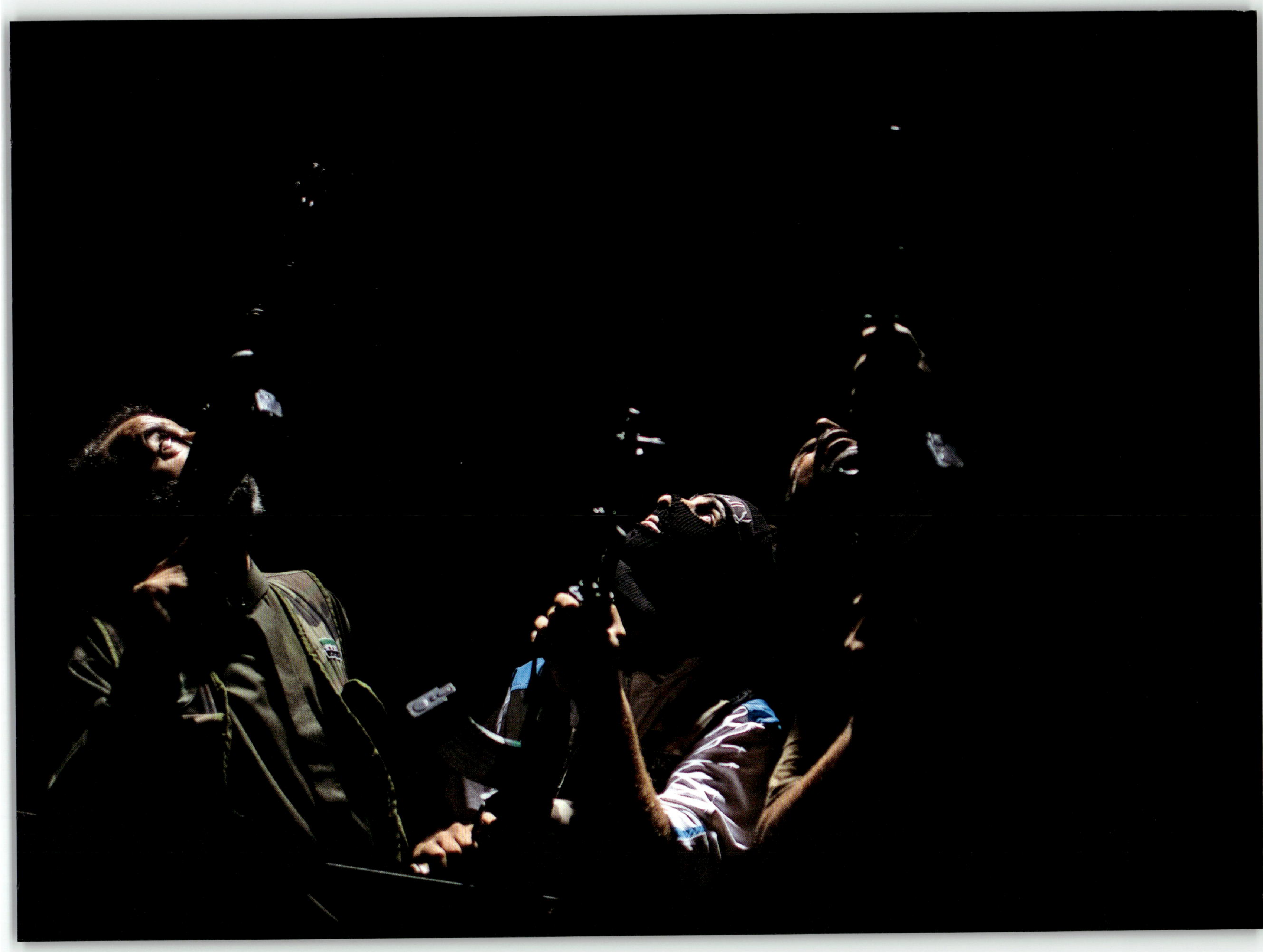

¿Y ahí arriba?
What's Up There?

ANDRÉS MARTÍNEZ CASARES

Un hombre ayuda a salir a una mujer de una piscina sagrada, del complejo religioso de Souvenance, próximo a Gonaives, durante una ceremonia del ritual vudú, tradicional a esta cultura isleña.
Haití, 2010.

A man helps a woman out of a sacred pool, at the Souvenance religious complex near Gonaives, during a Voodoo ritual ceremony, traditional in this island culture.
Haiti, 2010.

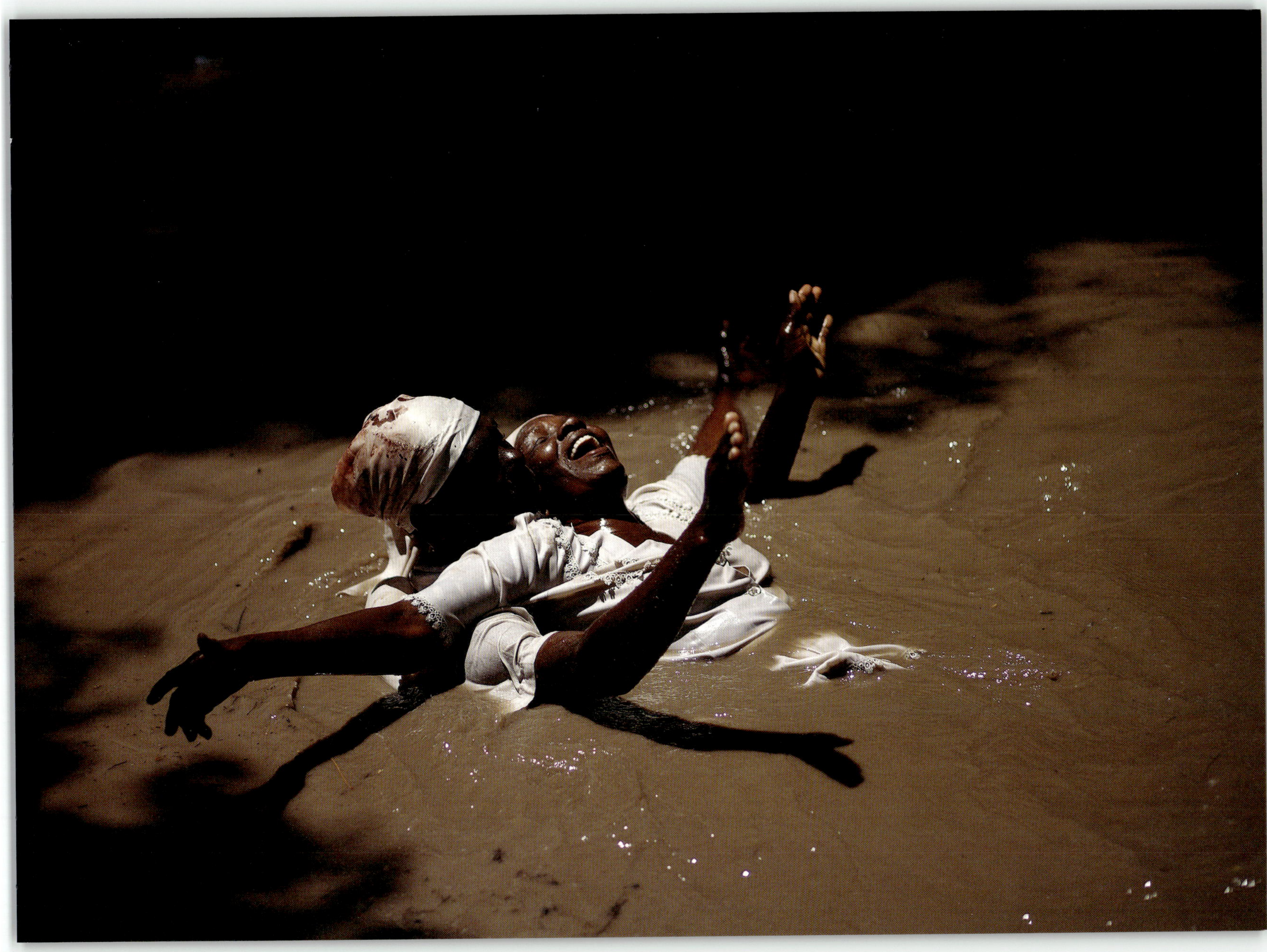

DIEGO IBARRA SÁNCHEZ

Un grupo de estudiantes asiste sin electricidad a la Government Middle School for Girls de Nowshera. La escuela ha sido atacada en repetidas ocasiones por los talibanes en su rechazo de que las niñas reciban una educación regular al modo occidental.
Pakistán, 2012-14.

A group of students study without electricity at the Government Middle School for Girls in Nowshera. The school has been repeatedly attacked by the Taliban in their rejection to girls getting Western-style regular education.
Pakistan, 2012-14.

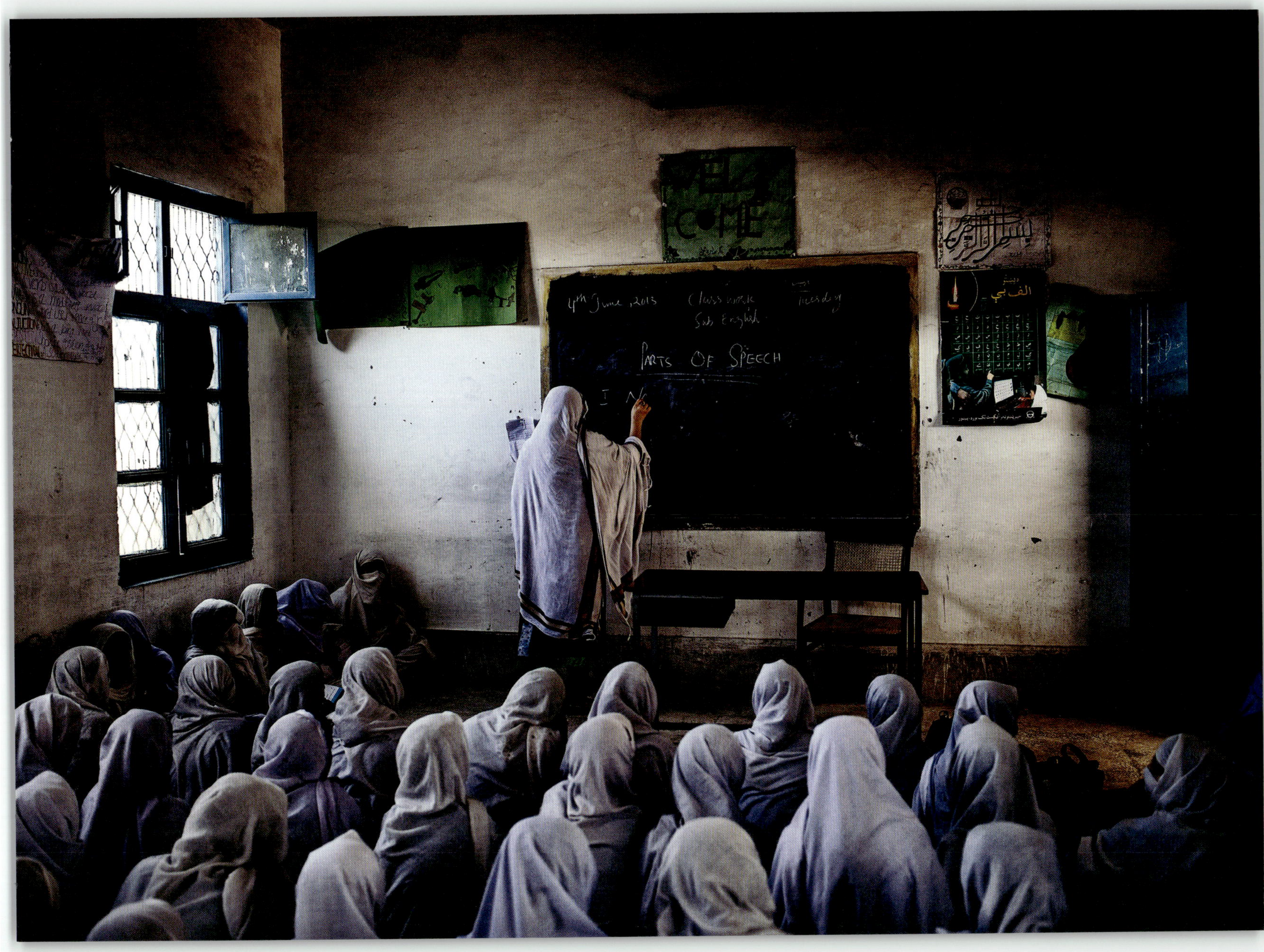
4th June, 2013
Class work
Tuesday
Sub English
PARTS OF SPEECH

SERGIO CARO

Esta escuela fue habilitada por el contingente italiano en Shindand, enclave donde murieron varios soldados españoles. Una semana después de su inauguración, un ataque aéreo norteamericano la dañó.
Shindand, Afganistán, 3 de mayo de 2007.

This school was set up by the Italian contingent in Shindand, where several Spanish soldiers died. A week after it was opened, it was damaged by a U.S. airstrike.
Shindand, Afghanistan, 3 May, 2007.

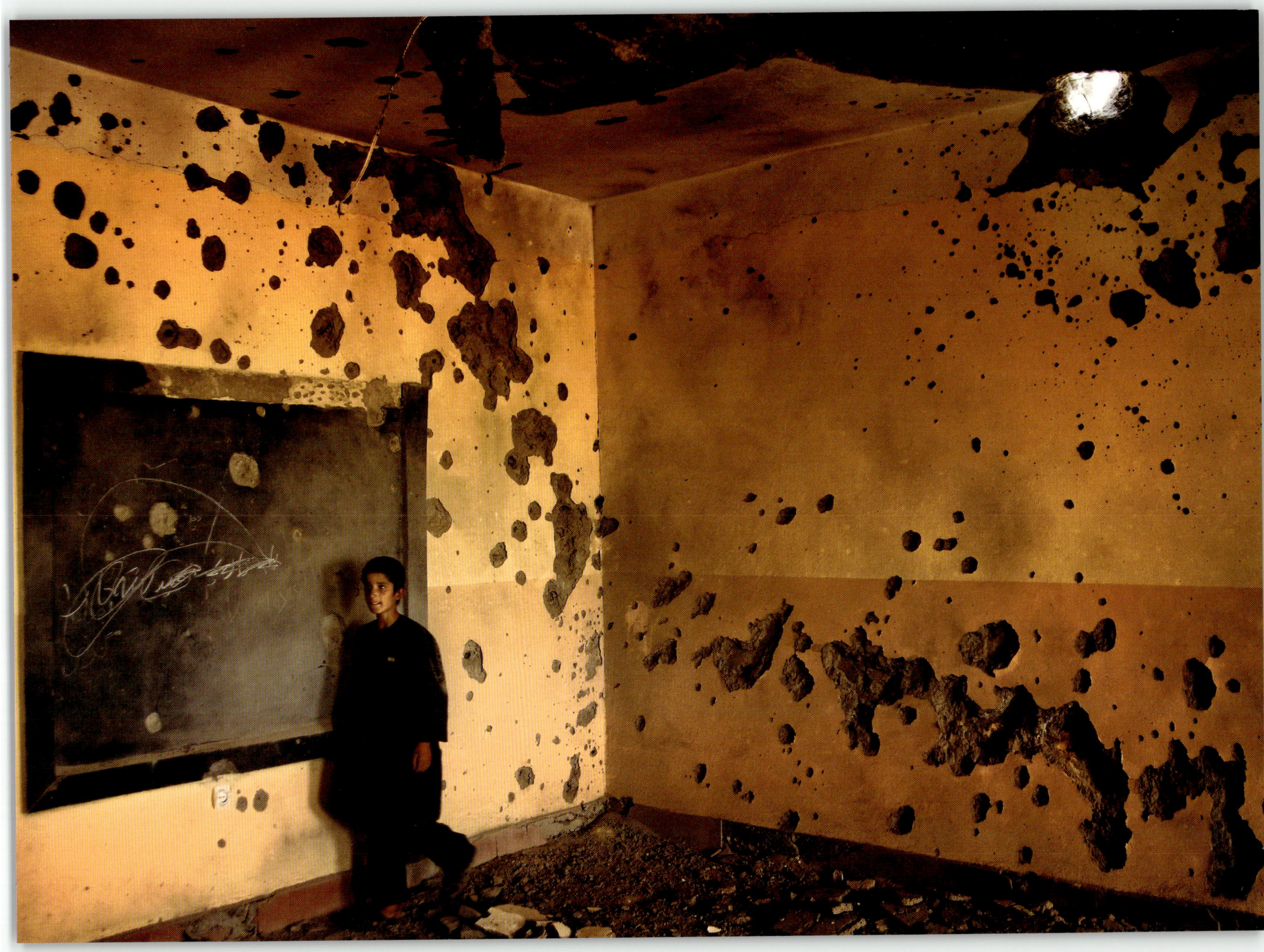

ÁLVARO YBARRA ZAVALA

Sebastián tiene 14 años y sufre de hidrocefalia y mielomeningocele. Vive con su abuela, Matrona, que es la matriarca de la familia, con su abuelo, sus tíos y su primo Matías, rodeados por cosechas y una fumigación aérea, impune y constante, de productos fosfóreos prohibidos por la ley y la Convención de Estocolmo, como el glifosato y el metamidofos calibre 25. Napenay, Chaco, Argentina, noviembre de 2012.

Sebastian, 14, suffers from hydrocephalus and myelomeningocele. His grandmother, Matrona, is the matriarch of the family. He lives with his grandfather, his uncles and his cousin Matias, completely surrounded by crops that are constantly fumigated with glyphosate and methamidophos calibre 25, a phosphorous-based chemical prohibited by the Stockholm convention. His Napenay community is affected by regular aereal spraying of agrochemicals in impune contempt of the legislation in force but with the blind eye of the authorities.
Napenay, Chaco, Argentina. November 2012.

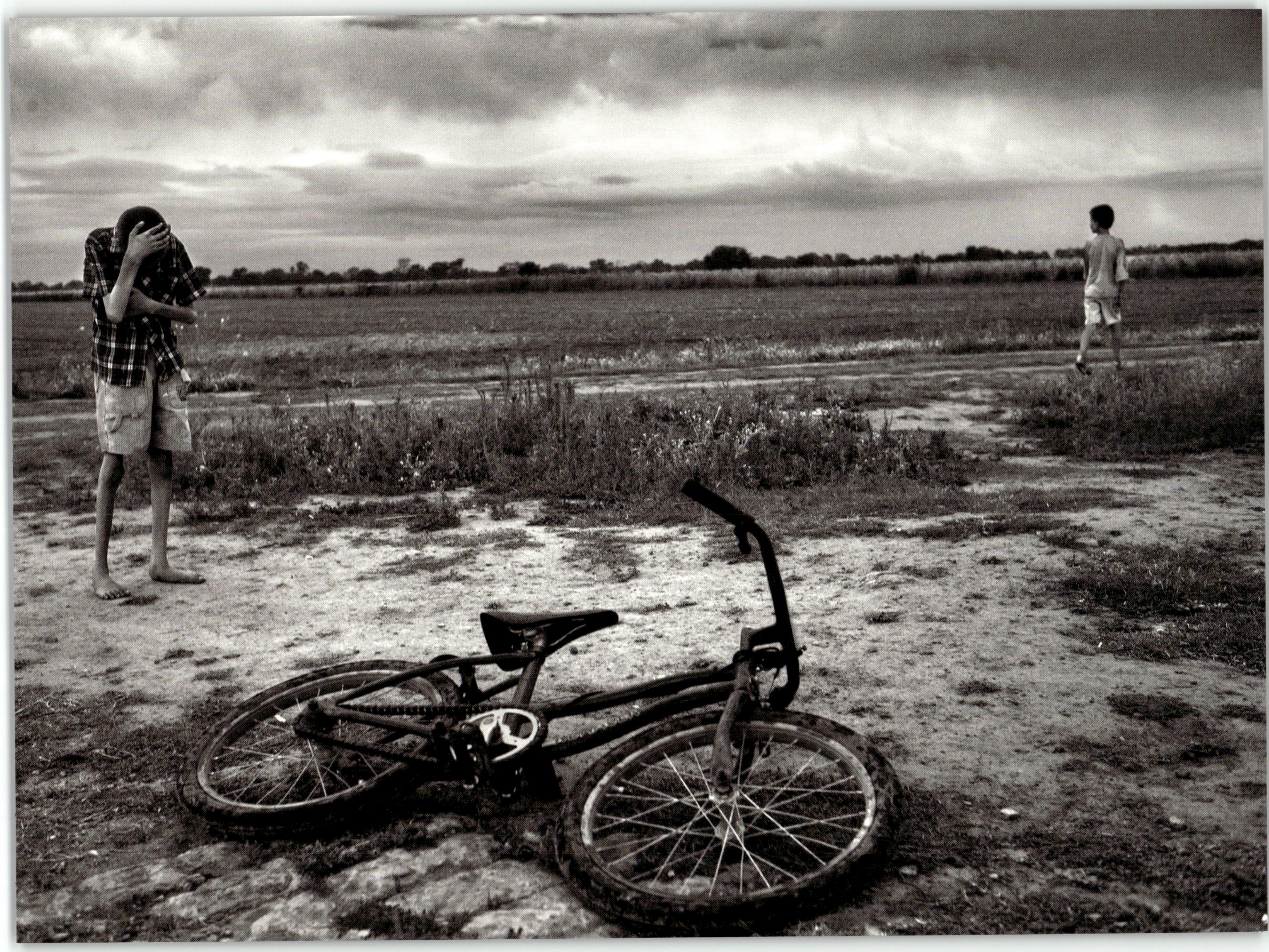

Mira y aprende
Watch and Learn

RICARDO GARCÍA VILANOVA

Efectivos del Ejército Libre de Siria (FSA) se hacen fuerte en una comisaría de policía de la Ciudad Vieja de Alepo en el momento en que un helicóptero se prepara para el ataque durante los fuertes combates habidos contra las tropas de Bashar al-Assad.
Siria, 2013.

Free Syrian Army (FSA) troops hole up in a police station in the Old City of Aleppo as a helicopter prepares to attack during heavy fighting against pro-Bashar al-Assad troops.
Syria, 2013.

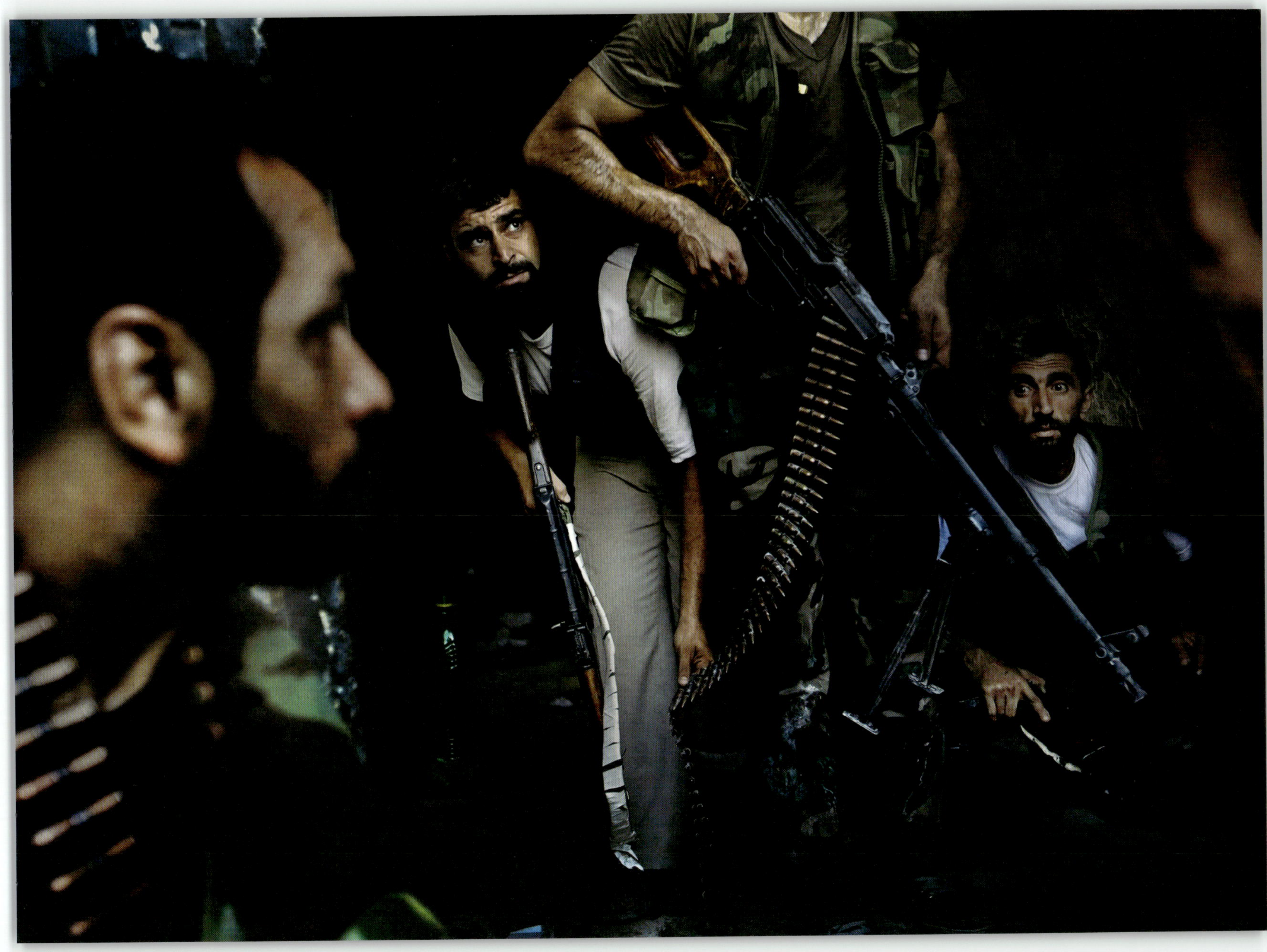

ARIANA CUBILLOS

Un niño aguarda el reparto de ayuda en Pele, suburbio de Puerto Príncipe. Un miembro brasileño de la misión de paz de la ONU reparte, además de alimentos y medicinas, unos panfletos que dicen: «Vota para traer cambios a tu país». Haití, 23 de diciembre de 2005.

A little boy waits in the crowd, during Aid distribution in the Pele neighbourhood in Port-au-Prince. A UN Brazilian peacekeeper, in addition to food and medicines, gives out leaflets "Vote to bring change to your country". Haiti, 23 December, 2005.

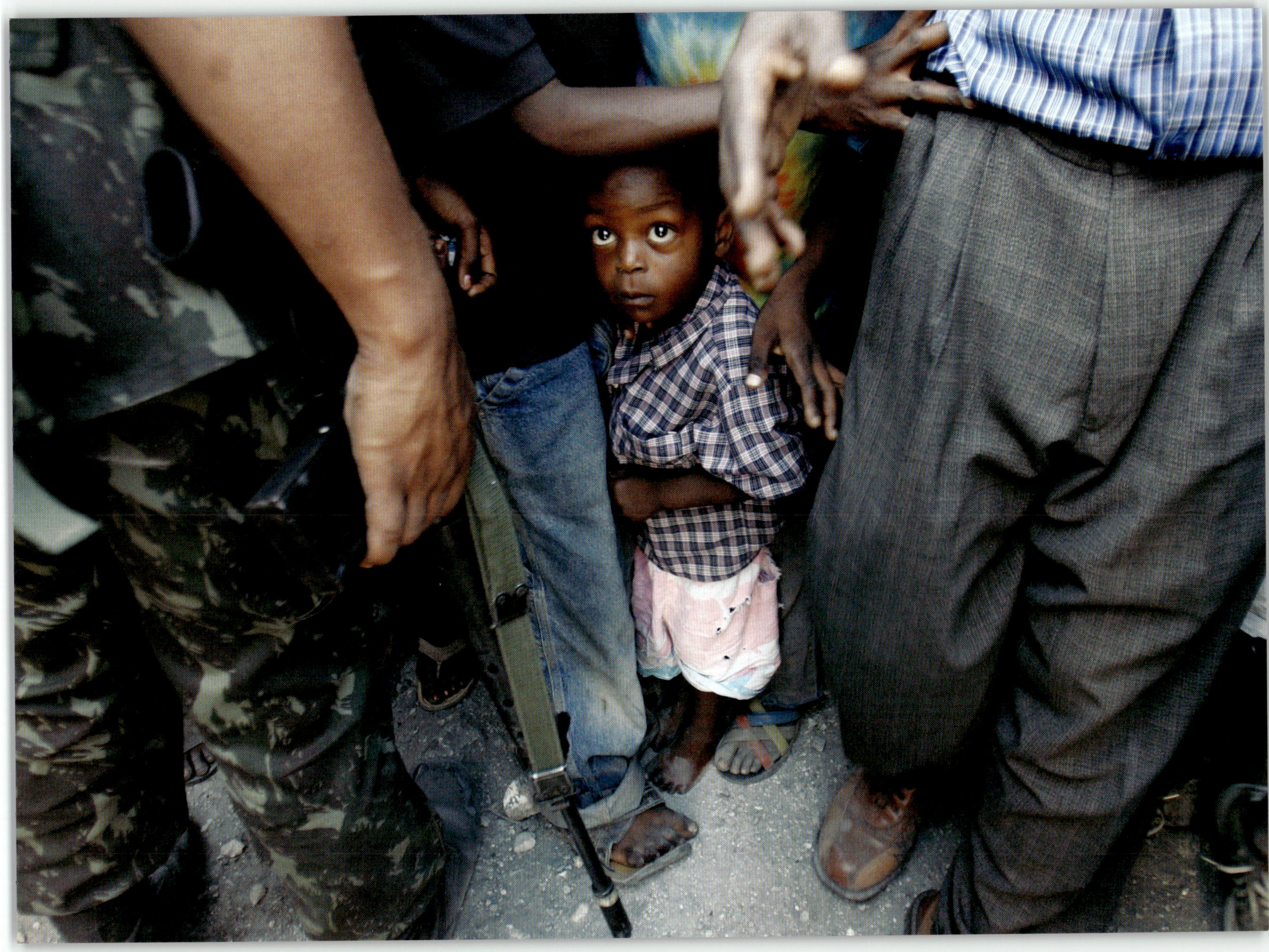

Te lo dije
I Told You

ESTEBAN FÉLIX

Una mujer pasea junto a una tienda de armas de fuego en San Pedro Sula, enclave que compite por el siniestro privilegio de ser aún más peligrosa que la mexicana Ciudad Juárez, con 159 homicidios por cada 100.000 habitantes.
Honduras, 11 de marzo de 2012.

A woman walks past an armoury shop in San Pedro Sula, Honduras, a place said to have "overtaken Ciudad Juarez as the world's most dangerous city with a rate of 159 homicides per 100,000 inhabitants".
Honduras,11 March, 2012.

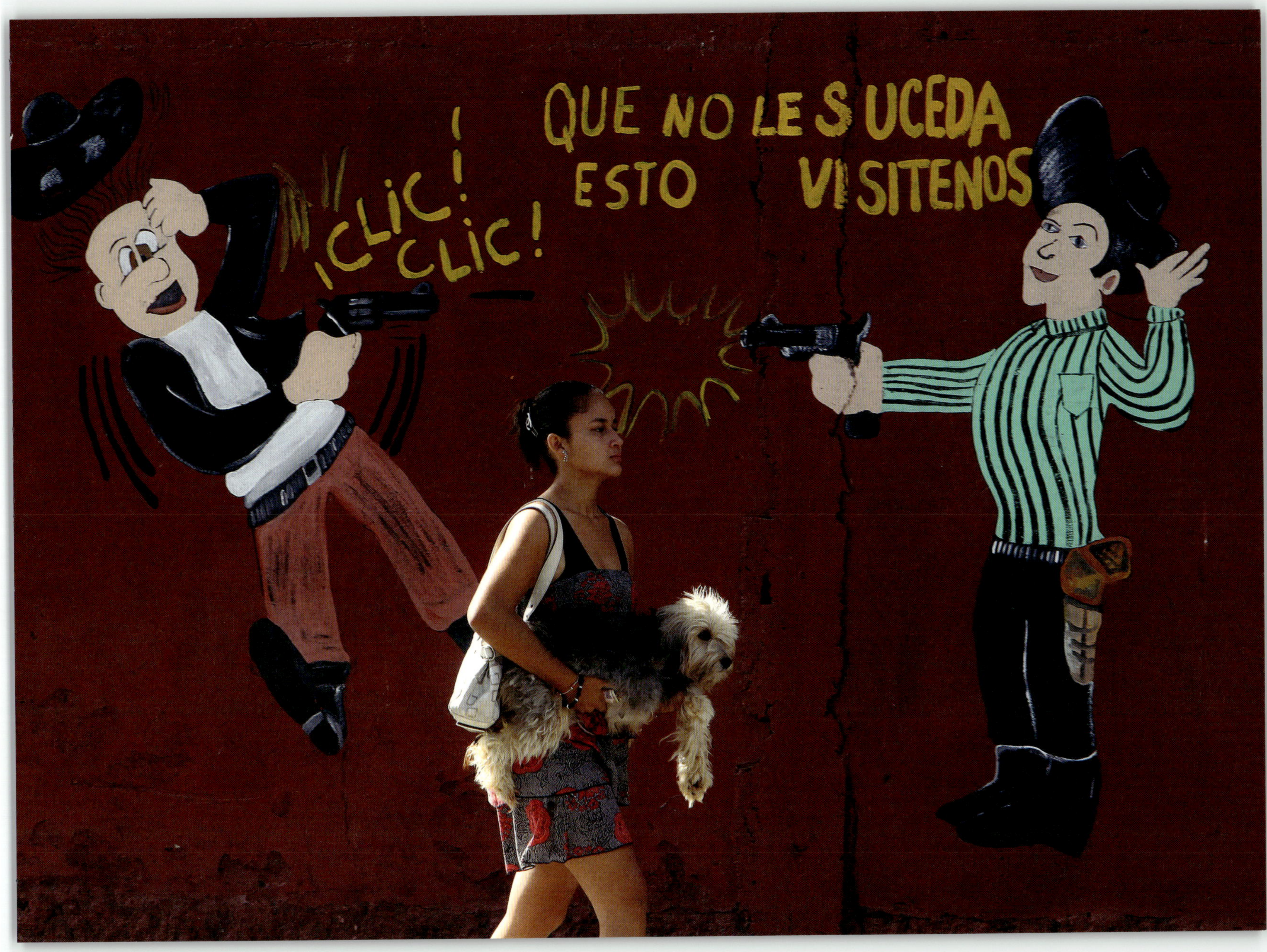
¡QUE NO LE SUCEDA
ESTO VISITENOS
¡CLIC!
CLIC!

Te lo dije
I Told You

ESTEBAN FÉLIX

Los cuerpos de Lesbia Altamirano, de cuarenta y dos años, y de Wilber Orbera, de cuarenta y uno, yacen ensangrentados en el interior de un bar de juego, después de haber sido barridos por el fuego de un grupo de enmascarados en Choloma, un pueblo cercano a San Pedro Sula. La ciudad y el país se han convertido en una de las zonas más violentas del mundo. Honduras, 11 de marzo de 2012.

The bodies of Lesbia Altamirano, 42, and Wilmer Orbera, 41, lie in a pool bar after being attacked by masked men in Choloma near San Pedro Sula. The city and the country have become one of the world's most violent areas. Honduras, 11 March, 2012.

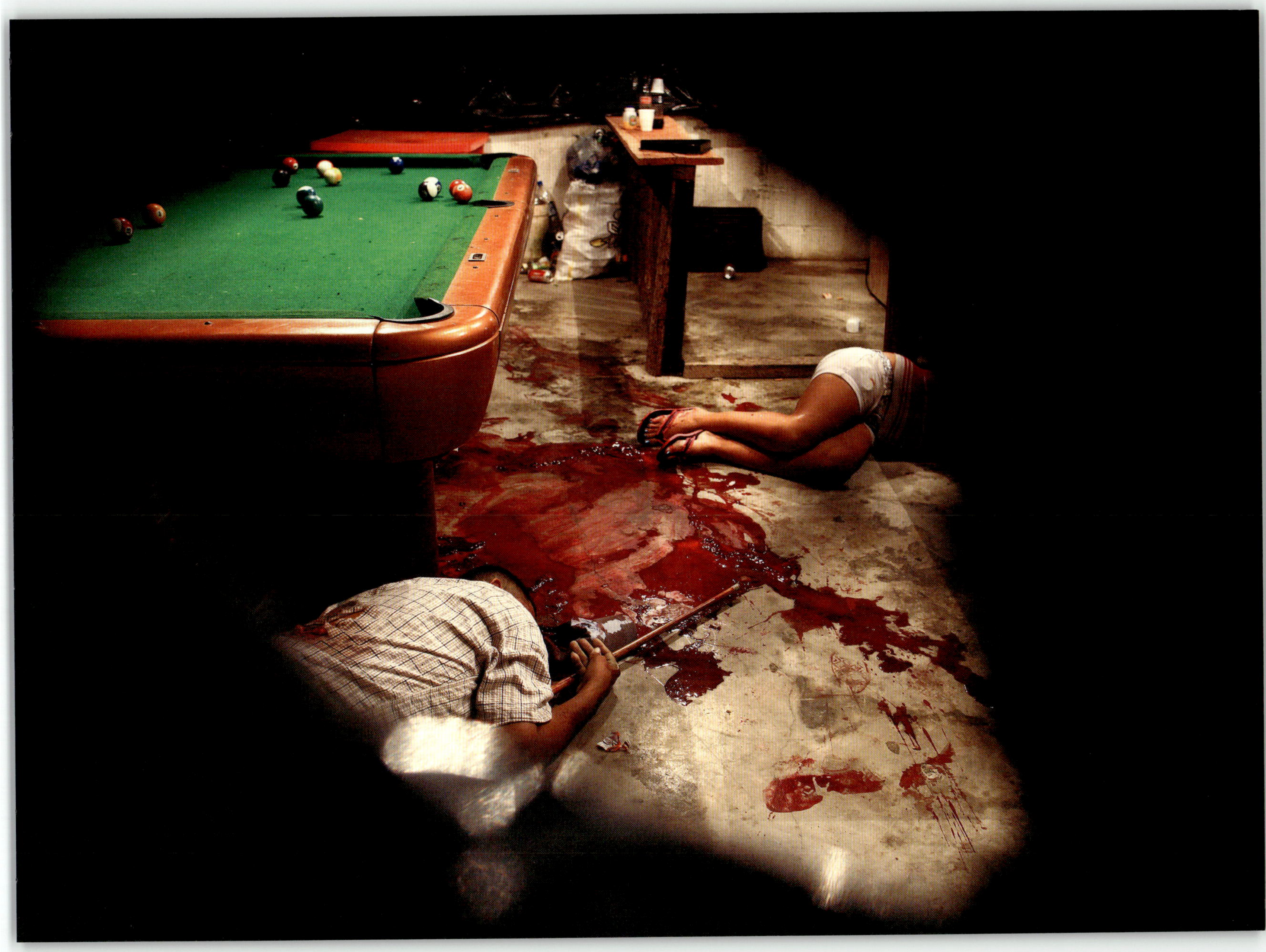

Te lo dije
I Told You

ESTEBAN FÉLIX

Dos policías hondureños llevan a un miembro detenido de la peligrosa «Mara 18», para que sea atendido en Urgencias de un hospital público en San Pedro Sula. Estas y otras organizaciones criminales han elevado la tasa de asesinatos de su país a una de las primeras del mundo.
Honduras, 25 de marzo de 2013.

Two policemen take an arrested member of the dangerous "Mara 18" gang for treatment in the emergency room of the public hospital in San Pedro Sula. This and other criminal organizations have risen the homicide rate of the country to one of the first in the world.
Honduras, 25 March, 2013.

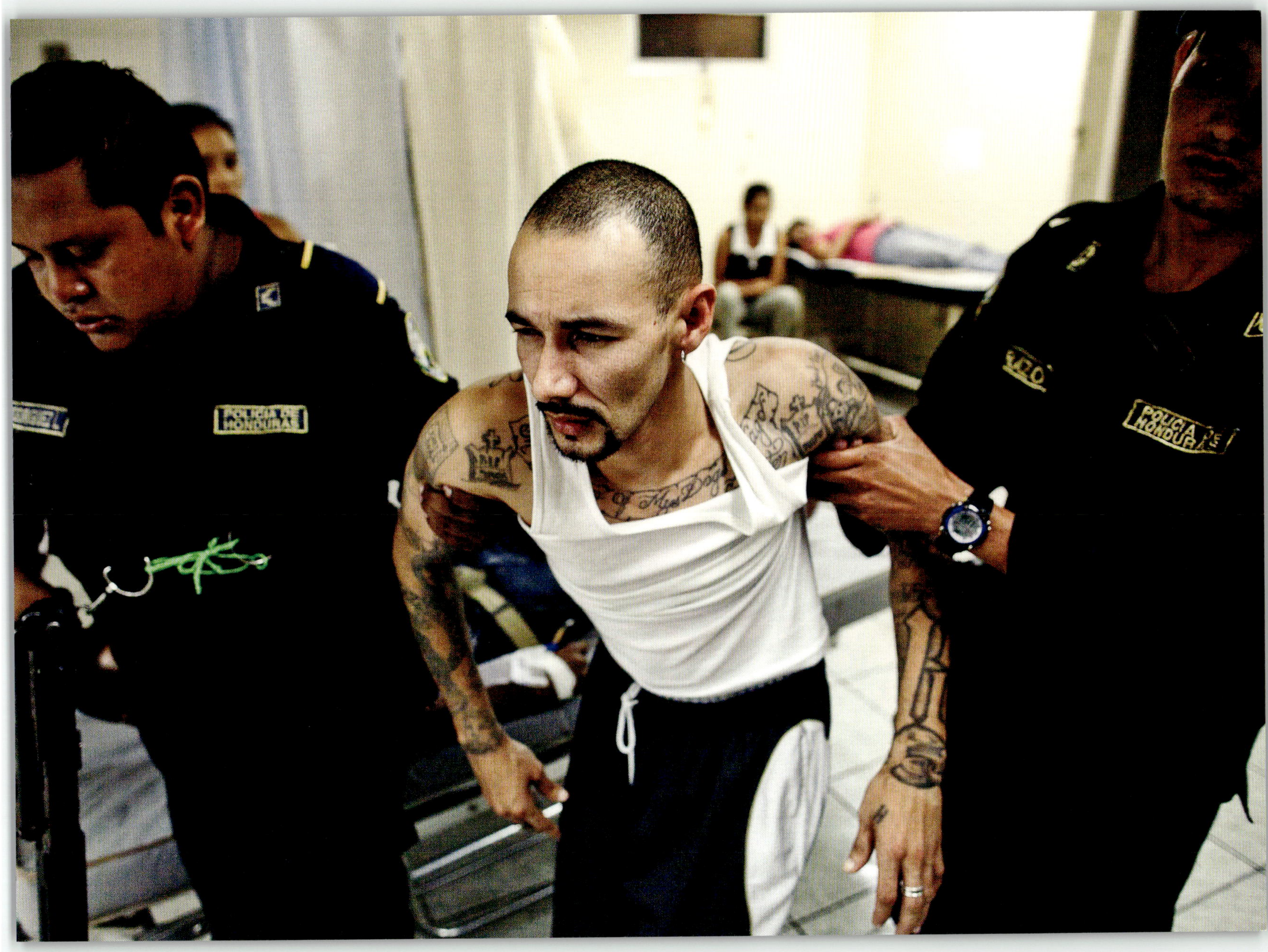
POLICIA DE
HONDURAS

Tan lejos, tan cerca
Far Away. Far Too Close

LUIS DE VEGA

Un vecino de Melilla ejercita su *swing* una mañana de agosto de 2004 ante la valla de Melilla, ahí donde esa misma noche decenas de emigrantes han alcanzado la jurisdicción española, dejando atrás las escalas artesanales y útiles empleados. España, 22 de agosto de 2004.

An inhabitant of Melilla practices his swing one morning in August 2004 next to the Melilla fence, where the previous night dozens of migrants had reached Spanish jurisdiction, leaving behind the makeshift ladders and implements used. Spain, 22 August, 2004.

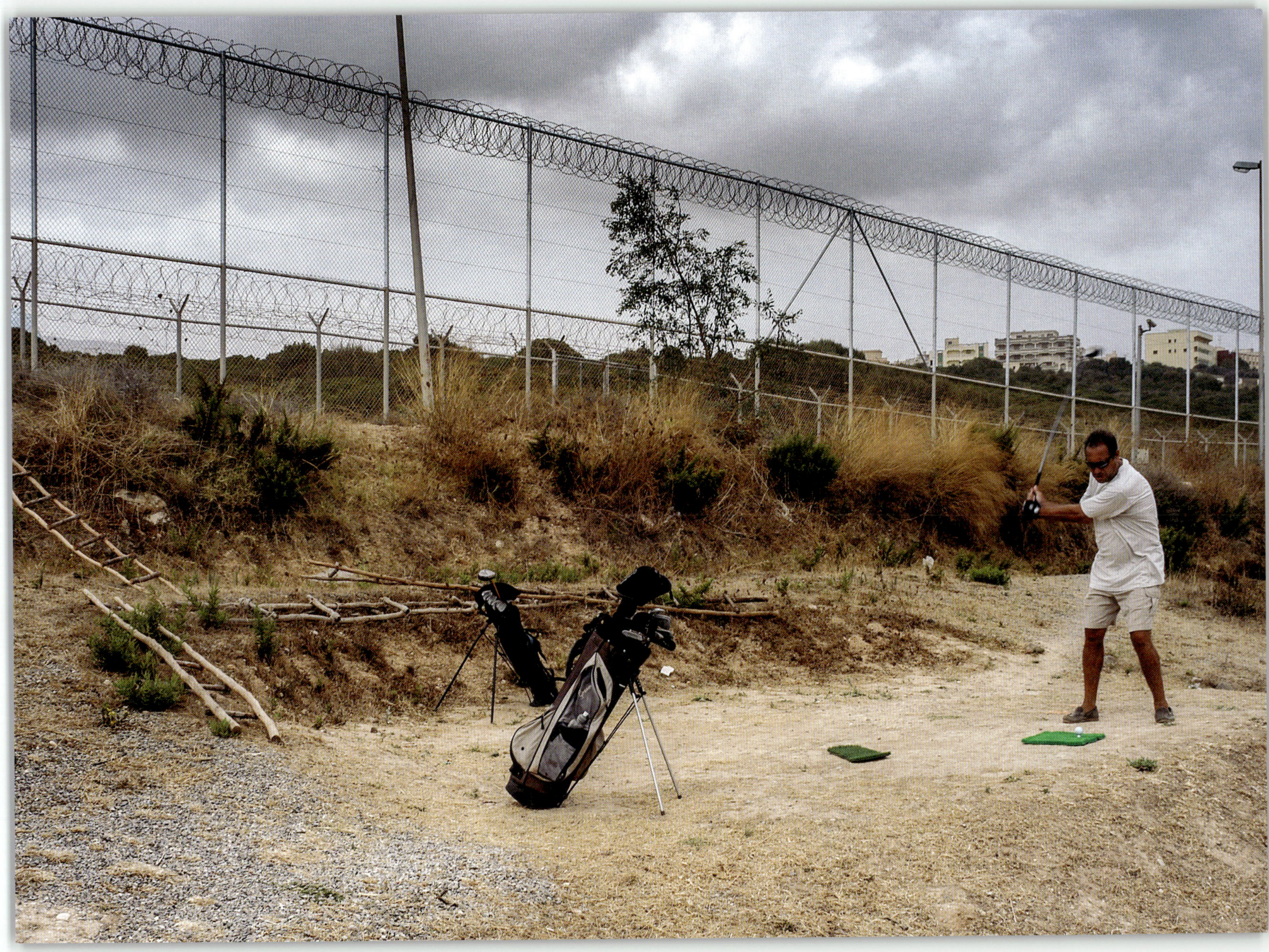

JOSÉ COLÓN

Un grupo de migrantes africanos avistados al intentar cruzar la espinosa verja que separa a Marruecos de la primera frontera europea, en la histórica ciudad española de Mellila. Encaramados, aguardan la noche y su futuro.
Melilla, España, 28 de marzo de 2014.

A group of african migrants sighted by police while trying to cross the dangerous barbed-wire border fences, to get from Morocco into the Spanish historic enclave of Melilla, which is also the EU southernmost frontier.
Melilla, Spain, March 28th, 2014.

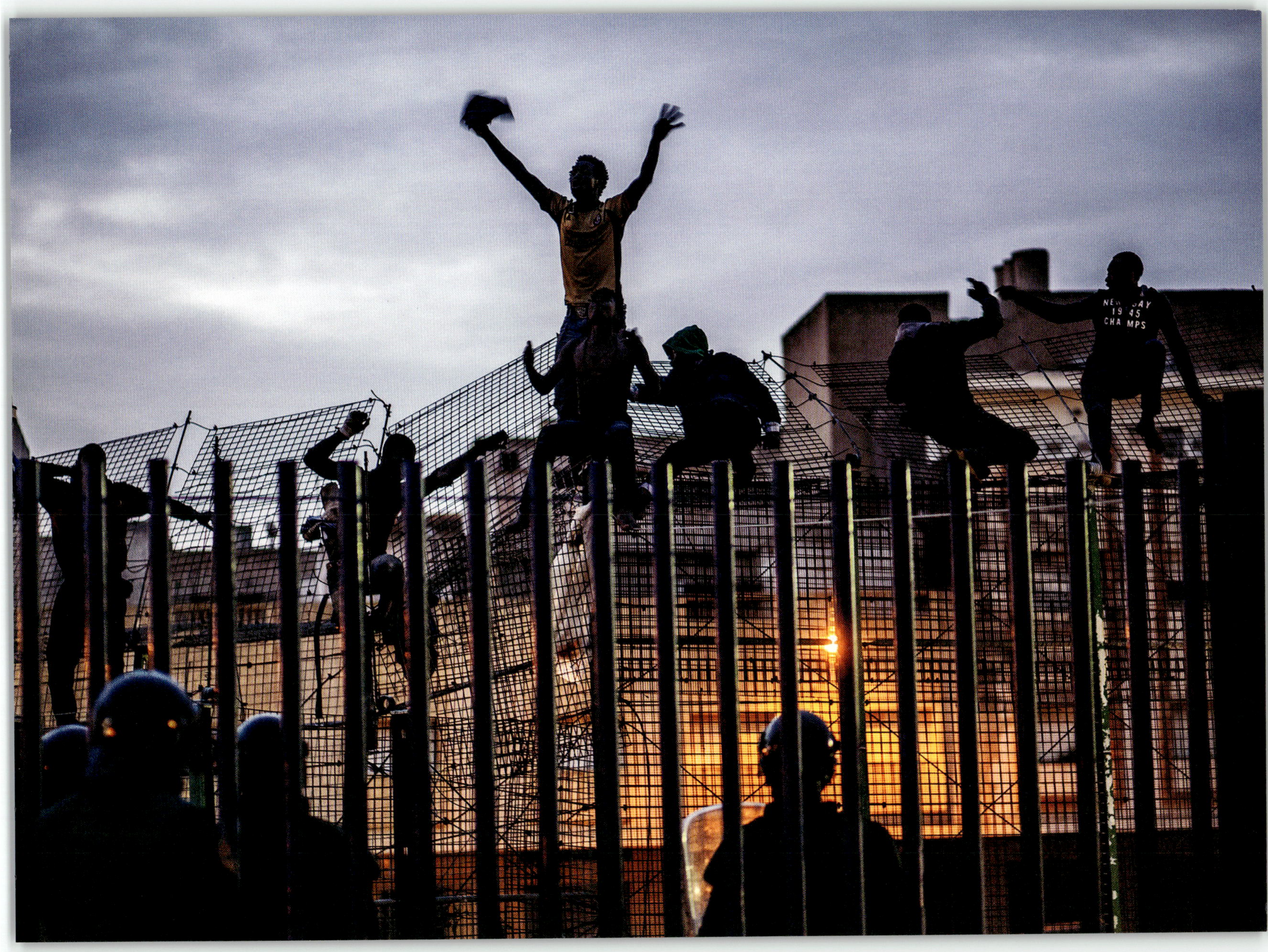
1945
CHAMPS

Tan lejos, tan cerca
Far Away. Far Too Close

OLMO CALVO

Un policía municipal hace guardia frente al piso de Lamín, un emigrante procedente de Mali, momentos antes de su desahucio en el madrileño barrio de Usera, mientras activistas de la Plataforma de Afectados por la Hipoteca hacen el signo de la victoria.
España, 18 de enero de 2012.

An urban policeman stands guard against the house of Lamin, an immigrant from Malí, just before his eviction, in the district of Usera, Madrid, while activists of the Platform Affected by Mortgages make the victory sign.
Spain, 18 January, 2012.

STOP
DESAHUCIOS
DESAHUCIOS
DESAHUCIOS

Tan lejos, tan cerca
Far Away. Far Too Close

RAÚL GALLEGO

Un muro inexpugnable separa Israel de ciudades y barriadas como Kalandiya, Ramala, ar-Ram, Beit Hanina, may próximas a Jerusalén. Israel y Cisjordania, 2006.

The unassailable wall separating Israel from cities and neighbourhoods like Kalandia, Ramallah, ar-Ram, Beit Hanina, so close to Jerusalem. Israel and the West Bank, 2006.

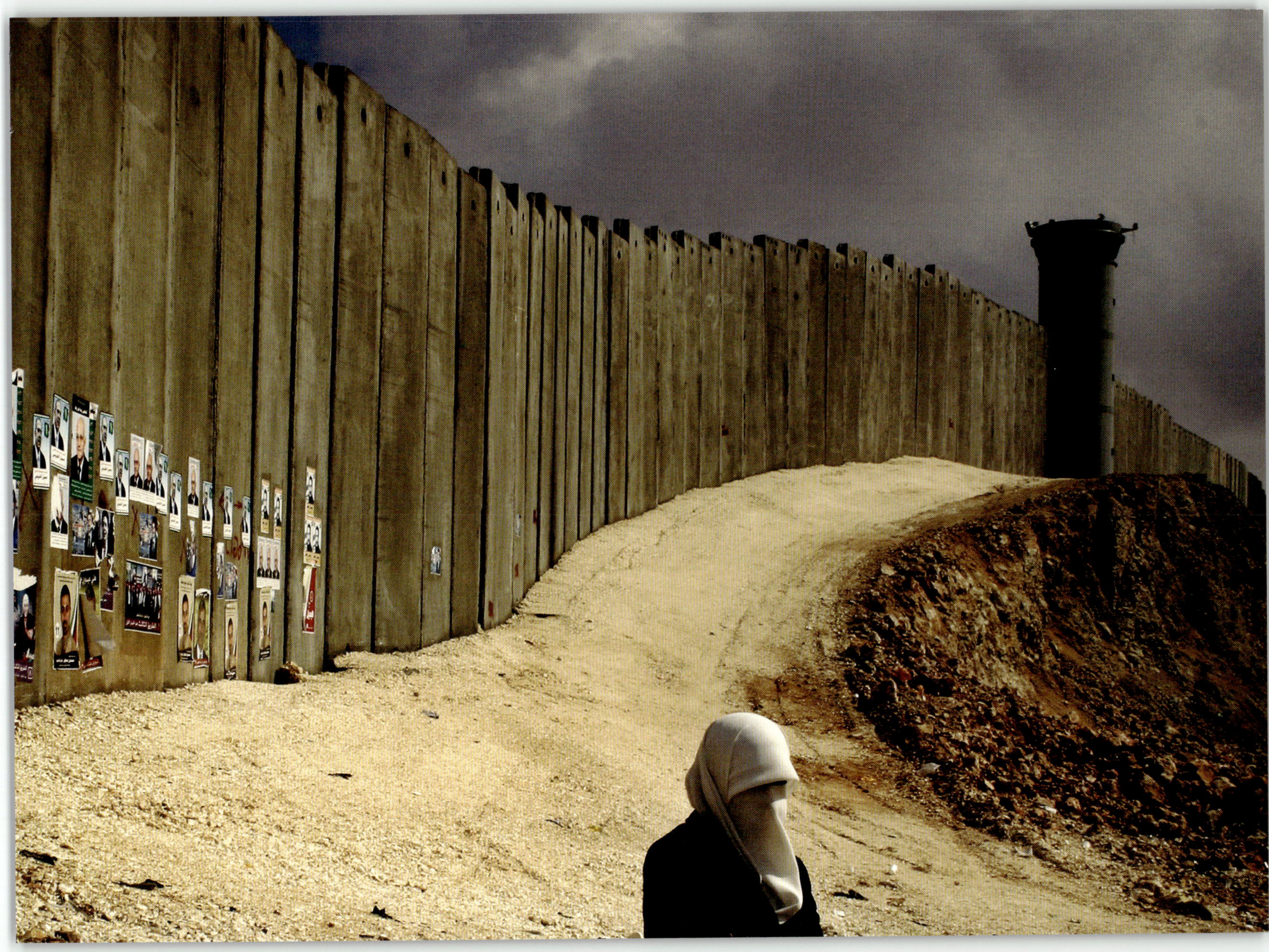

JOSÉ COLÓN

Un inmigrante subsahariano yace en el suelo, rodeado por agentes tras trepar la verja que separa a Marruecos de la ciudad autónoma de Melilla, en España. Las autoridades comunican que en esta fecha 250 migrantes han intentado un asalto combinado a la verja de seguridad, de 6 metros de altura y 10 km de longitud, que separa ambos países; al parecer 50 de ellos lo han logrado, 3 de ellos heridos por las alambradas de espino.
Melilla, España, 20 de enero de 2014.

A sub-Saharan migrant lies on the ground after climbing the fence that separates Morocco and the Spanish enclave of Melilla in the North of Africa. Authorities say some 250 migrants have made a joint attempt to jump the security fence, which is 6 metres high and 10 kilometres long, separating the two countries; seemingly, about 50 have made it, 3 of them injured by the barbed wire fence.
Melilla, Spain, 20 January, 2014.

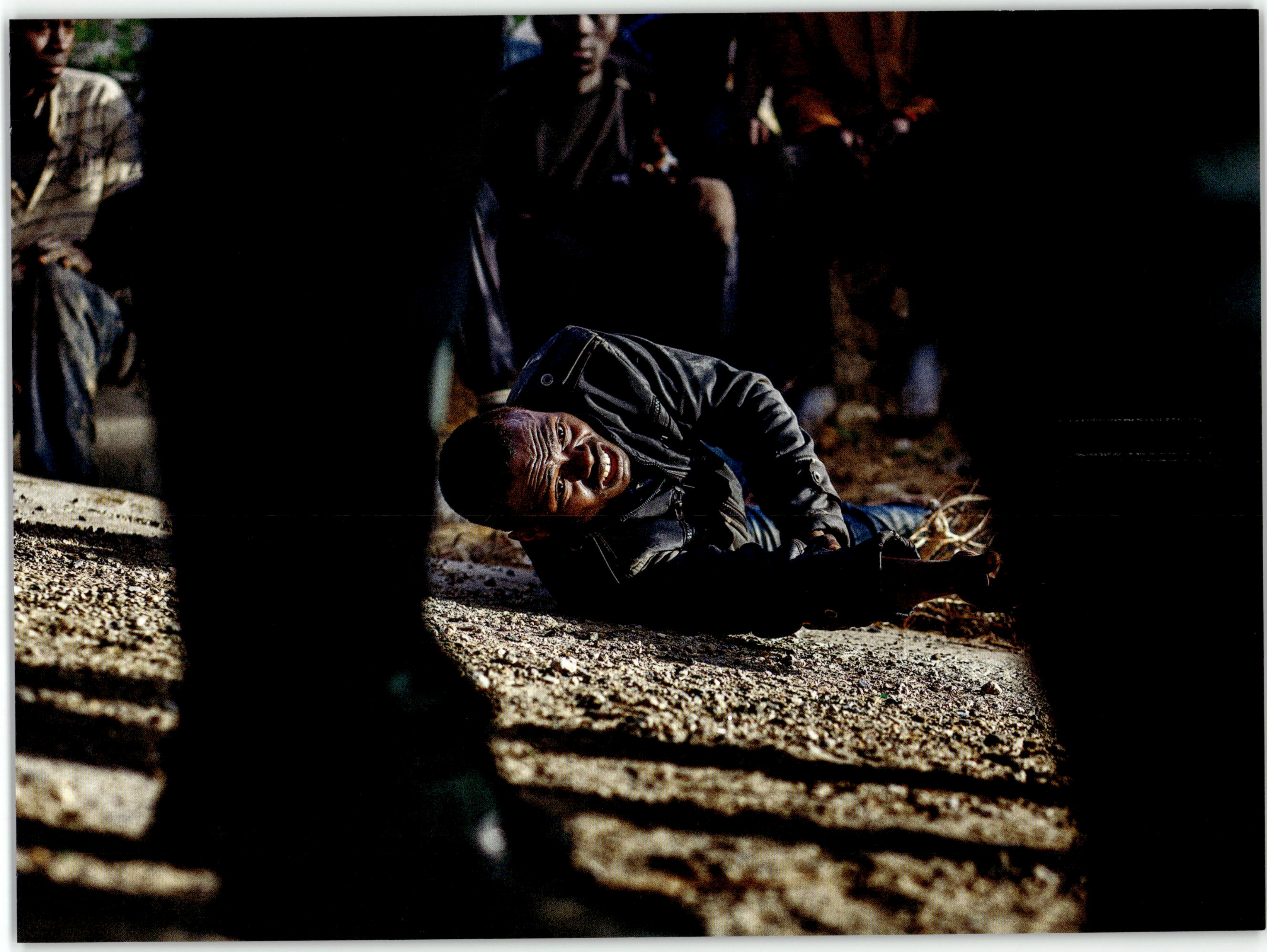

¿Cómo de cerca?
That Was Close

SERGIO CARO

Dos autobuses trasladan a inmigrantes subsaharianos, desde los bosques de Nador hacia la frontera con Argelia, donde son abandonados a su suerte y sin medio alguno en el desierto del Sahara.
Bouarfa, Marruecos, 9 de octubre de 2004.

Two buses transport sub-Saharan African immigrants from the forests of Nador to the Algerian border, where they will be left to their fate, without any means, in the Sahara Desert.
Bouarfa, Morocco, 9 October, 2004.

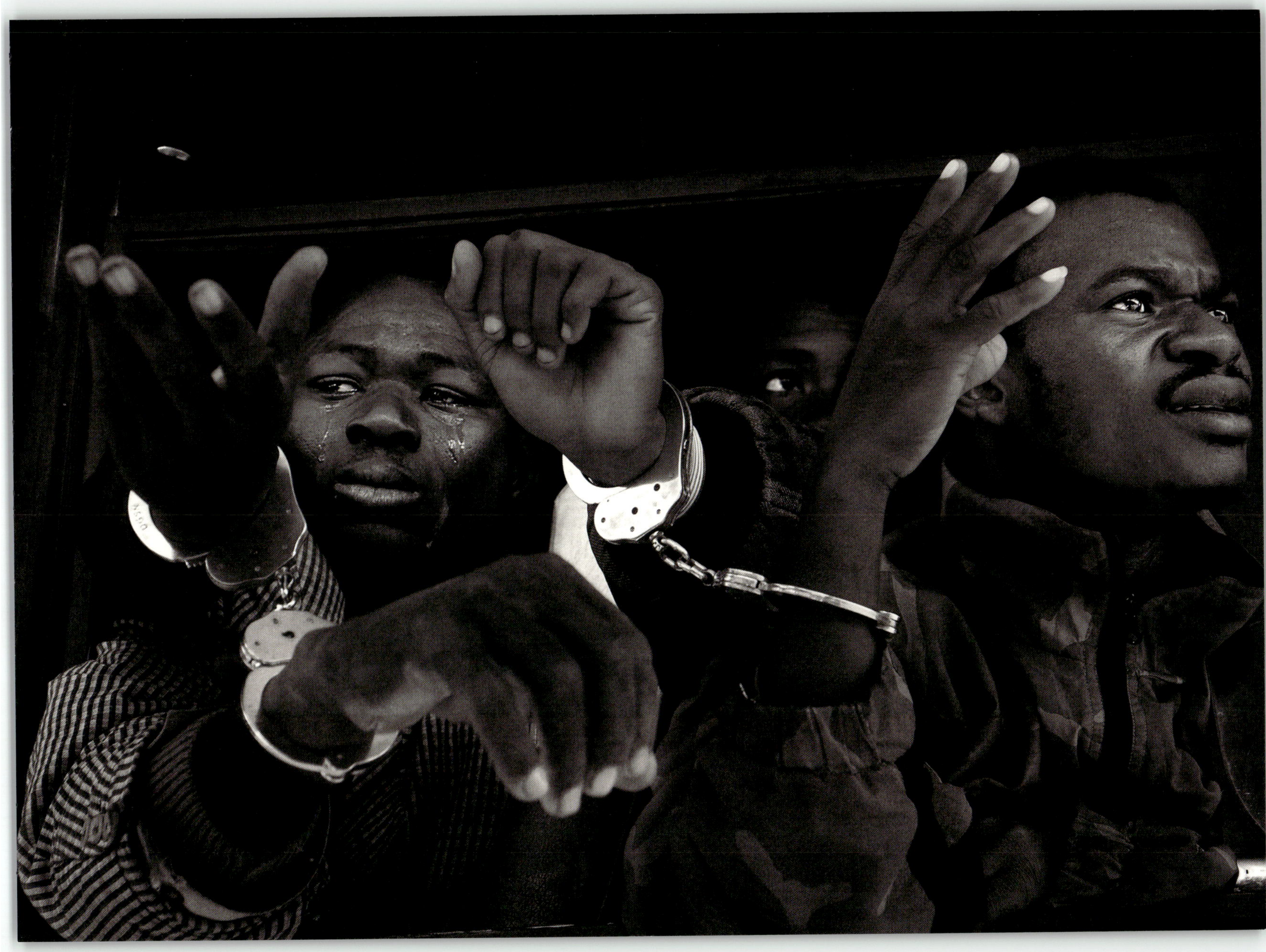

GUILLEM VALLE

Las Unidades de Autodefensa Kurdas (YPG) patrullan las calles de Srekaniye, donde también han comenzado a producirse enfrentamientos entre los guerrilleros de esta minoría y algunos grupos del Ejército Libre.
Siria, 31 de diciembre de 2012.

Kurdish Self-Defense Units (YPG) patrol the streets of Serekaniye where clashes have also started between this minority's guerrilla and some Free Syrian Army groups.
Syria, 31 December, 2012.

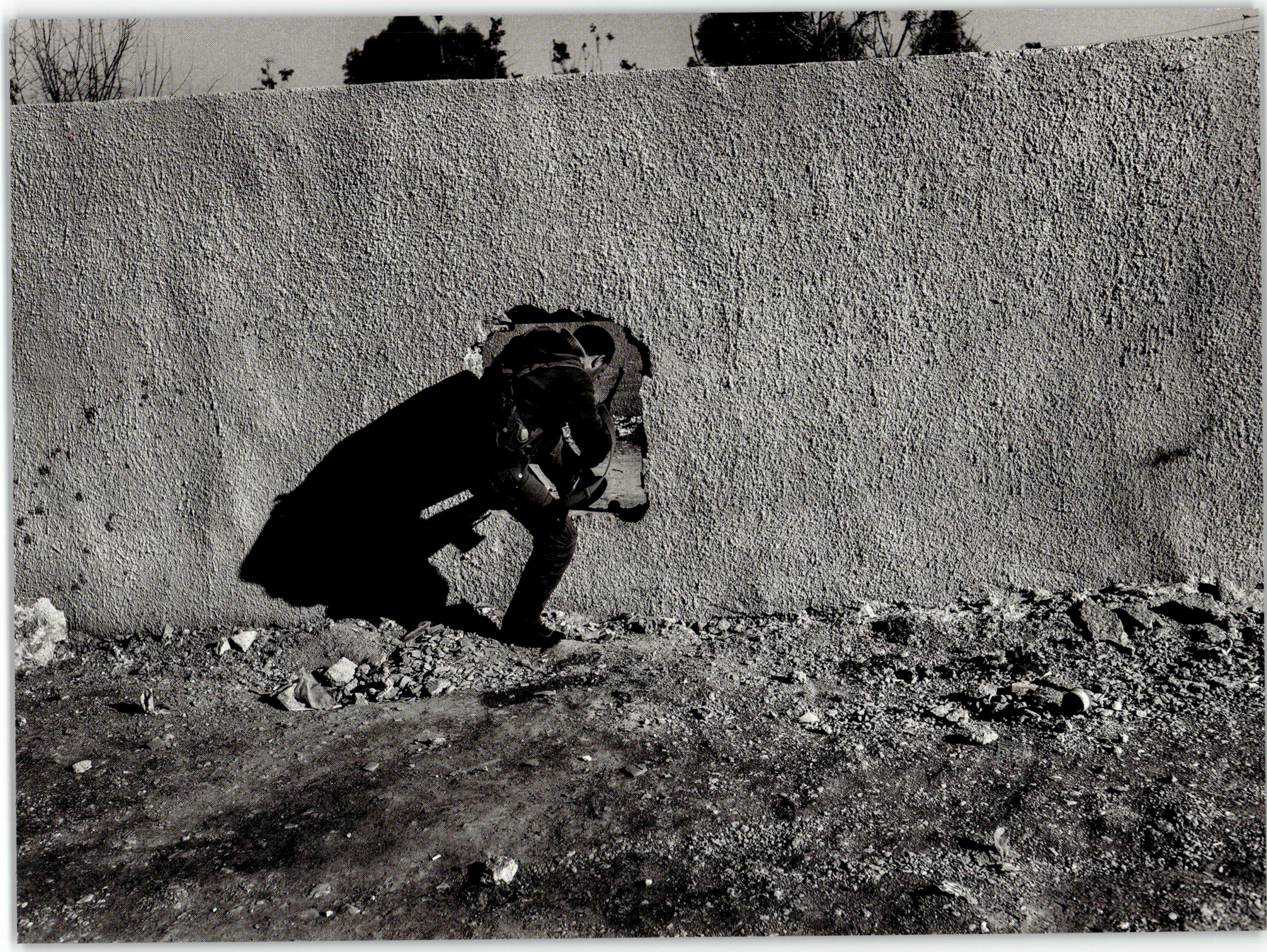

MANU BRABO

Un vistazo al centro de la ciudad libia de Sirte, un día después de su liberación tras los combates y de la muerte del presidente Muammar Gadafi.
Libia, octubre de 2012.

A view of Sirte city centre, Libya, one day after its liberation following clashes and the death of President Muammar Gaddafi.
Libya, October, 2012.

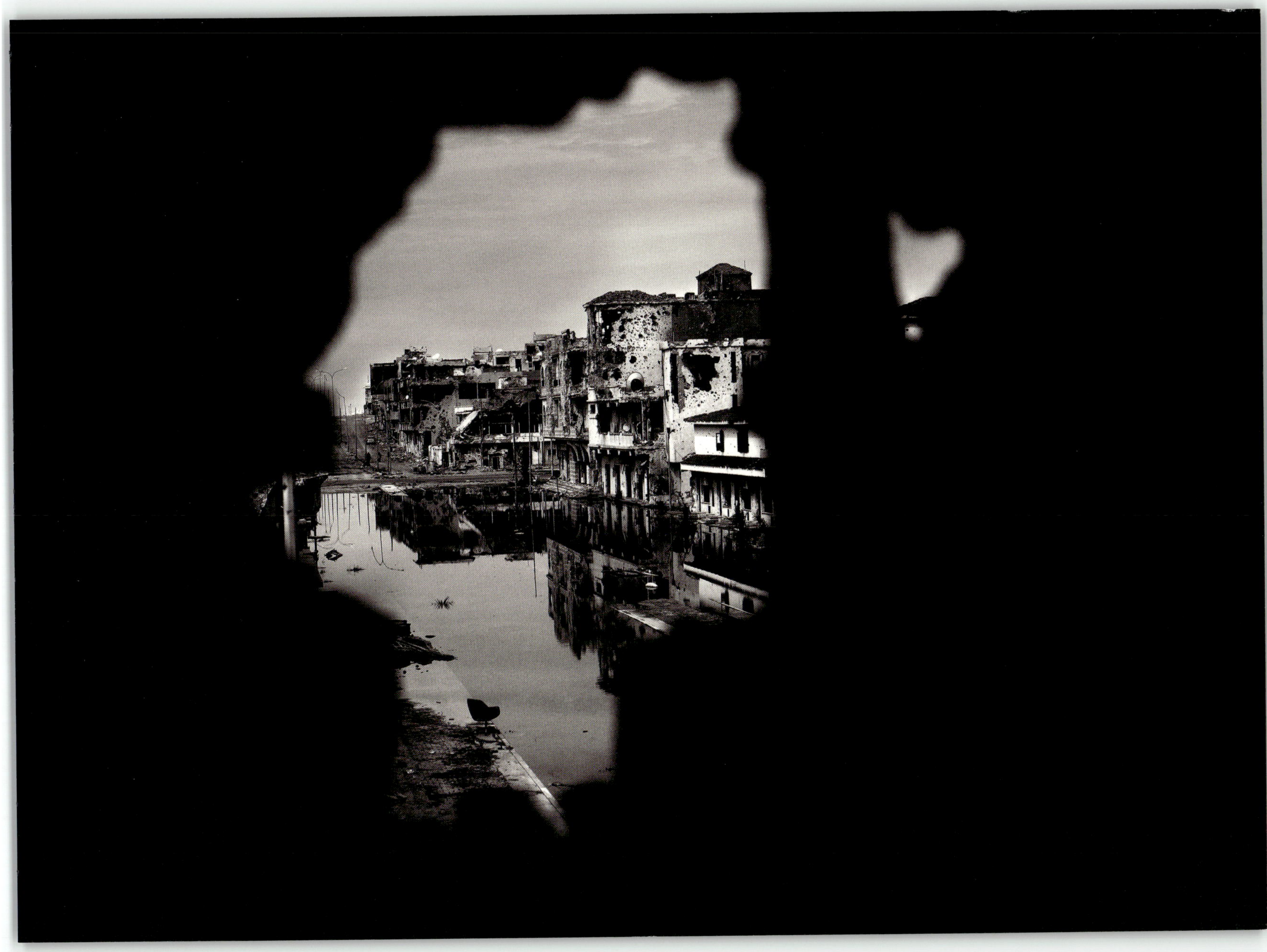

ANDONI LUBAKI

Un grupo de opositores a Gadafi vigilan el núcleo de Sirte desde el centro de conferencias Ouagadougou, lugar clave en la última batalla de Sirte, ya que su posición estratégica le daba acceso al centro de la ciudad y propiciaba el final de la guerra.
Libia, 11 octubre de 2011.

A group of Gaddafi opponents watching over Sirte from the Ouagadougou Conference Centre, a key position in the last battle of Sirte, as its strategic position gave access to the city centre and resulted in the end of the war.
Libya, 11 October, 2011.

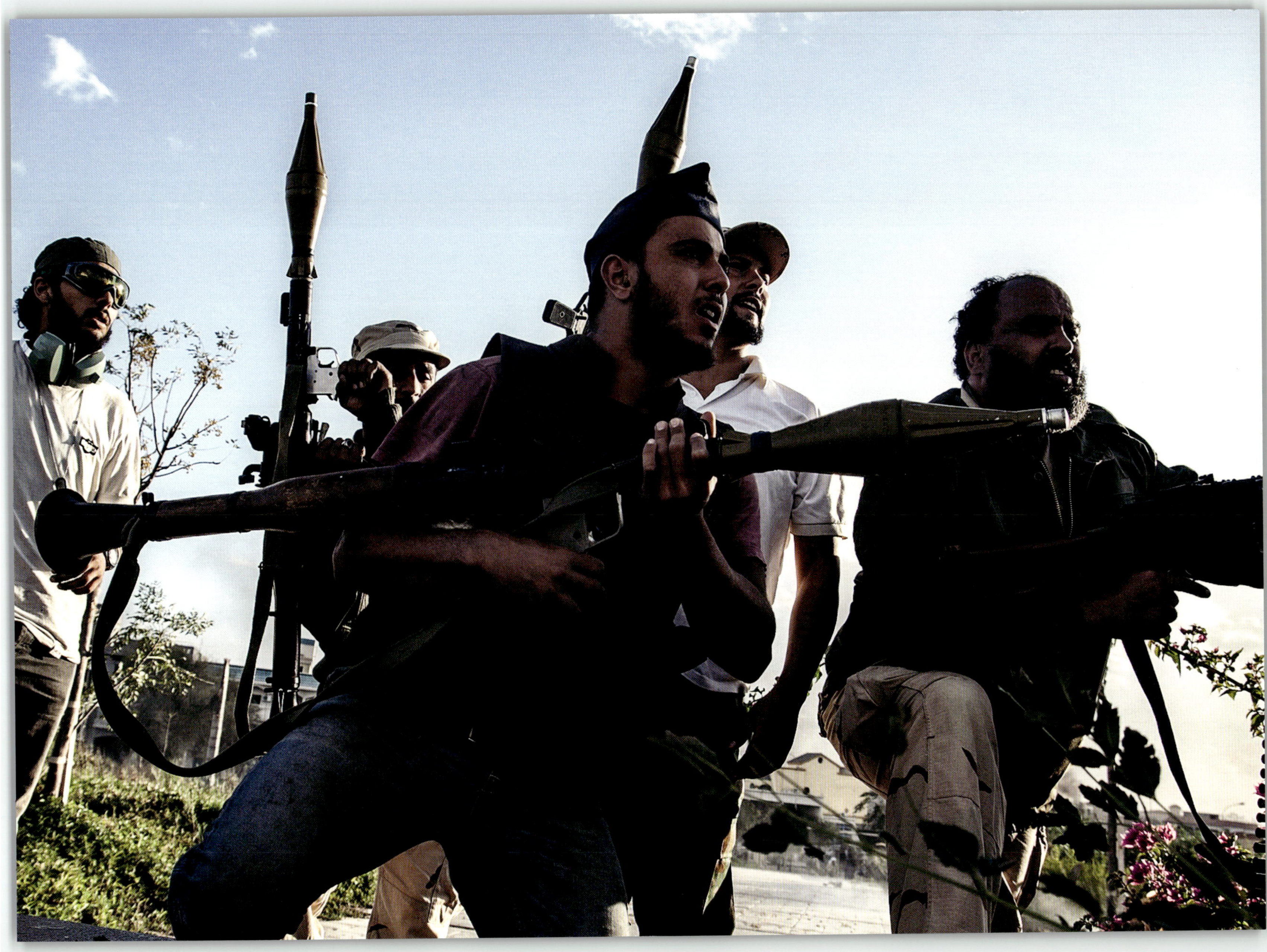

Mira y verás
Watch and See

LUIS DE VEGA

Un subsahariano herido en el rostro aguarda en un campamento del famoso Monte Gurugú, en Nador, una oportunidad para saltar la valla de Melilla y entrar en España.
Marruecos, 21 de agosto de 2004.

A sub-Saharan man with a face injury, at the camp of the famous Mount Gurugu, Nador, waiting for a chance to climb the fence in Melilla and enter Spain.
Morocco, 21 August, 2004.

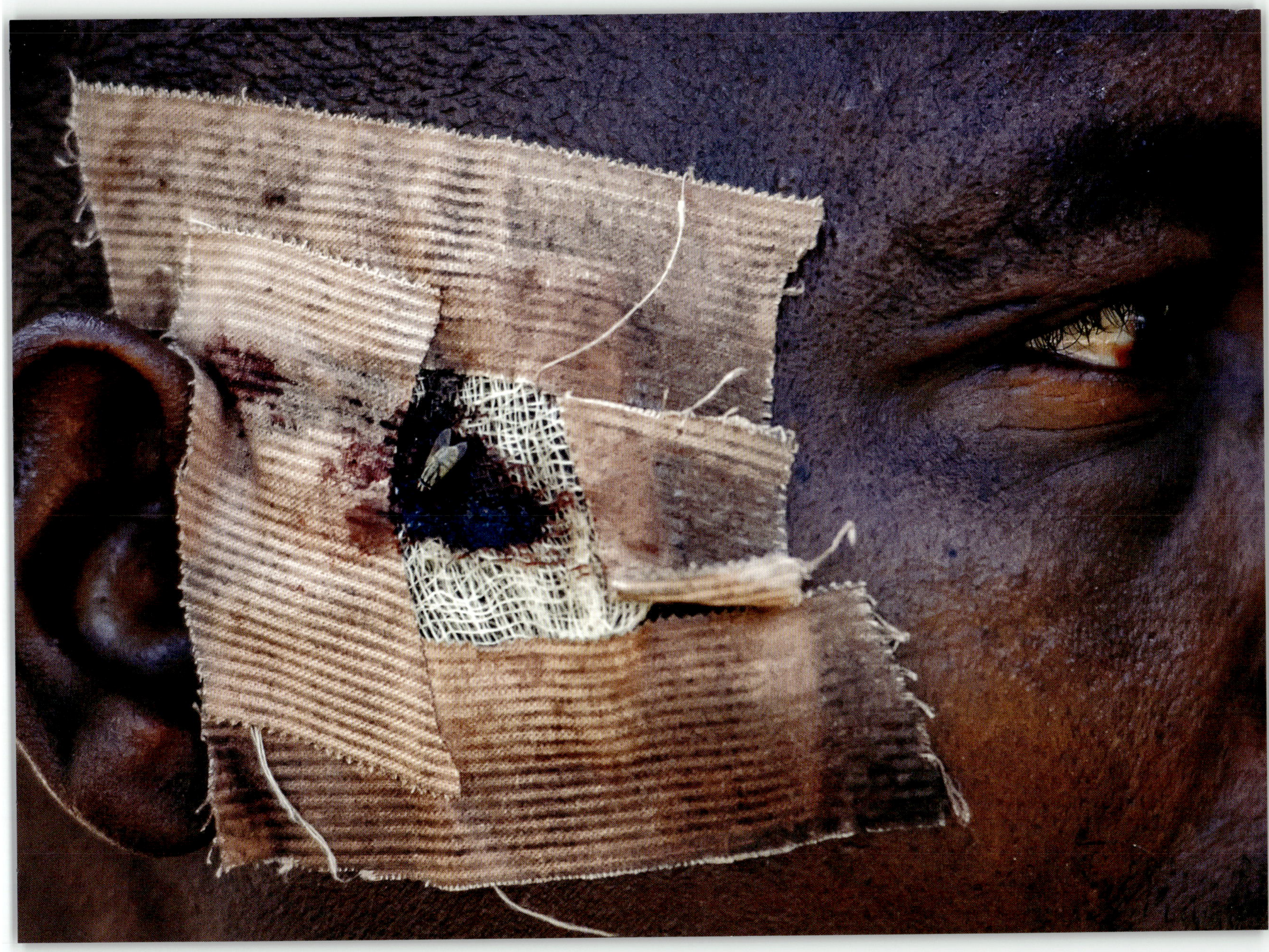

Sí. Soy yo
Ask Me Who I Am

MIGUEL ÁNGEL SÁNCHEZ

Una bomba lanzada contra su casa mató al padre, un bedel de colegio, y a los dos hermanos pequeños de Ashraf Hegazy, en el curso de la operación militar israelí Pilar Defensivo. Su hermano mayor había muerto aplastado por un bulldozer durante la operación Plomo Fundido.
Al mes de cubrir las operaciones, el fotógrafo regresó a Gaza a fin de averiguar el estado en que había quedado la franja. Durante tres meses, montó un estudio en la ciudad y fue retratando a unos habitantes que, tras el auge informativo, habían quedado relegados al olvido por la prensa internacional.

During Israeli military operations Pillar of Defense, an explosive artifact was thrown at his house, killing the father, a school janitor, and the two younger brothers of young Ashraf Hegazy. His older brother had died crushed by a bulldozer during the previous Israeli operation Cast Lead.
One month after covering the clashes the photographer returned to Gaza in order to ascertain the state of things left int the bombed out strip. Over a three months stretch, Sánchez set up a photo-studio in the city and started portraying its dwellers who, after the information boom, had been relegated to oblivion by the international press.

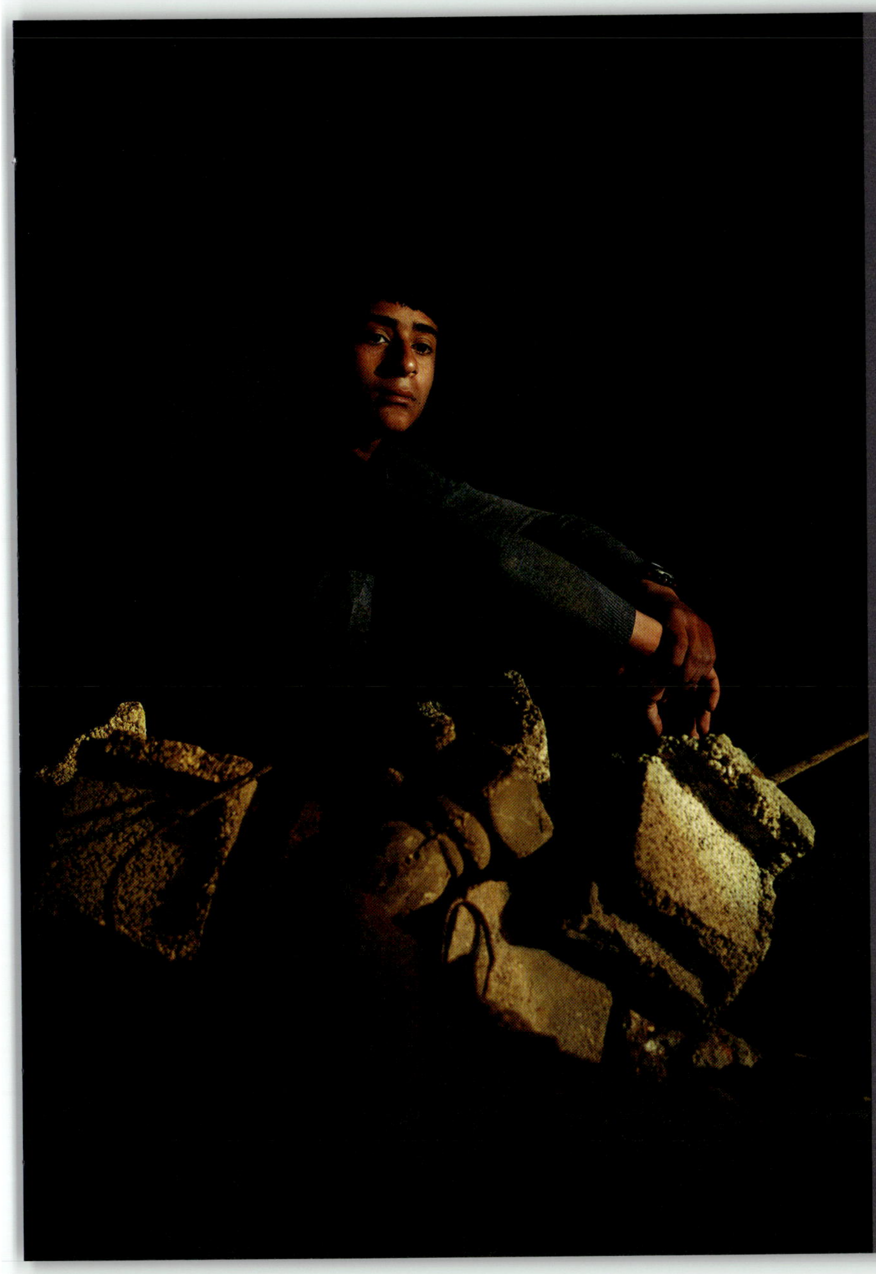

Sí. Soy yo
Ask Me Who I Am

RAFAEL FABRÉS

El soldado de la UPP Octavio Sardiña interroga a un sospechoso de violación. Rossane, la mujer que llamó a la policía, identifica al agresor mientras algunos vecinos son testigos de la escena en la favela de Vidigal en Río de Janeiro.
Brasil, 18 de febrero de 2012.

UPP soldier Octavio Sardiña interrogating a rape attempt suspect. Rossane, the woman who called the police, identified the aggressor while some neighbours witness the scene in the shantytown of Vidigal, Rio de Janeiro.
Brazil, 18 February, 2012.

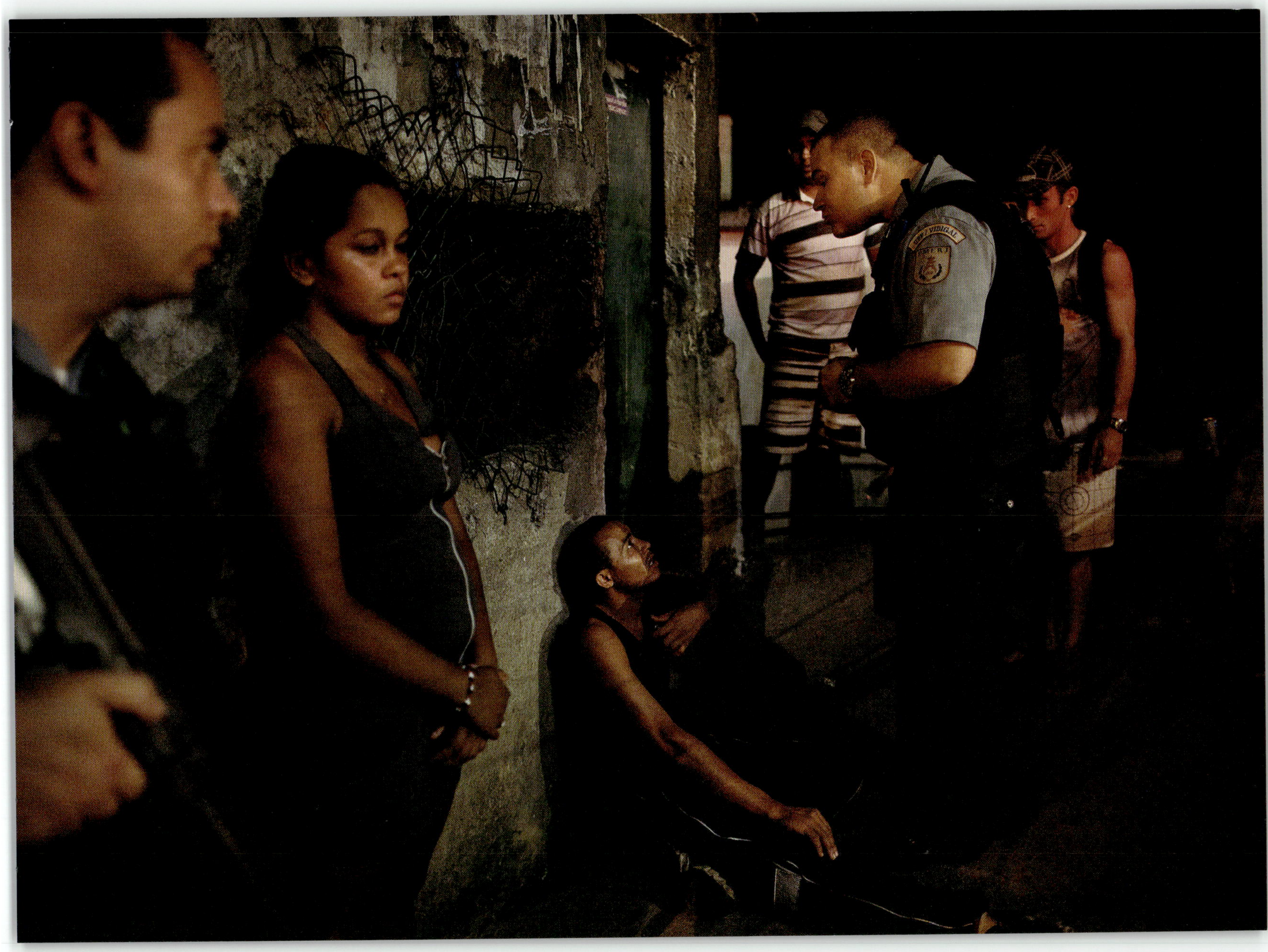

Sí. Soy yo
Ask Me Who I Am

SERGIO CARO

La compañía Apache registra domicilios y detiene sin contemplaciones a personas en busca de miembros de los sangrientos escuadrones de la muerte chiíes en Bagdad. Las mujeres se golpean el rostro en protesta cuando ven aprehender a algún familiar.
Bagdad, Irak, 15 de abril de 2007.

The Apache company searches homes and mercilessly arrests people, looking for members of the bloody Shiite death squads in Baghdad. Women hit themselves on the face in protest when they see any member of family being taken.
Baghdad, Iraq, 15 April, 2007.

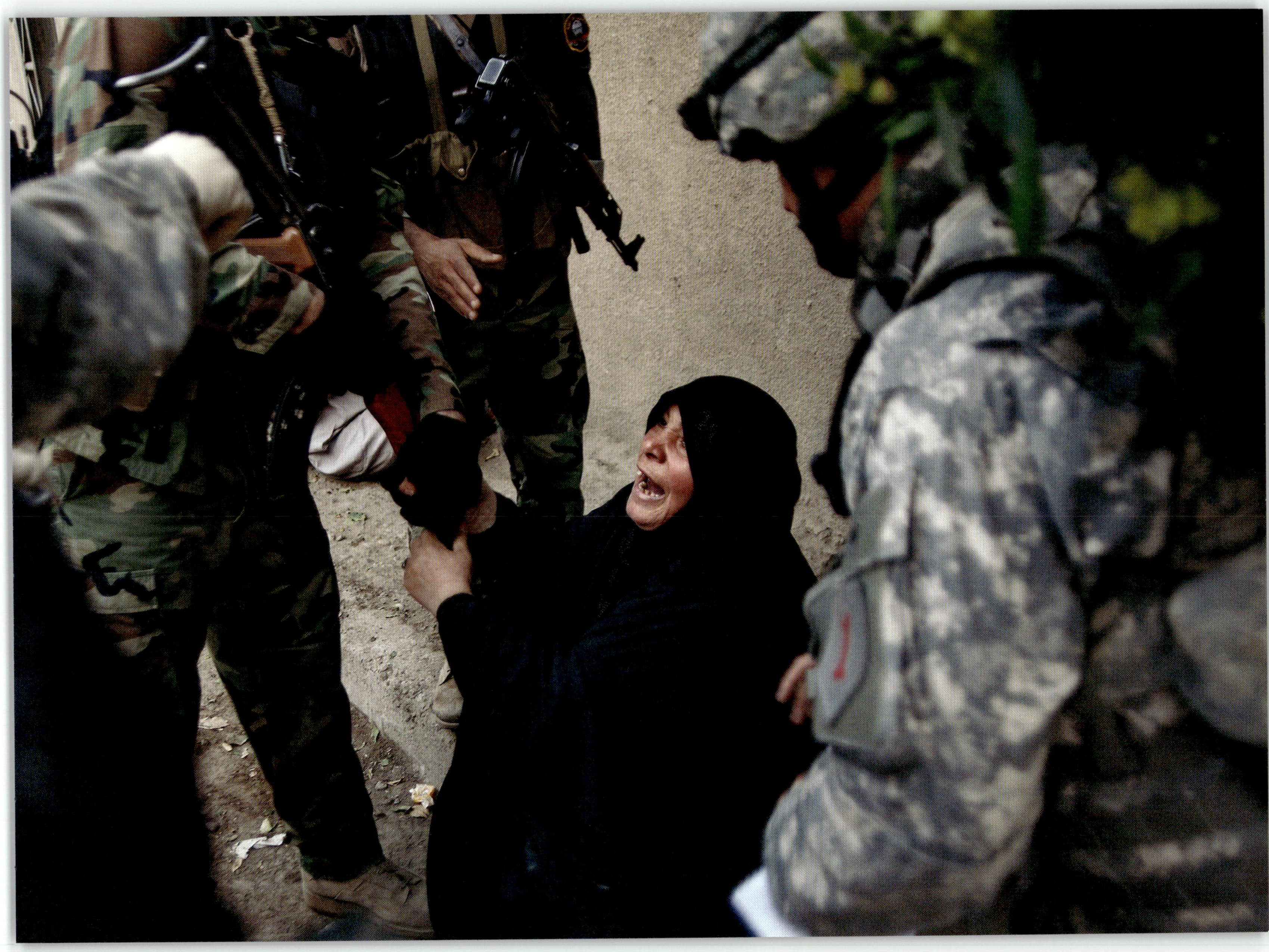

Vacío. ¿Qué queda después?
What Are We Left with?

OLMO CALVO

Loli se tapa la cara ante la comisión judicial después que le notificasen que Antonia, su anciana madre, ella y su hermano iban a ser desahuciados en Getafe por no pagar el alquiler social de su piso gestionado por la Comunidad de Madrid.
España, 12 de septiembre de 2011.

Loli covers her face in front of the judicial commission after they have notified her of the eviction of her elderly mother Antonia, herself and her brother. They lived in Getafe and stopped paying the social rent of the apartment managed by the Madrid Regional Government.
Spain, 12 September, 2011.

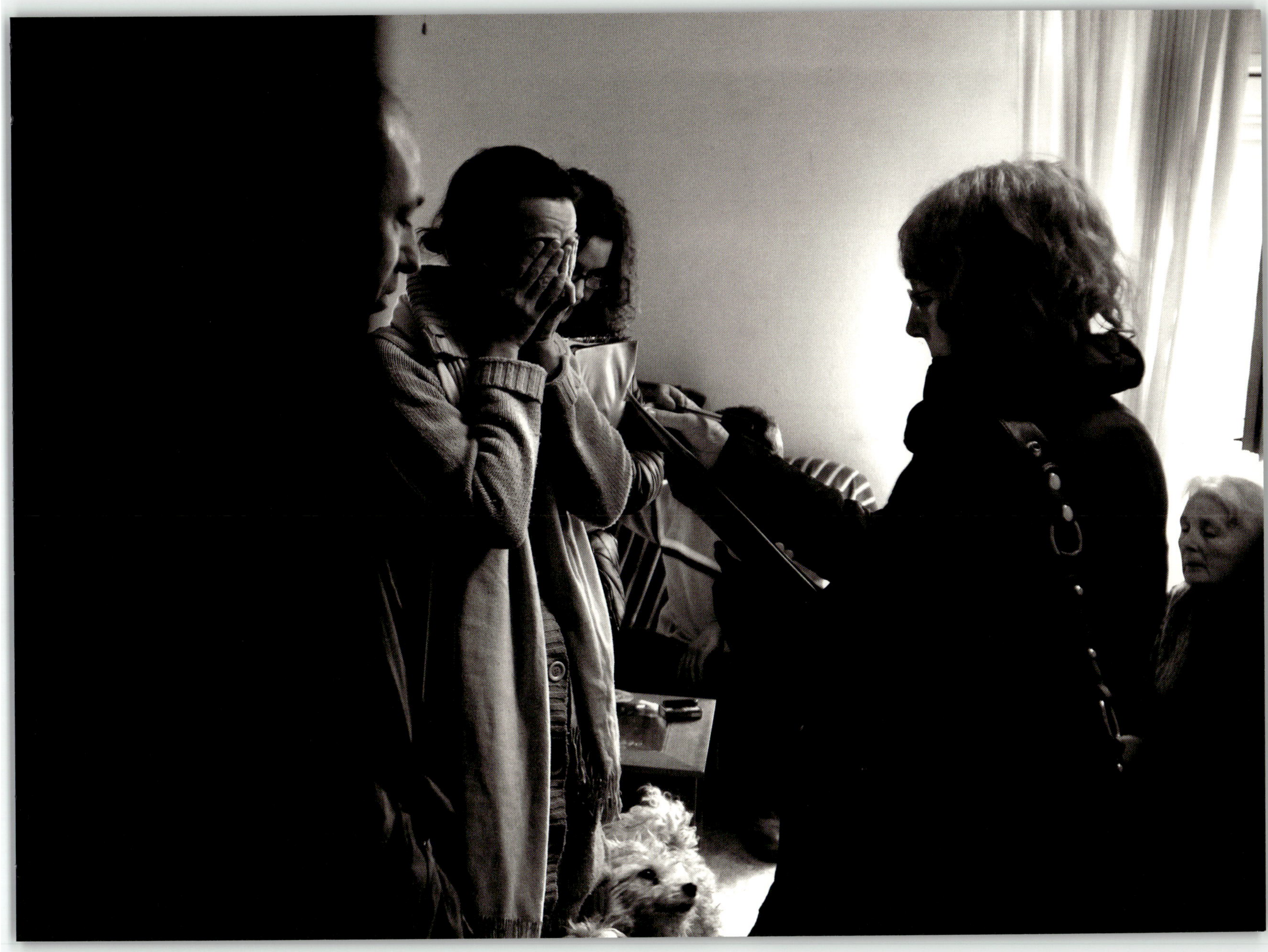

Vacío. ¿Qué queda después?
What Are We Left with?

MANU BRABO

Un miembro del Ejercito Libre Sirio (FSA) llora junto al cadáver de su hermano, muerto en combates contra el ejército regular del presidente Bashar al-Asad, en Marea.
Siria, diciembre de 2012.

A member of the Free Syrian Army (FSA) crying next to the body of his brother, killed in fighting against the forces loyal to President Bashar al-Assad, in Marea.
Syria, December, 2012.

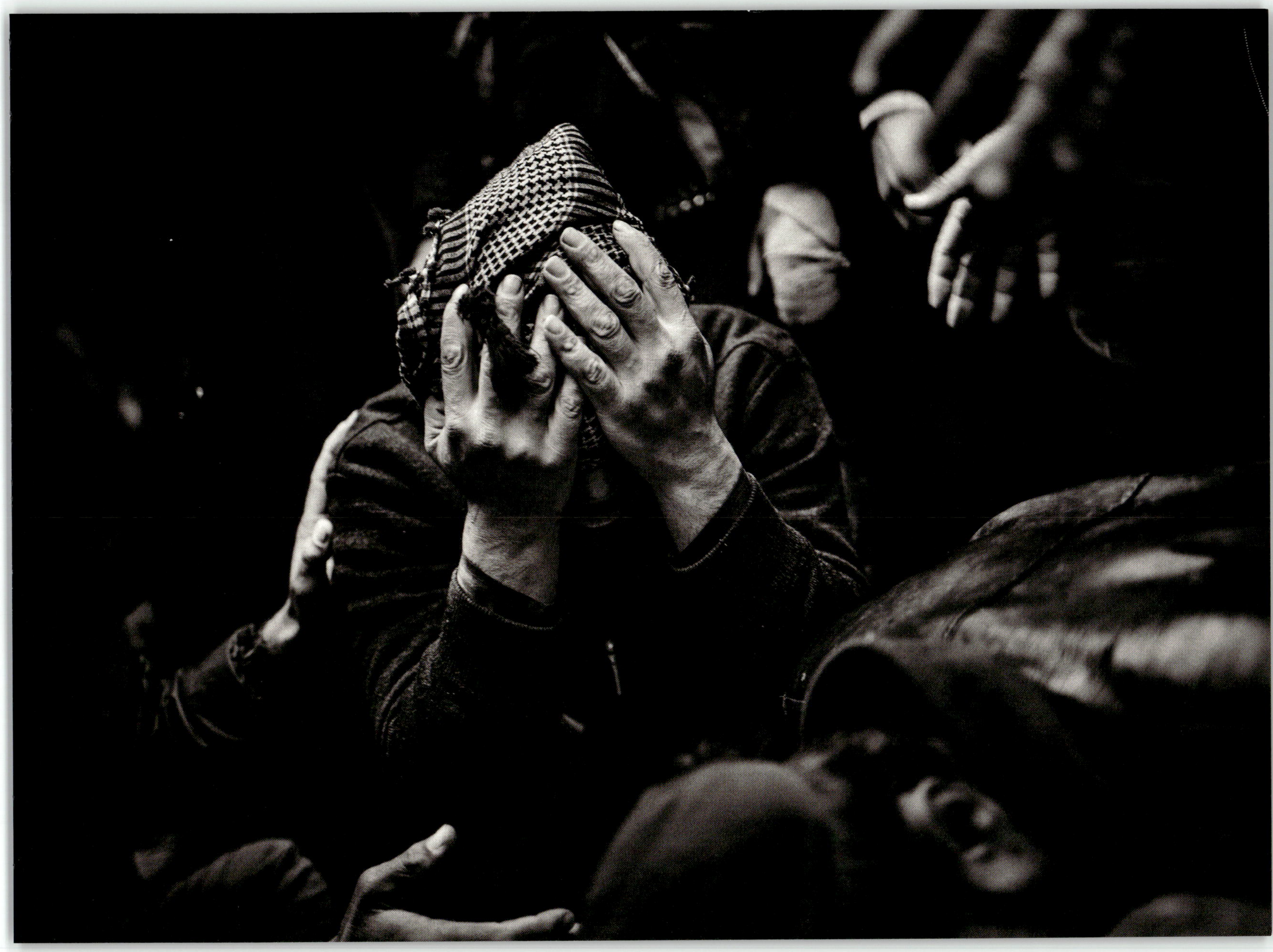

OLMO CALVO

Abdul Alí y Aquter Hoffain, hermanos y emigrantes de Bangladesh, llevan sus pertenencias con la ayuda de varios amigos a la casa de un familiar, momentos después de ser desahuciados de su piso en la calle Zurita de Madrid. España, 2 de febrero de 2012.

Abdul Ali and Aquter Hoffain, brothers from Bangladesh, moments after being evicted from their apartment on Calle Zurita, in Madrid, carry their belongings with the help of several friends to a relative's house.
Spain, 2 February, 2012.

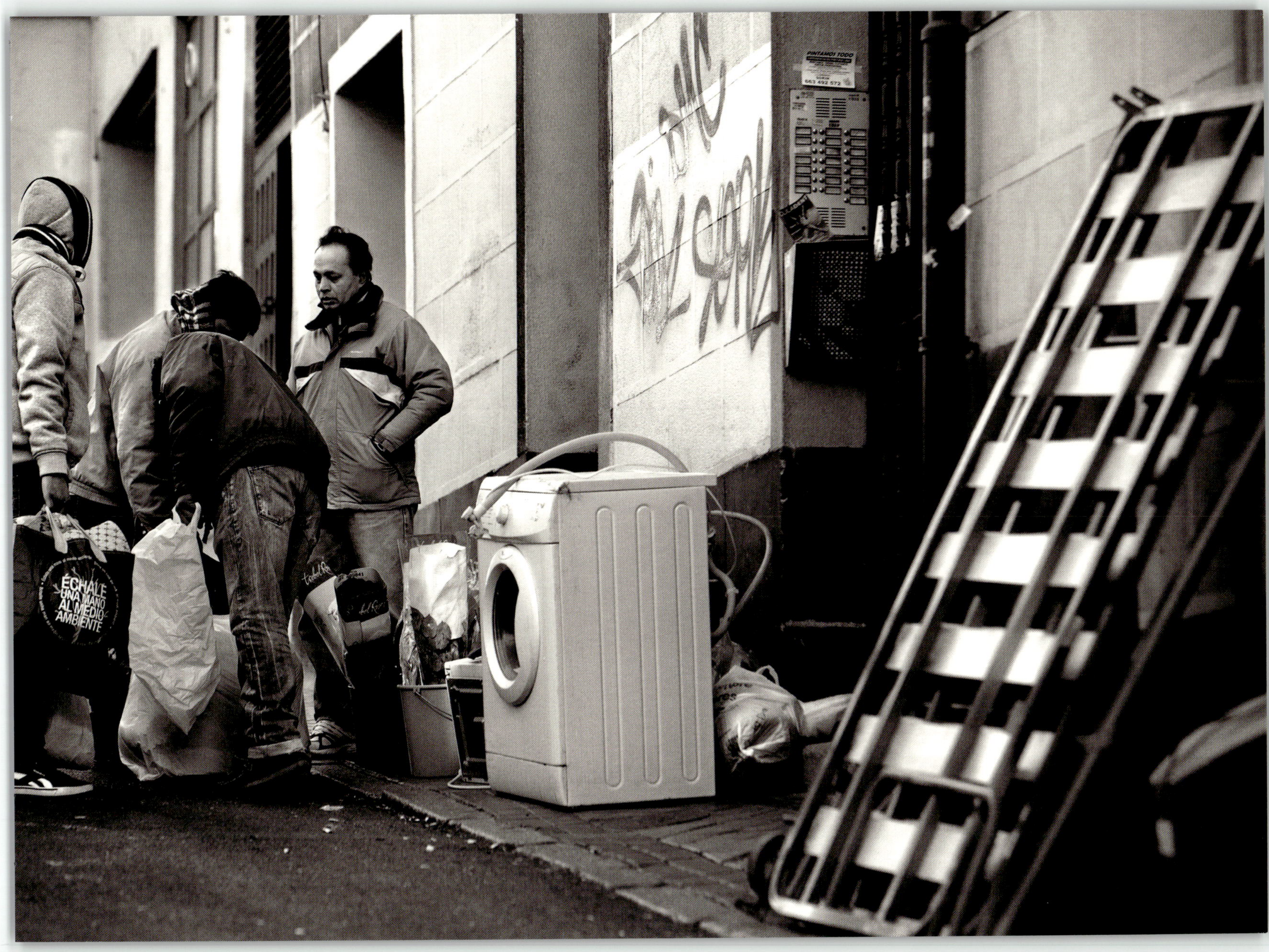
ÉCHALE UNA MANO AL MEDIO AMBIENTE
PINTAMOS TODO

Objetivo, vivir un día más
In the Scope, One Day More

MIGUEL ÁNGEL SÁNCHEZ

Imagen de un superviviente de uno de los ataques sufridos durante la Operación Plomo Fundido (desplegada por el ejército de Israel entre el 27 de diciembre de 2008 y el 18 de enero de 2009).
Gaza, invierno de 2013.

Picture of a survivor of one of the attacks suffered during Operation Cast Lead (deployed by the Israeli army between 27 December 2008 and 18 January 2009).
Gaza, winter 2013.

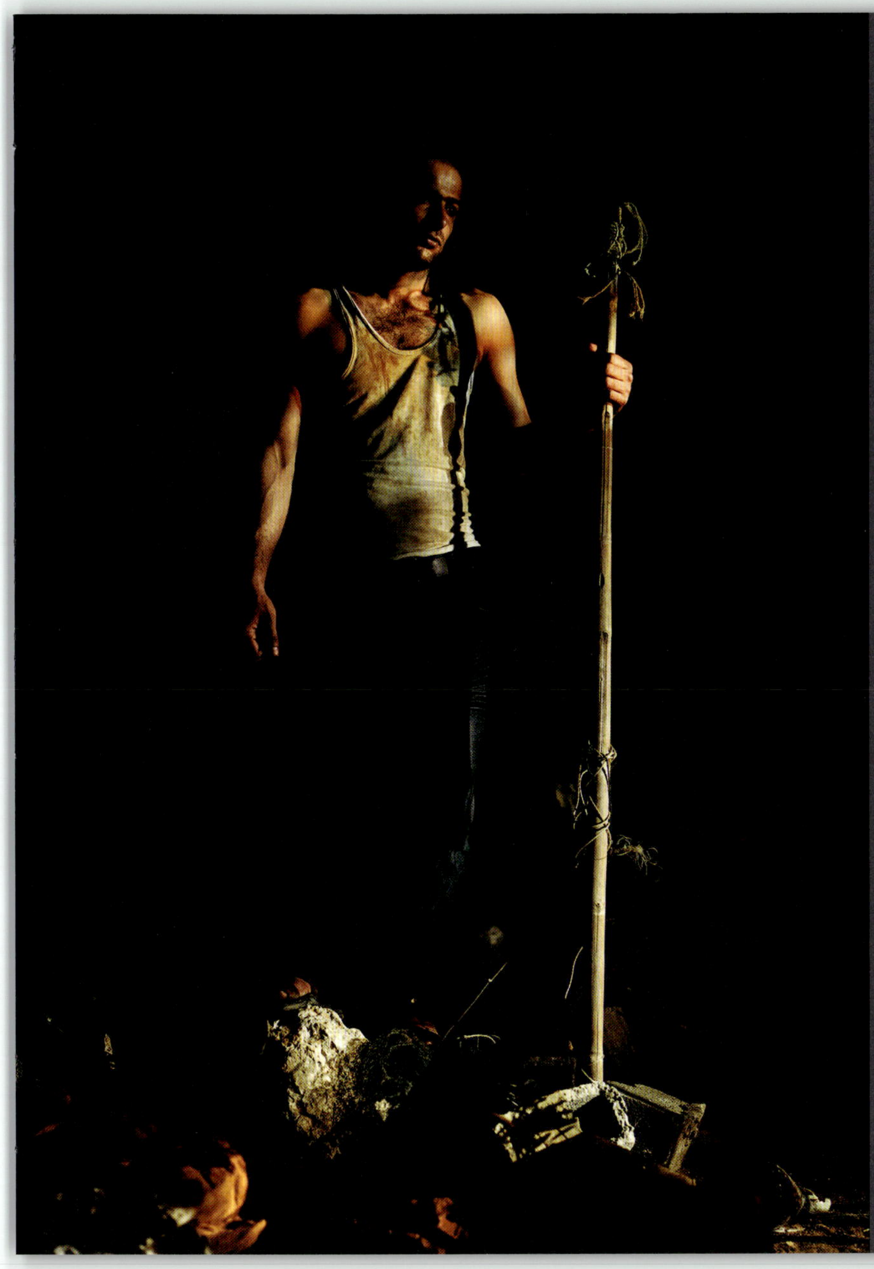

PEP BONET

FE CIEGA: SIERRA LEONA.
Retrato de Kinny Mattia en su casa el día de su cumpleaños. Durante el conflicto, los rebeldes les sacaros los ojos a muchos niños. Aproximadamente ochenta y cinco niños de 4 a 18 años viven y estudian hoy en Milton Margai, el único colegio para ciegos en Sierra Leona. En 1998 cuando los rebeldes del FRU atacaron Freetown, se evacuó el colegio y en 1999 lo bombardearon. Algunos de estos niños perdieron la vista porque los rebeldes les atacaron brutalmente.
Sierra Leona, Freetown, 2006.

BLIND FAITH: SIERRA LEONE.
Portrait of Kinny Mattia at his house the day of his birthday. During the conflict, many children had their eyes poked out by rebels. Eighty-five children live and learn in Milton Margai, the only school for the blind in Sierra Leone. Approx. 85 children 4 to 18 years old study and live here. In 1998 when RUF-rebels attacked Freetown the school had to be evacuated. In 1999 it was bombed. Some of the children lost their sight because they were brutalised by the rebels.
Sierra Leone, Freetown, 2006.

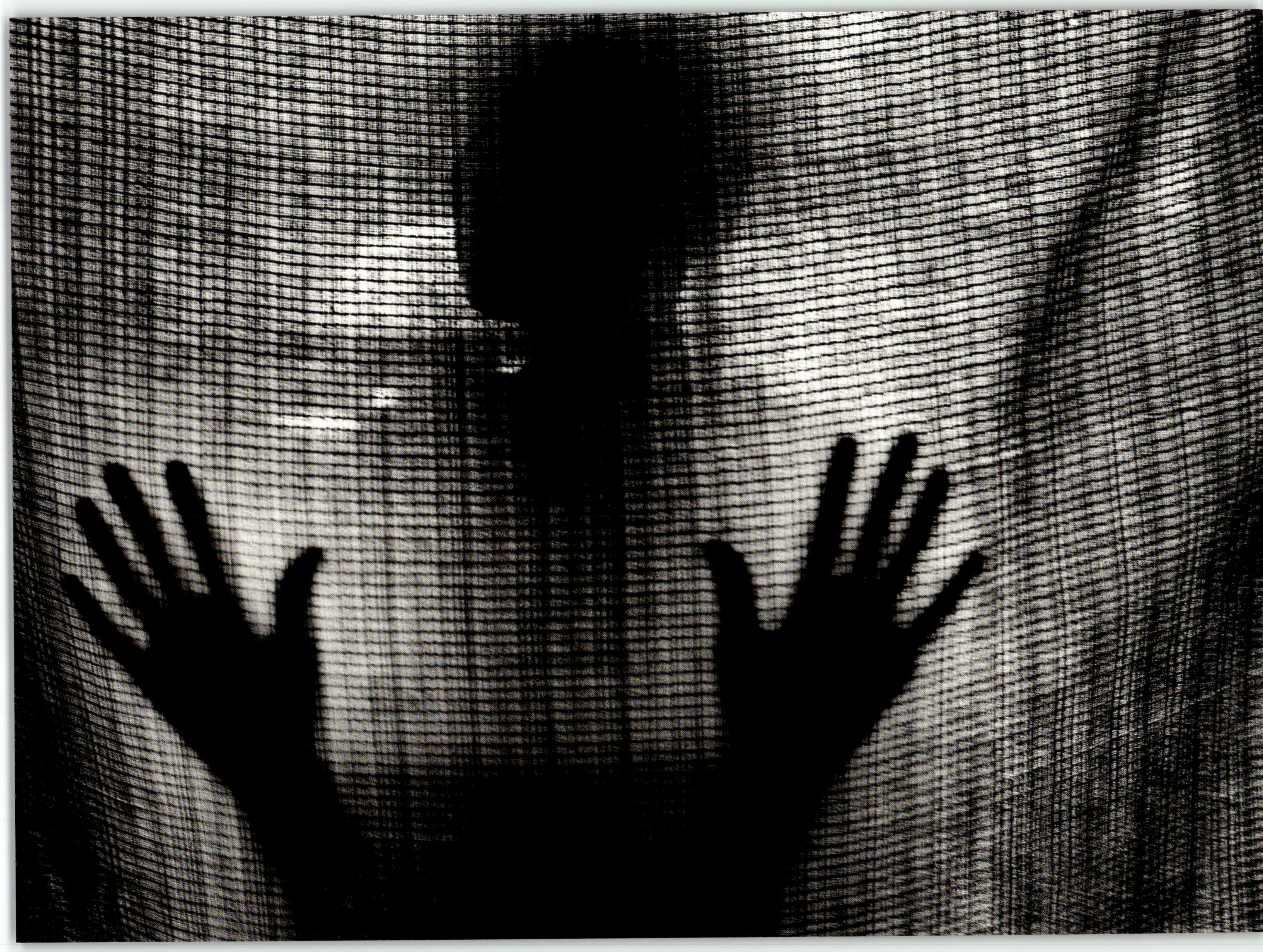

RAÚL GALLEGO

Colonos judíos rezan en los accesos a la Explanada de las Mezquitas y en el Muro de las Lamentaciones. Y convierten la celebración del Hodesh Nissan en una protesta contra el desmantelamiento de asentamientos en Gaza, Cisjordania y Jerusalén.
Israel, 7 de abril de 2005.

Jewish settlers pray at the accesses to the Esplanade of the Mosques and at the Western Wall. And they turn the celebration of the Chodesh Nissan into a protest against the dismantling of settlements in Gaza, the West Bank and Jerusalem.
Israel, 7 April, 2005.

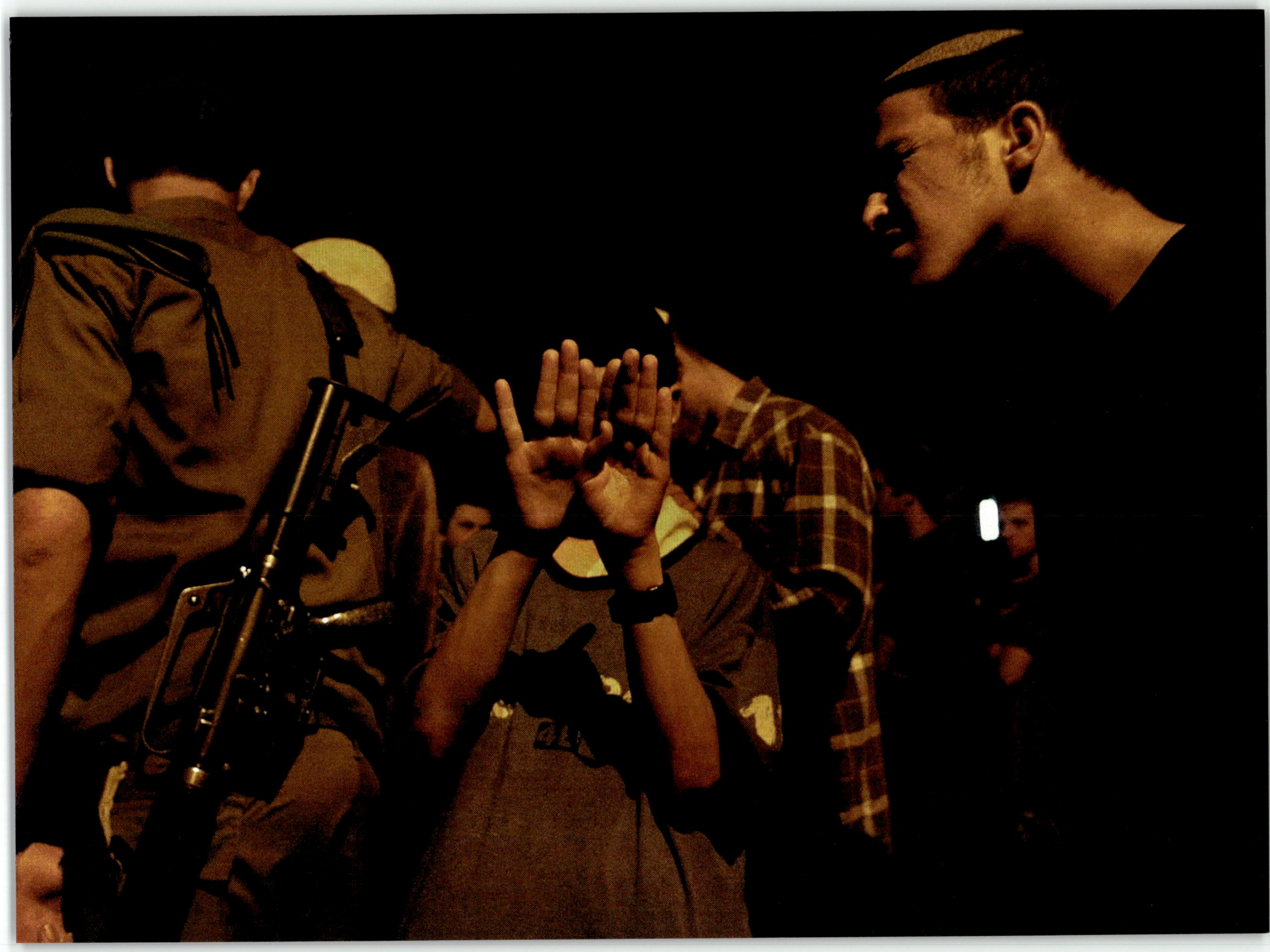

LUIS DE VEGA

Malik Gueye recurre a un brujo para tener éxito en su tercer intento de llegar en cayuco a las Islas Canarias. Tras recibir el gallo en la cabeza, el animal fue sacrificado y Malick se lavó el cuerpo con su sangre.
Thiaroyé sur Mer, Senegal, 9 de septiembre de 2005.

Malik Gueye uses a witch doctor to succeed in his third attempt to reach the Canary Islands by boat. After having the cock placed on his head, the animal was slaughtered and Malick washed his body with its blood.
Thiaroyi sur Mer, Senegal, 9 September, 2005.

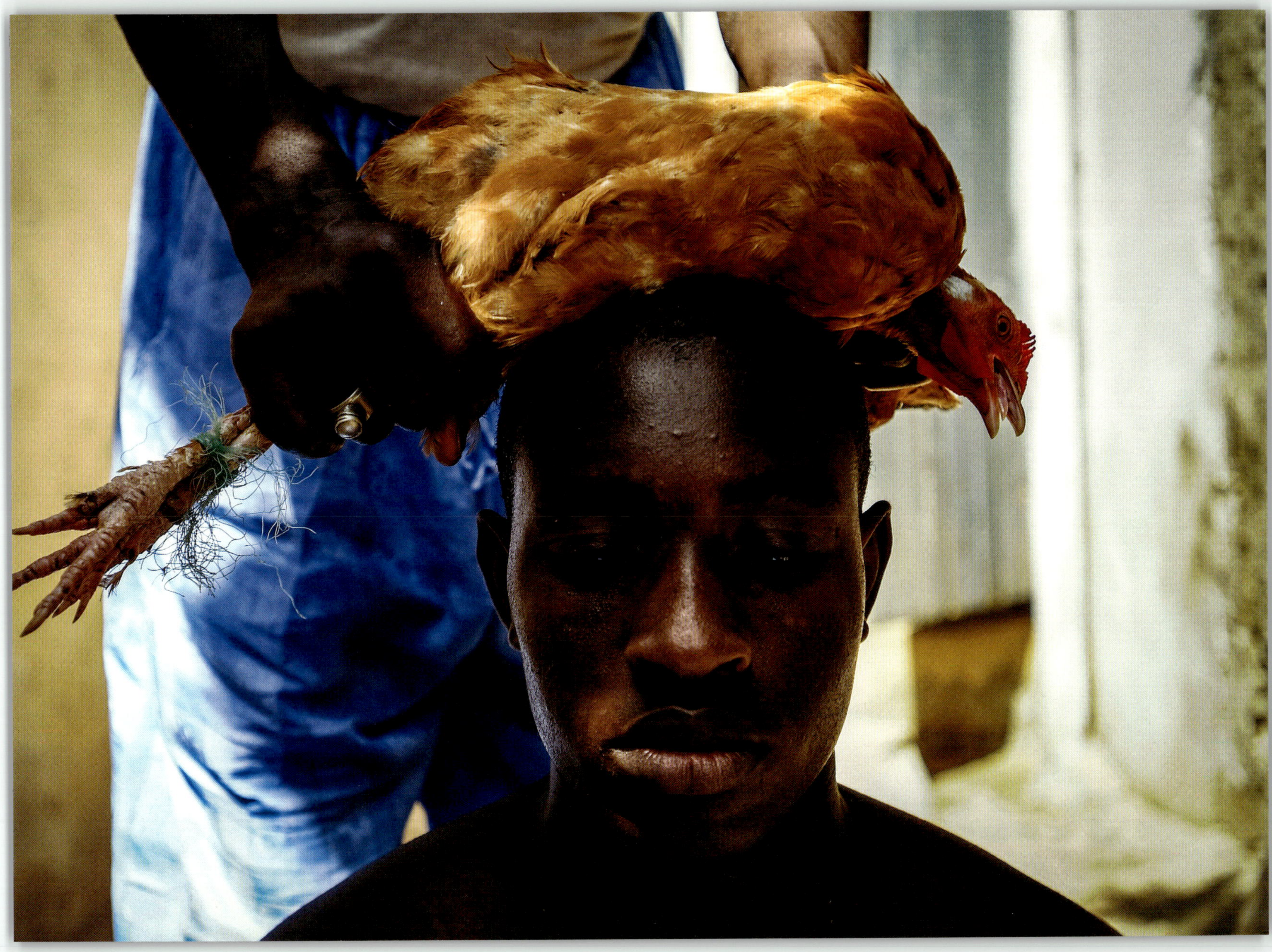

J. M. LÓPEZ

Abu Sufien, un joven de treinta años, explora las ruinas de un edificio del barrio de Izaa en Alepo en busca de enemigos. El levantamiento popular de Siria comenzó con manifestaciones pacíficas y se fue convirtiendo, poco a poco, en una sangrienta guerra civil. Siria, 30 de diciembre de 2012.

Abu Sufien, 30, exploring a destroyed building in the Izaa district, Aleppo, in search of enemies. The uprising in Syria evolved slowly from peaceful protests, gradually turning into a bloody civil war. Syria, 30 December, 2012.

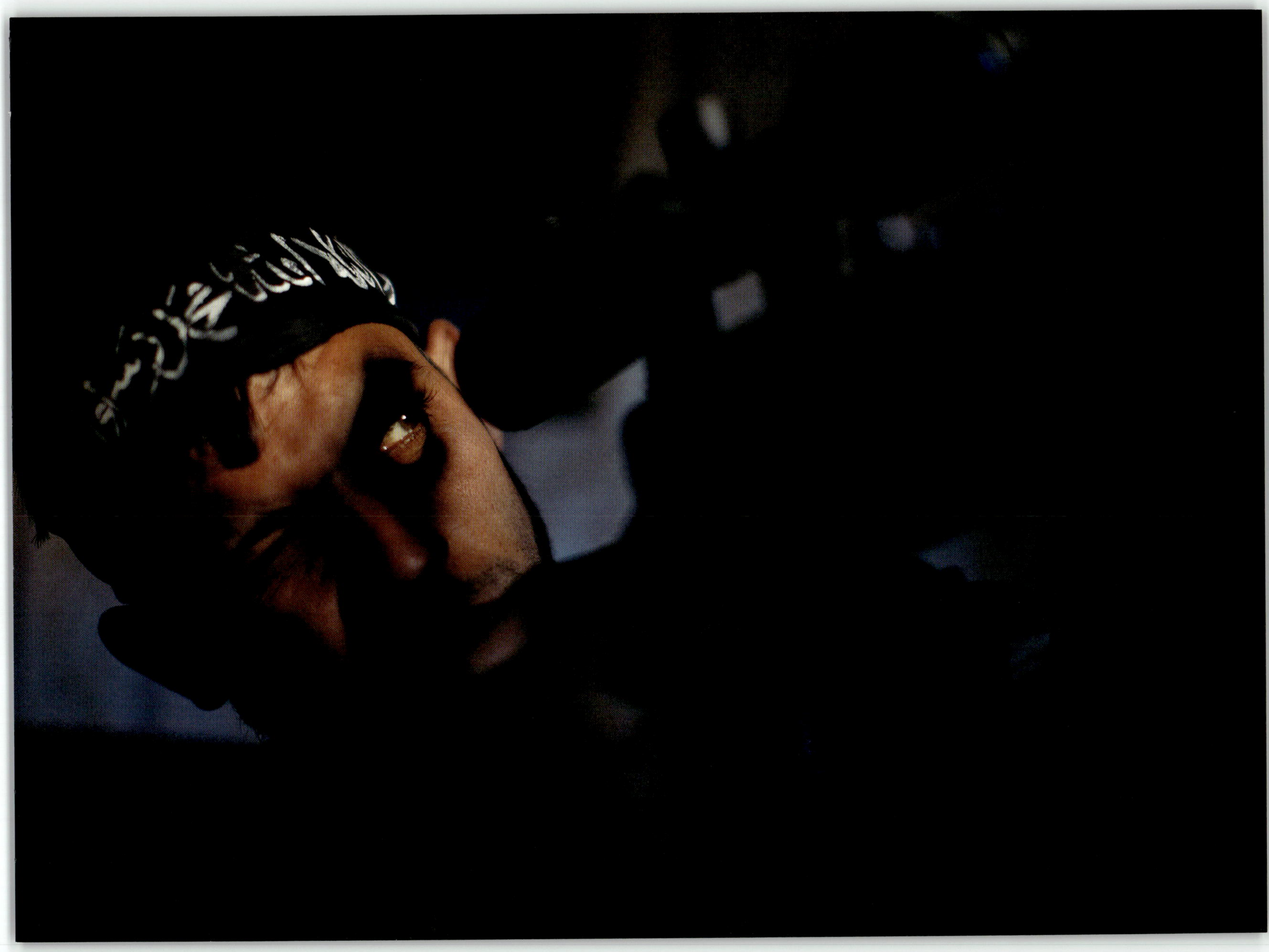

JOSÉ COLÓN

Un inmigrante muestra sus manos heridas tras lograr superar la verja de seguridad que separa a Marruecos de la ciudad de Melilla, enclave autónomo de España en el norte de África. Es uno de los 50 que lograron alcanzar jurisdicción española, de los 250 que intentaron esta vez un asalto combinado, según las autoridades, y asimismo uno de los tres que resultaron heridos.
Melilla, España, 15 de enero de 2014.

A sub-Saharan migrant shows his wounded hands after climbing the fence that separates Morocco and the Spanish enclaved city of Melilla. This time, authorities say, some 250 migrants made a joint attempt to assault the guarded fences and 3 were hurt by its cutting barbed wire. Melilla is surrounded by Morocco and the Mediterranean and it's become a gateway sfor African migrants to get to continental Europe.
Melilla, Spain, 15 January, 2014.

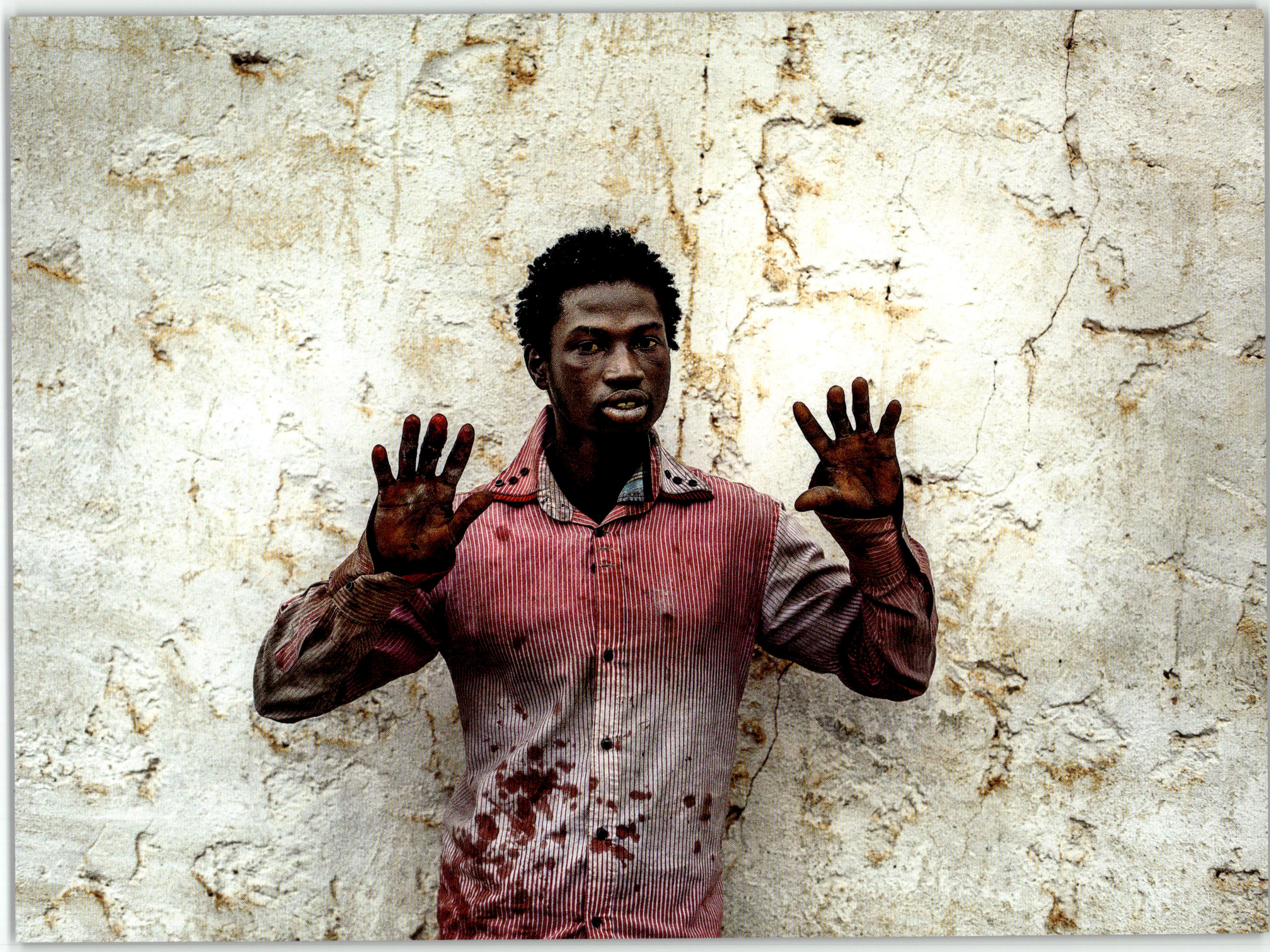

RICARDO GARCÍA VILANOVA

Un miembro del Ejército Libre de Siria (FSA) dispara contra posiciones del ejército regular del Presidente Bashar al-Assad que, a su turno, responde el fuego en la destruida y sitiada ciudad de Deir Zoor.
Siria, septiembre de 2013.

A member of the Free Syrian Army (FSA) shoots at pro-President Bashar al-Assad troops, who, in turn, return fire in the besieged and destroyed city of Deir Ezzor.
Syria, September 2013.

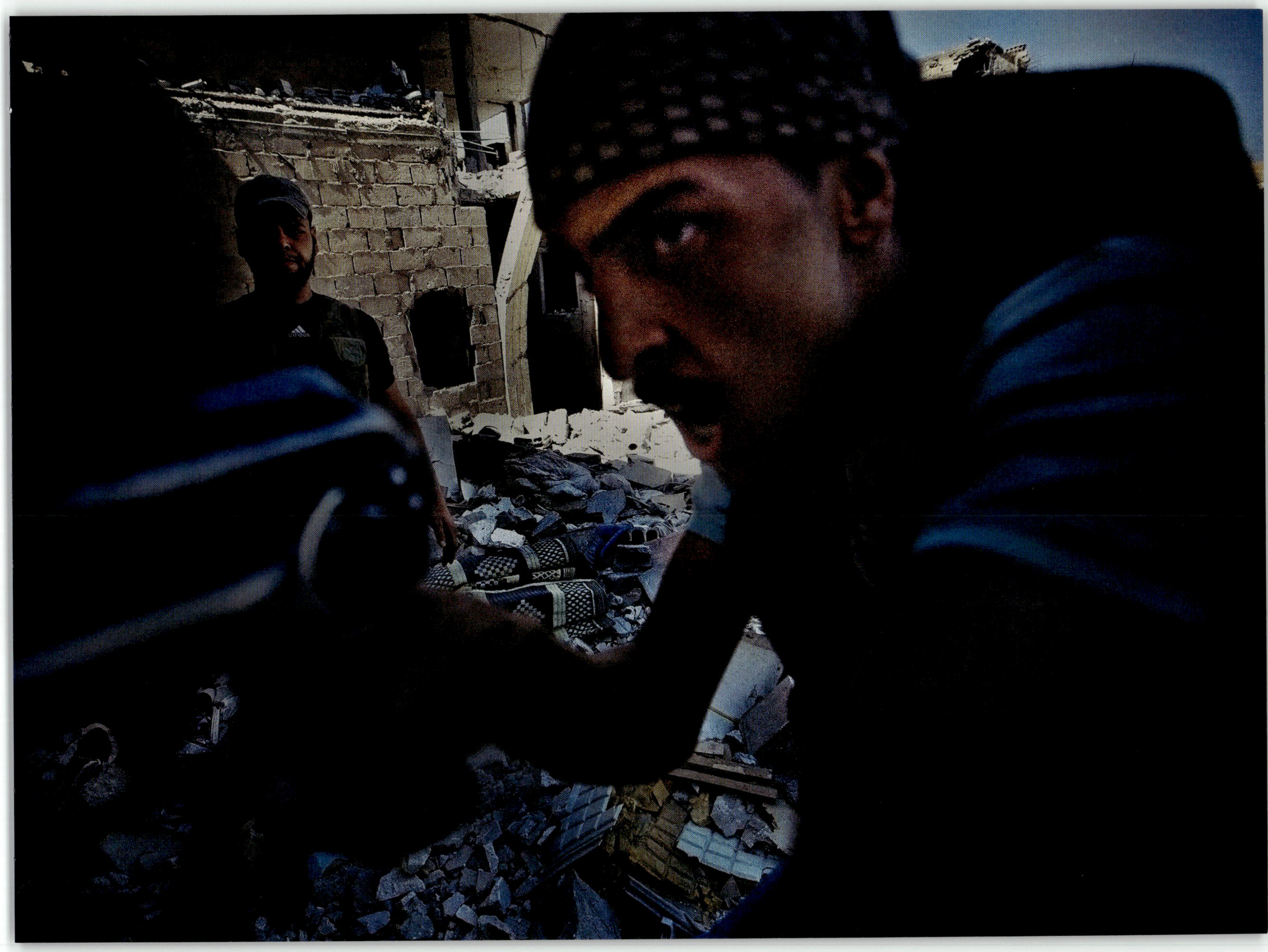

ANDRÉS MARTÍNEZ CASARES

Simpatizantes del depuesto presidente Mohamed Morsi se preparan para un ataque con un tirachinas improvisado, cuando las Fuerzas de Seguridad pretendían desalojarlos del campamento de protesta montado en Raba Al Adawiya, a las afueras de El Cairo.
Egipto, 14 de agosto de 2013.

Supporters of the deposed President Mohamed Morsi preparing for an attack with a makeshift catapult, when security forces tried to evict them from the protest camp at Rabaa al-Adawiya, on the outskirts of Cairo.
Egypt, 14 August, 2013.

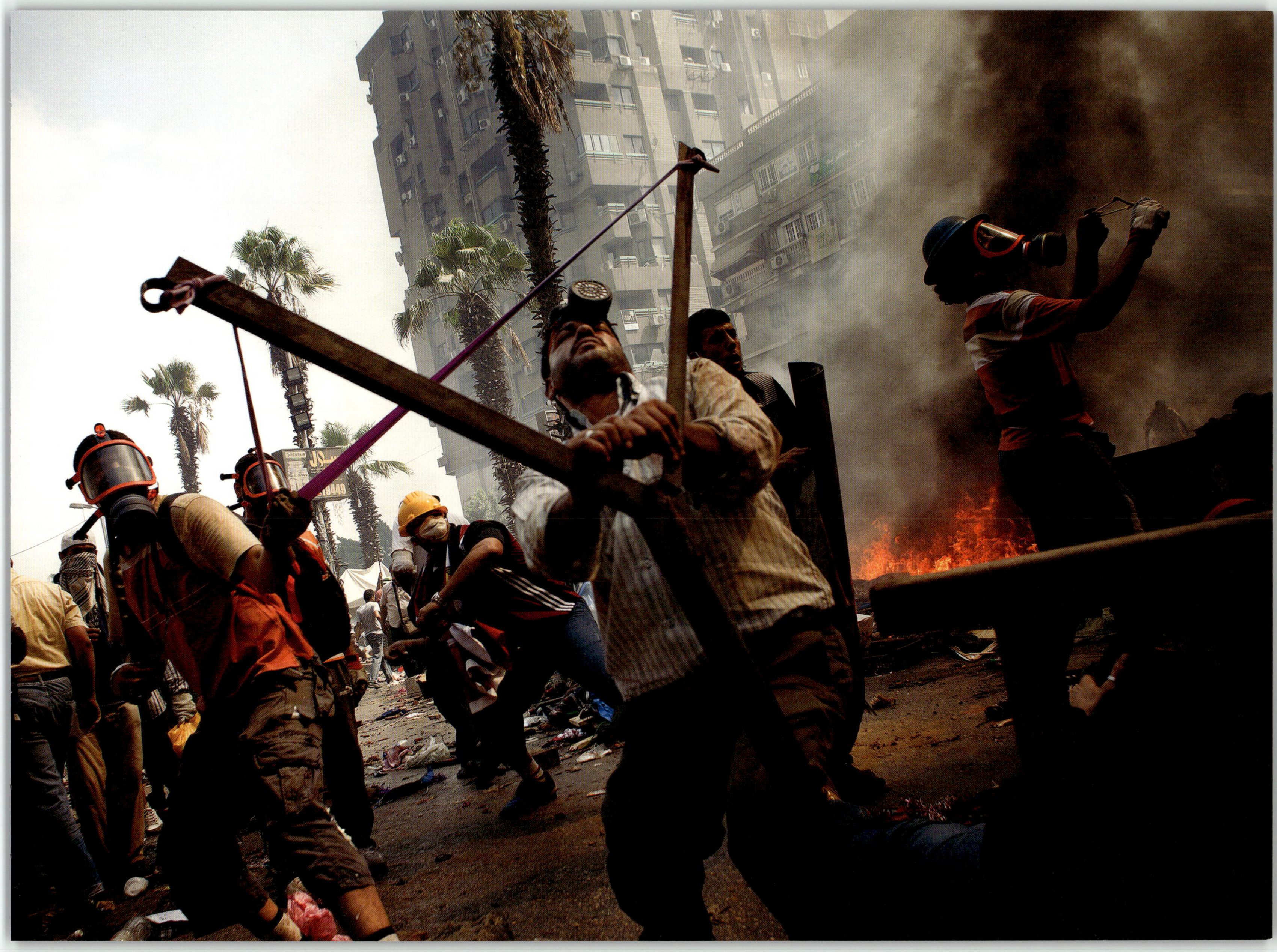

CATALINA MARTÍN CHICO

Los militares lanzaban gases lacrimógenos durante la Revolución Yemenita. Numerosos manifestantes resultaron muertos. En un país donde hombres y mujeres no se tocan, en la intensidad de los enfrentamientos las enfermeras se convertían en hermanas o madres de los heridos.
Sana'a, Yemen, abril de 2011.

Soldiers threw tear-gas during the Yemeni revolution, killing many of the protesters. In a country where men and women cannot touch each other, in the intensity of the clashes, nurses became sisters or mothers to the wounded.
Sana'a, Yemen, April 2011.

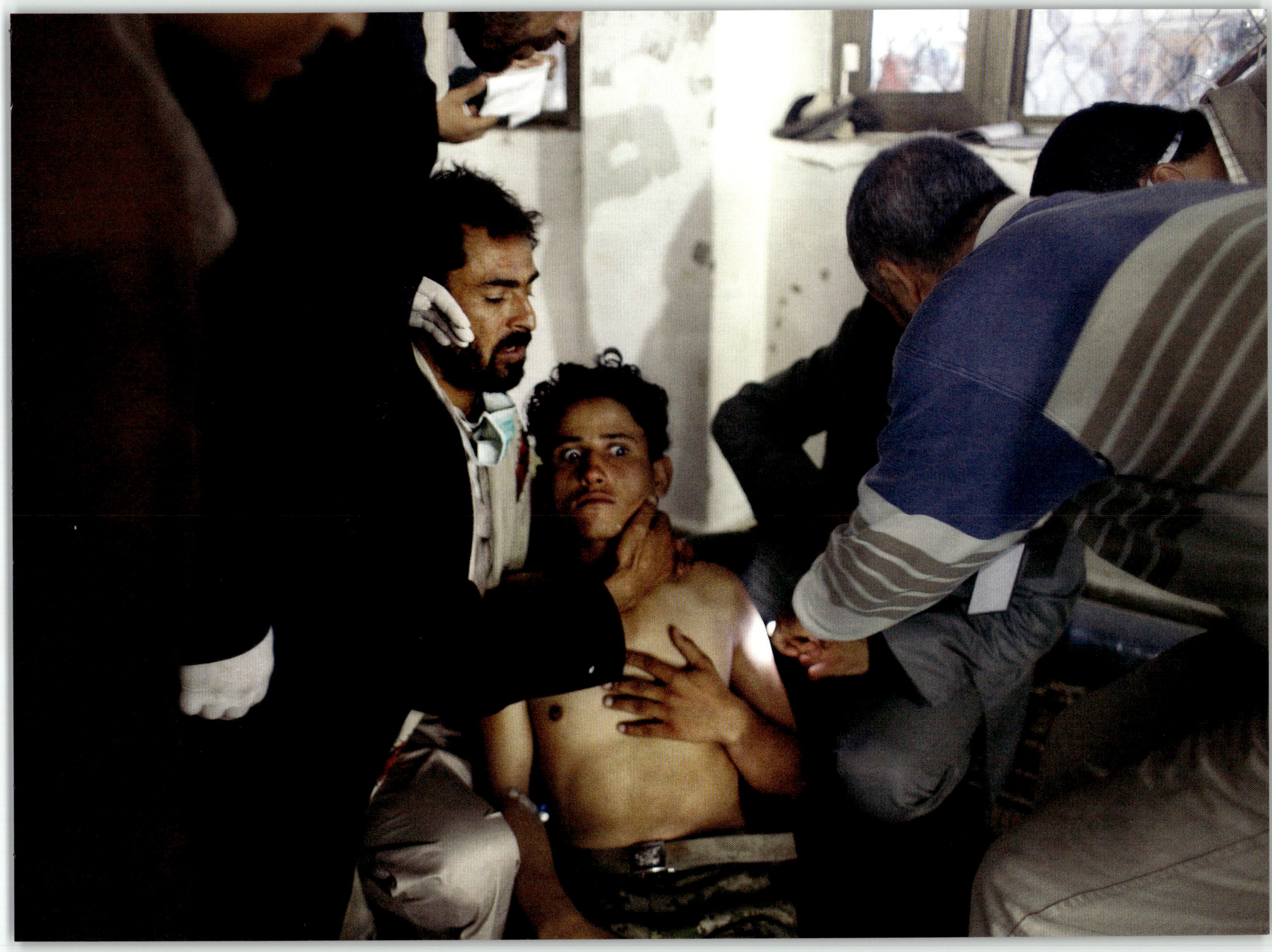

ANDONI LUBAKI

Un opositor a Al-Assad da comida a un gato en el último check-point antes del frente de la ciudad vieja de Alepo. Para la Unesco, el alto grado de destrucción de esta zona es una catástrofe cultural.
Siria, 6 de enero de 2013.

An Al -Assad opponent feeding a cat at the last check-point before the front of the old city of Aleppo. For UNESCO, the high degree of destruction of this area is a cultural catastrophe.
Syria, on 6 January, 2013.

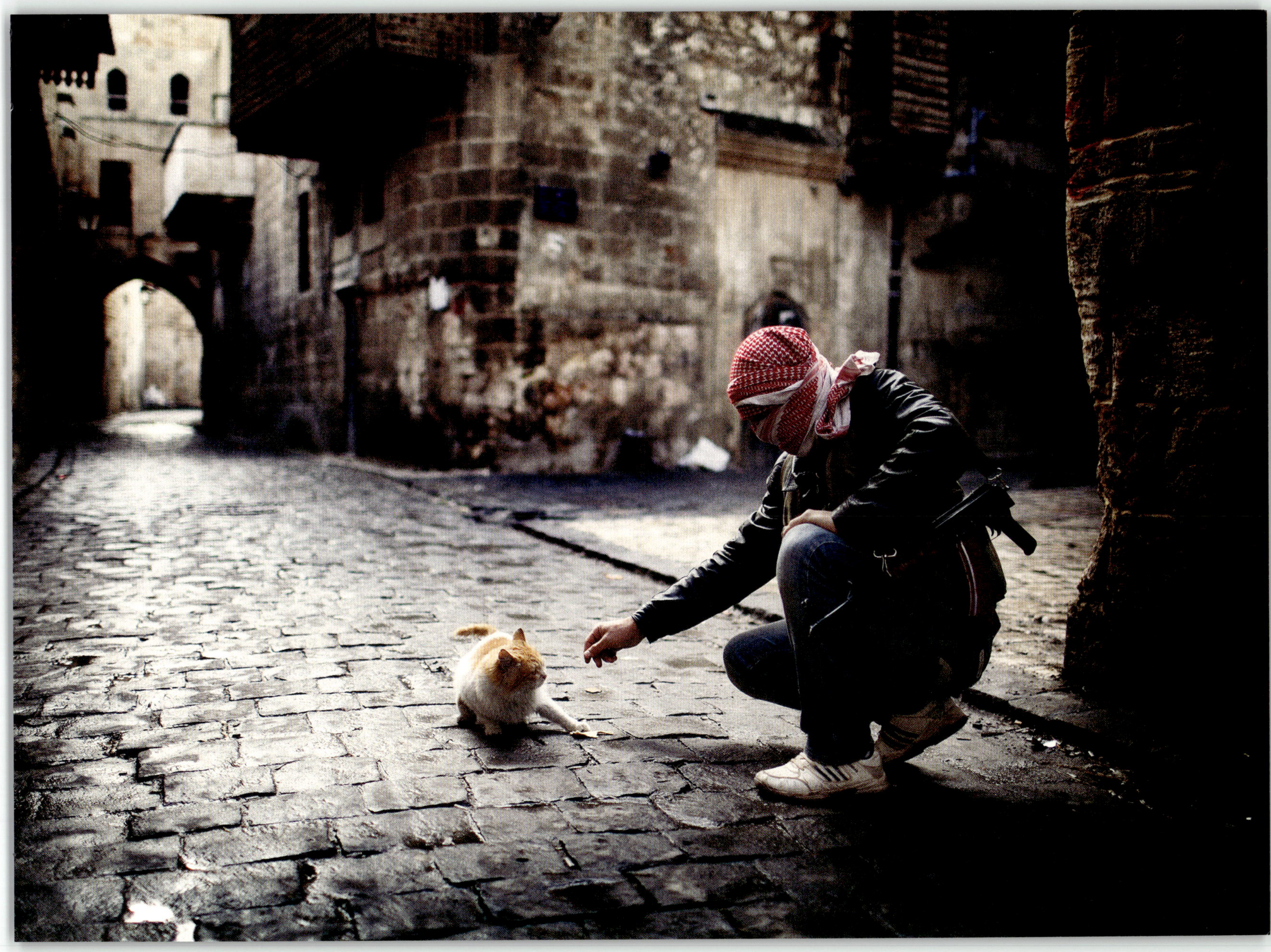

PEP BONET

FORZADOS.
Una serie de cinco cortos documenta el trabajo y la explotación infantiles en cinco países. Miles de niños bangladesíes son forzados a trabajar todos los días. Suponen tres cuartas partes del total de niños trabajadores en Bangladés, muchos con trabajos peligrosos en fábricas de ladrillos o como porteadores de *rickshaw*. Encontramos a las niñas trabajadoras más a menudo en empleos «ocultos», como en labores domésticas o como trabajadoras sexuales, en los que son especialmente vulnerables puesto que trabajan a puerta cerrada. La Organización Internacional del Trabajo (OIT) estima que hay alrededor de 250 millones de niños activos económicamente en el mundo. El Sudeste Asiático es con diferencia la región donde la esclavitud es más próspera y culturalmente compleja.

FORCED.
A series of short-films documenting child labour and exploitation across 5 countries. Thousands of Bangladeshi children are being forced into labour everyday. Boys comprise about three-quarters of all working children in Bangladesh, many working in hazardous jobs such as in brick factories or as rickshaw pullers. Working girls are more often to be found in "hidden" jobs, such as domestic labour or as sex workers, where they are particularly vulnerable because they work behind closed doors. The International Labour Organization (ILO) estimates that there are about 250 million economically active children worldwide. South East Asia is by far the region where slavery is most thriving and culturally complex.

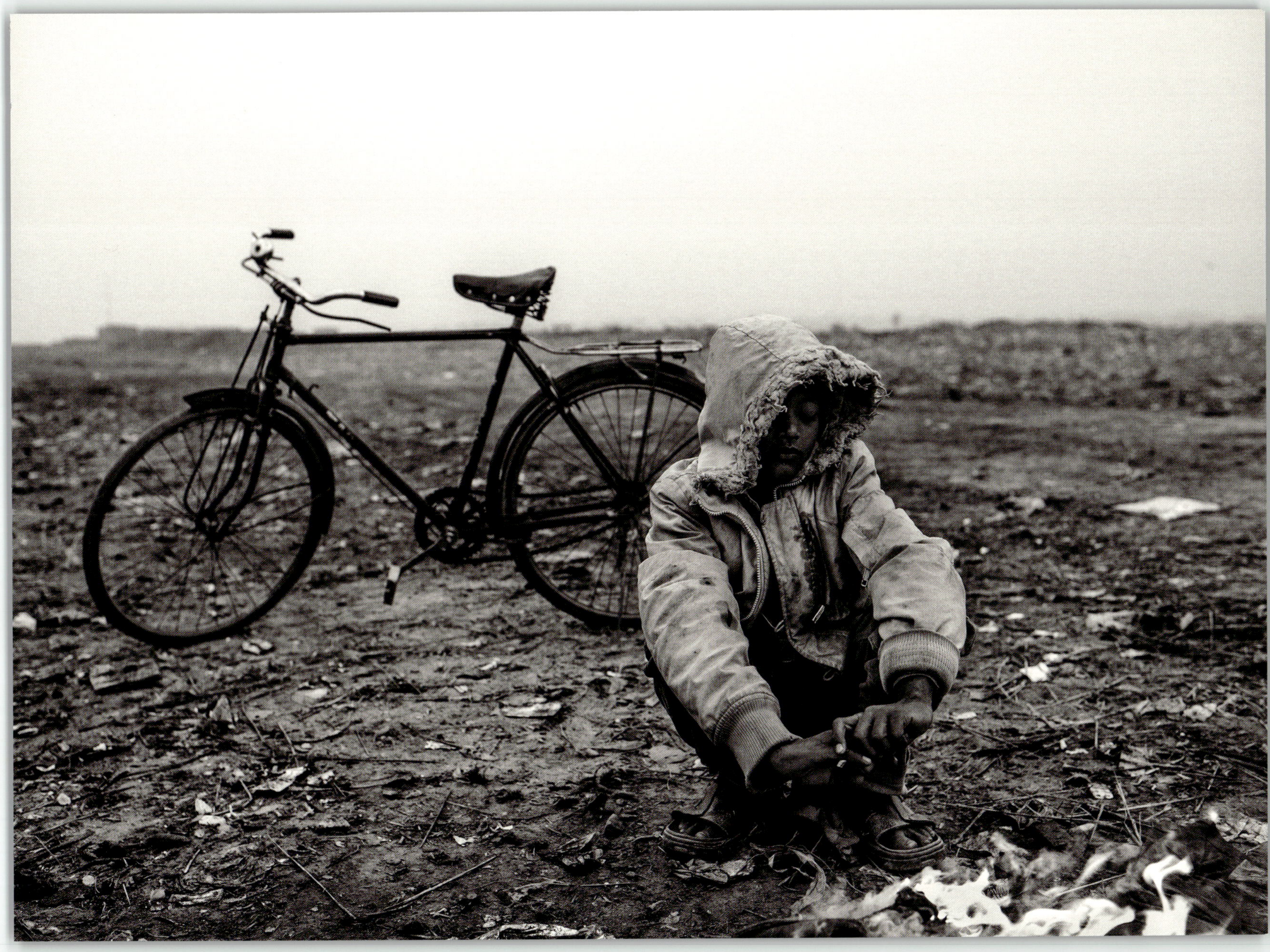

Vida, acércate
Life. Stay with Me

ALFONSO MORAL

Festividad nupcial palestina en el campo de refugiados de Borj el Barajneh, en Beirut. Más de 400.000 refugiados palestinos malviven por generaciones en doce campos de refugiados libaneses; algunos llevan desde 1948. Parte del trabajo *Refugiados palestinos en Oriente Medio*.
Líbano, 2005.

Palestinian wedding feast in Borj Barajneh refugee camp, Beirut. Over 400,000 Palestinian refugees have been living for generations in twelve Lebanese refugee camps; some since 1948. Part of the work *Refugiados palestinos en Oriente Medio*.
Lebanon, 2005.

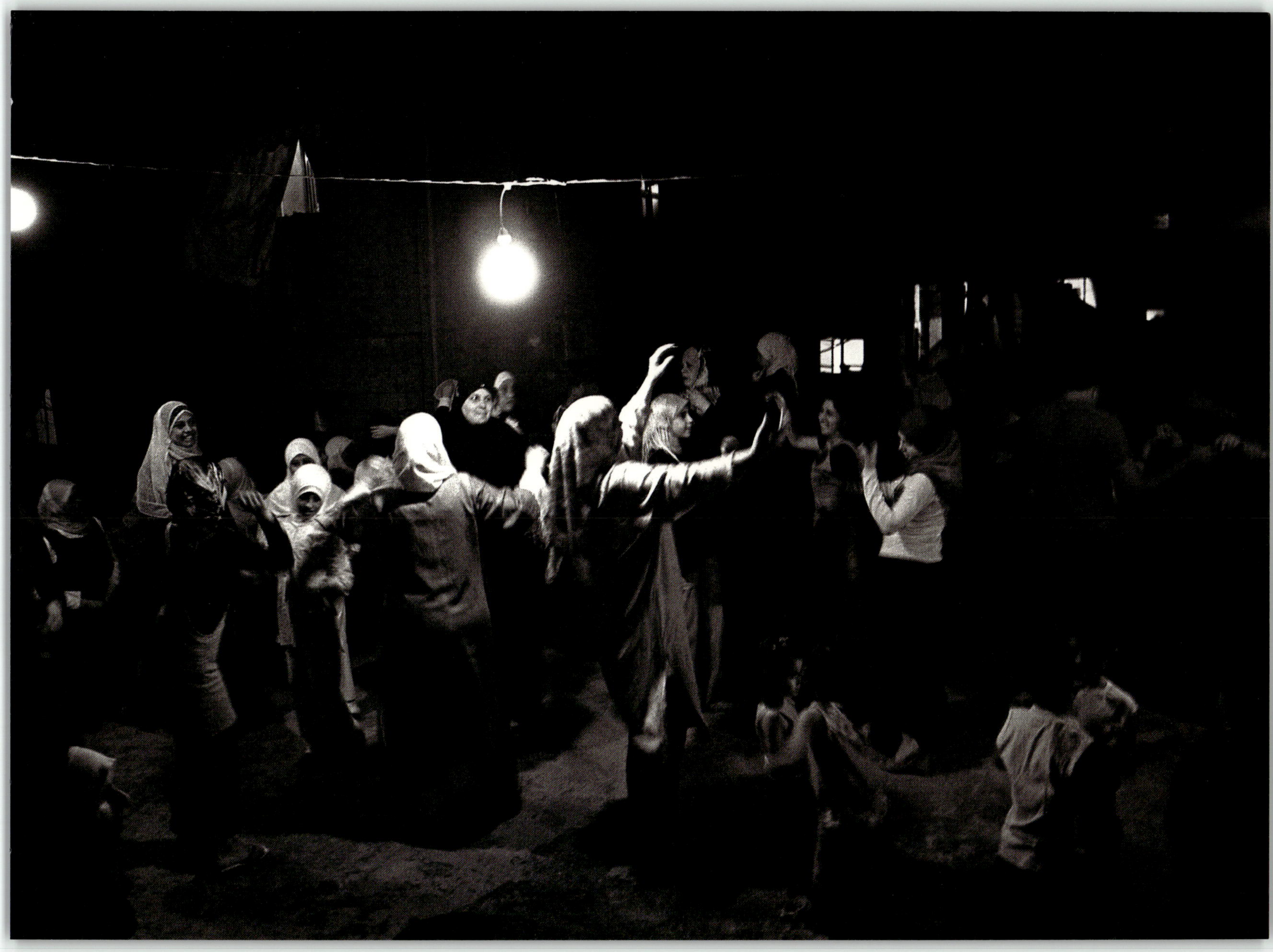

RAFAEL FABRÉS

Un grupo de adolescentes entrena levantando rudimentarias pesas, ante la mirada de una anciana en la comunidad de Rocinha, la mayor favela de Río de Janeiro.
Brasil, 18 de diciembre de 2012.

A group of teenagers train lifting makeshift dumbbells, in front of an elderly woman in the community of Rocinha, the biggest shantytown in Rio de Janeiro.
Brazil, 18 December, 2012.

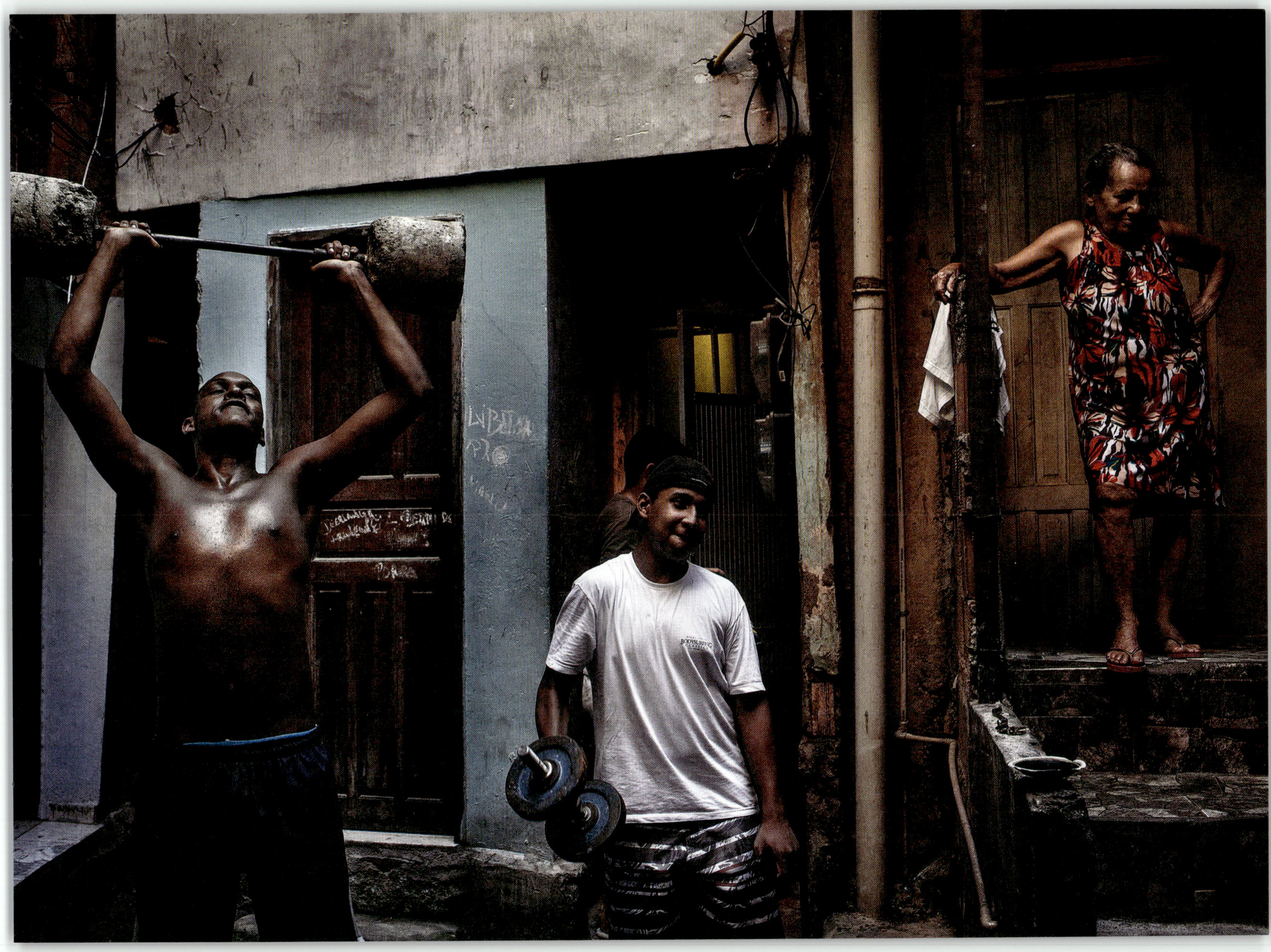

Y el mundo gira
The World Goes Round

CATALINA MARTIN CHICO

El orfanato de niñas Al-Rahma organiza una excursión al parque de atracciones Fun City, único lugar de ocio que admite mujeres. Las niñas viven en el orfanato hasta el matrimonio por estar prohibida la adopción.
Yemen, abril de 2011.

Girls from the Al-Rahma orphanage enjoying a trip to the Fun City amusement park, the only place of leisure where women are allowed. Girls live in the orphanage until they get married, as adoption is forbidden.
Yemen, April 2011.

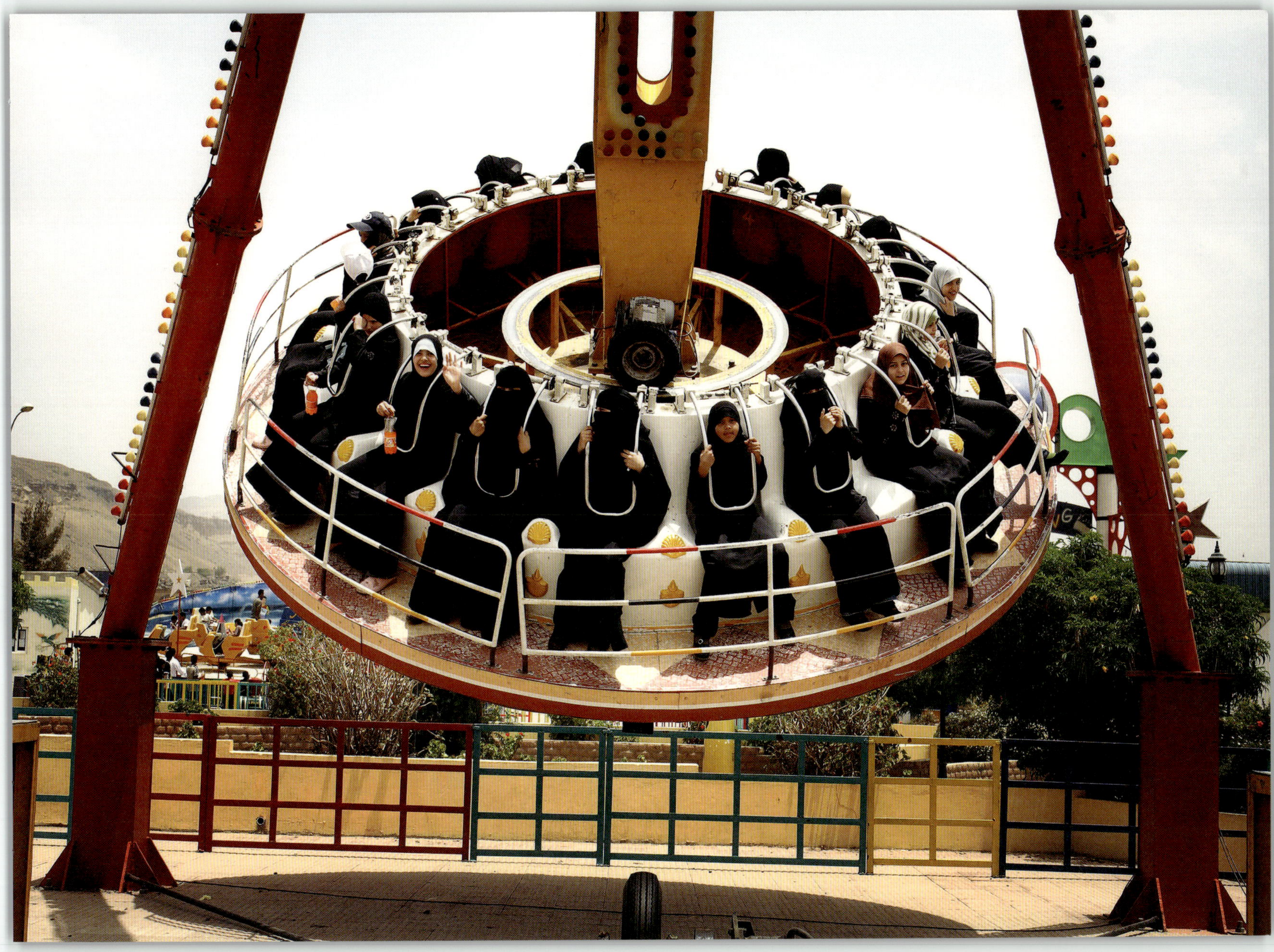

Y el mundo gira
The World Goes Round

DIEGO IBARRA SÁNCHEZ

Los afganos vinculan los trastornos mentales con la posesión de un espíritu maligno. Así le ocurre a este enfermo mental que permanecerá un mes en ayunas y atado con cadenas en un templo espiritual de Mia Ali Baba en Jajalabad.
Afganistán, 2012-14.

Afghans link mental disorders to being possessed by an evil spirit, as in the case of this mentally-ill patient who will be left one month to fast, bound in chains in the spiritual temple of Mia Ali Baba in Jajalabad.
Afghanistan, 2012-14.

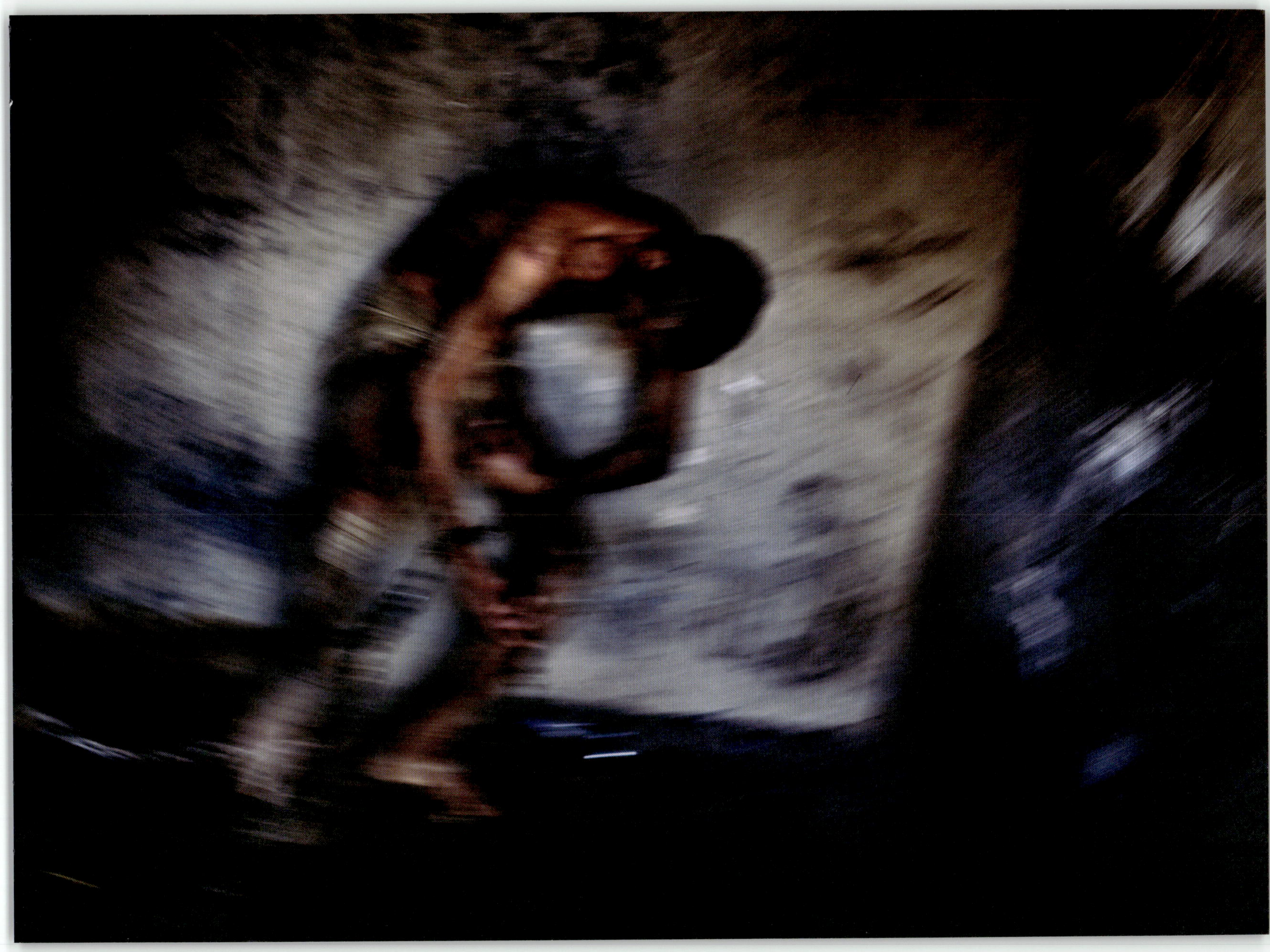

Y el mundo gira
The World Goes Round

ANDONI LUBAKI

Un hombre observa una casa destrozada por el ataque de la aviación de los militares de Bashar Al Assad en el barrio de Izaah en Alepo. Este barrio, que era muy populoso, fue muy castigado por estar en una colina cerca de la estación de TV.
Siria, 3 enero de 2013.

A man looking at a house destroyed by an air raid by Bashar Al-Assad troops in the al-Izaah neighbourhood of Aleppo. This district, formerly highly-populated, was extremely hard hit for being on a hill near the TV station.
Syria, 3 January, 2013.

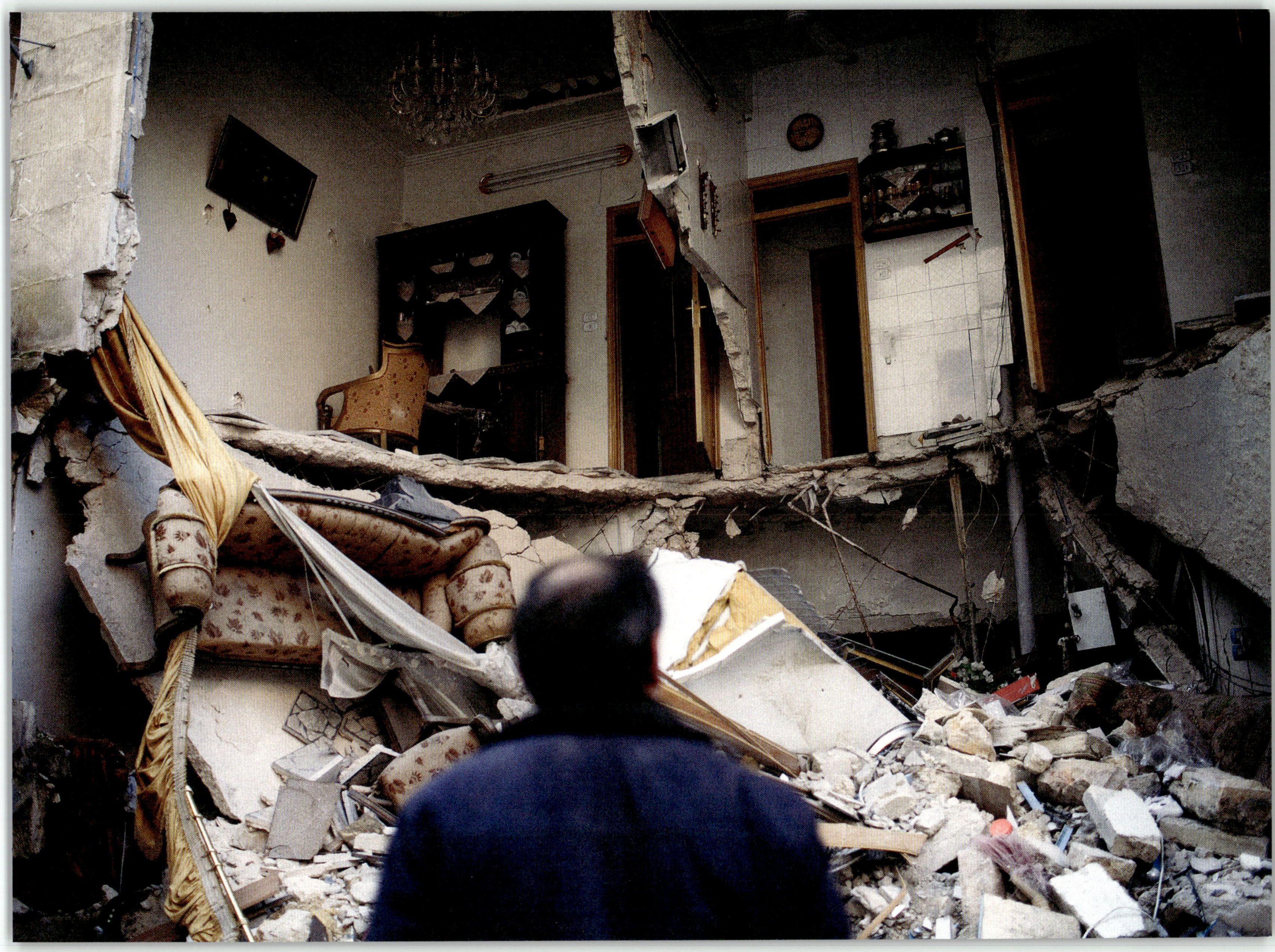

MAYSUN

Un padre llora a su hijo muerto frente al hospital Dar al Shifa en Alepo. El Ejército sirio ha seguido bombardeando Alepo y reivindica que el distrito de Al-Sakhour está limpio de «terroristas». Los rebeldes afirmaron haber derribado un avión de combate.
Siria, 3 de octubre de 2012.

A father crying for his dead child in front of Dar Shifa hospital in Aleppo. The Syrian army has continued bombing Aleppo and claimed that the Al-Sakhour district is clear of "terrorists". The rebels claimed to have shot down a fighter plane.
Syria, 3 October, 2012.

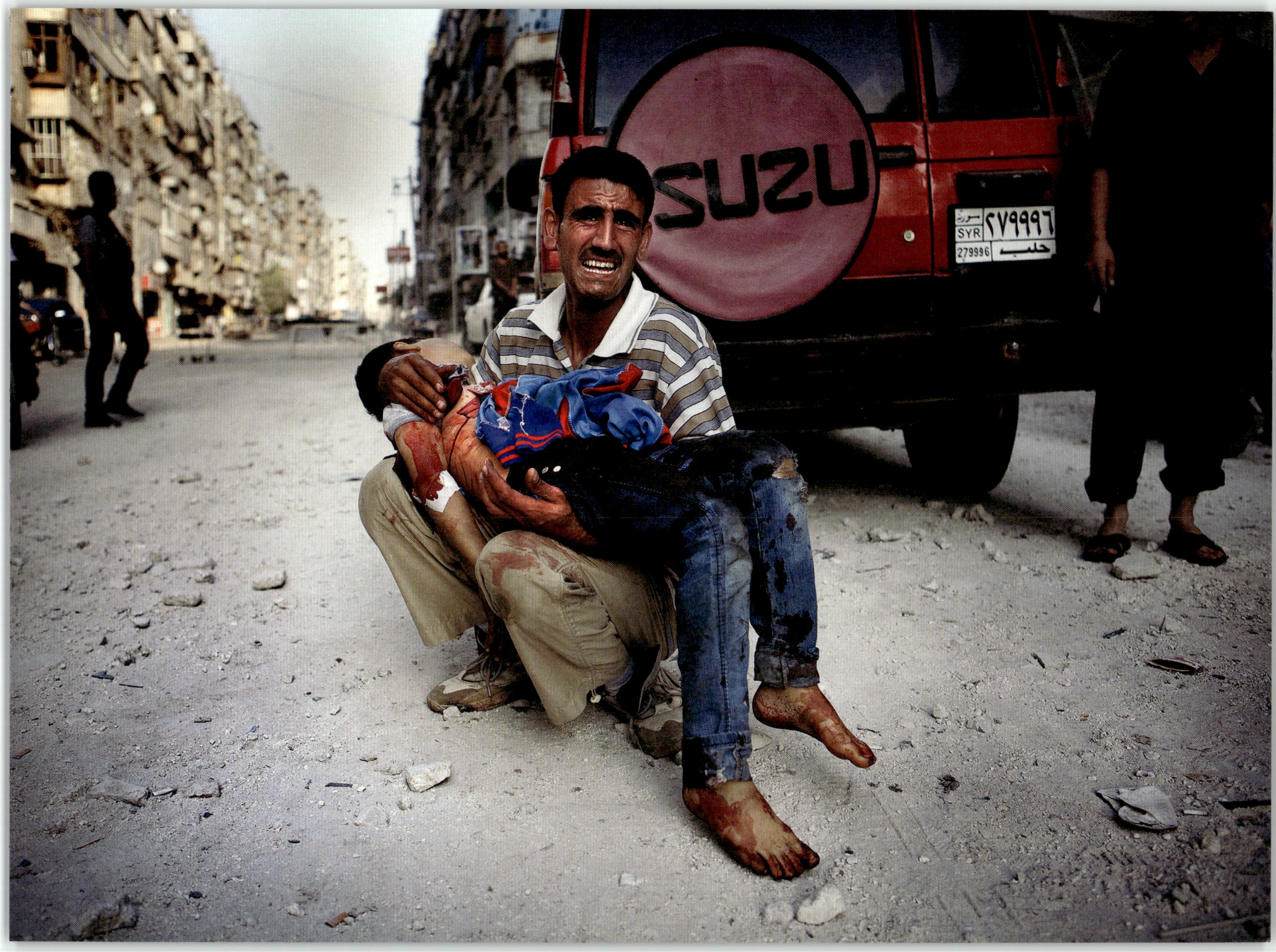
SUZU
٢٧٩٩٩٦
SYR
279996
حلب

MAYSUN

Médicos tratan de salvar la vida y la pierna de una niña herida durante un bombardeo del Ejército sirio, en el hospital Dar Dar Al Shifa.
Siria, 10 de octubre de 2012.

Doctors trying to save the life and the leg of a girl injured during a Syrian army air raid, Dar Dar Shifa hospital.
Syria, 10 October, 2012.

© MAYSUN / EPA

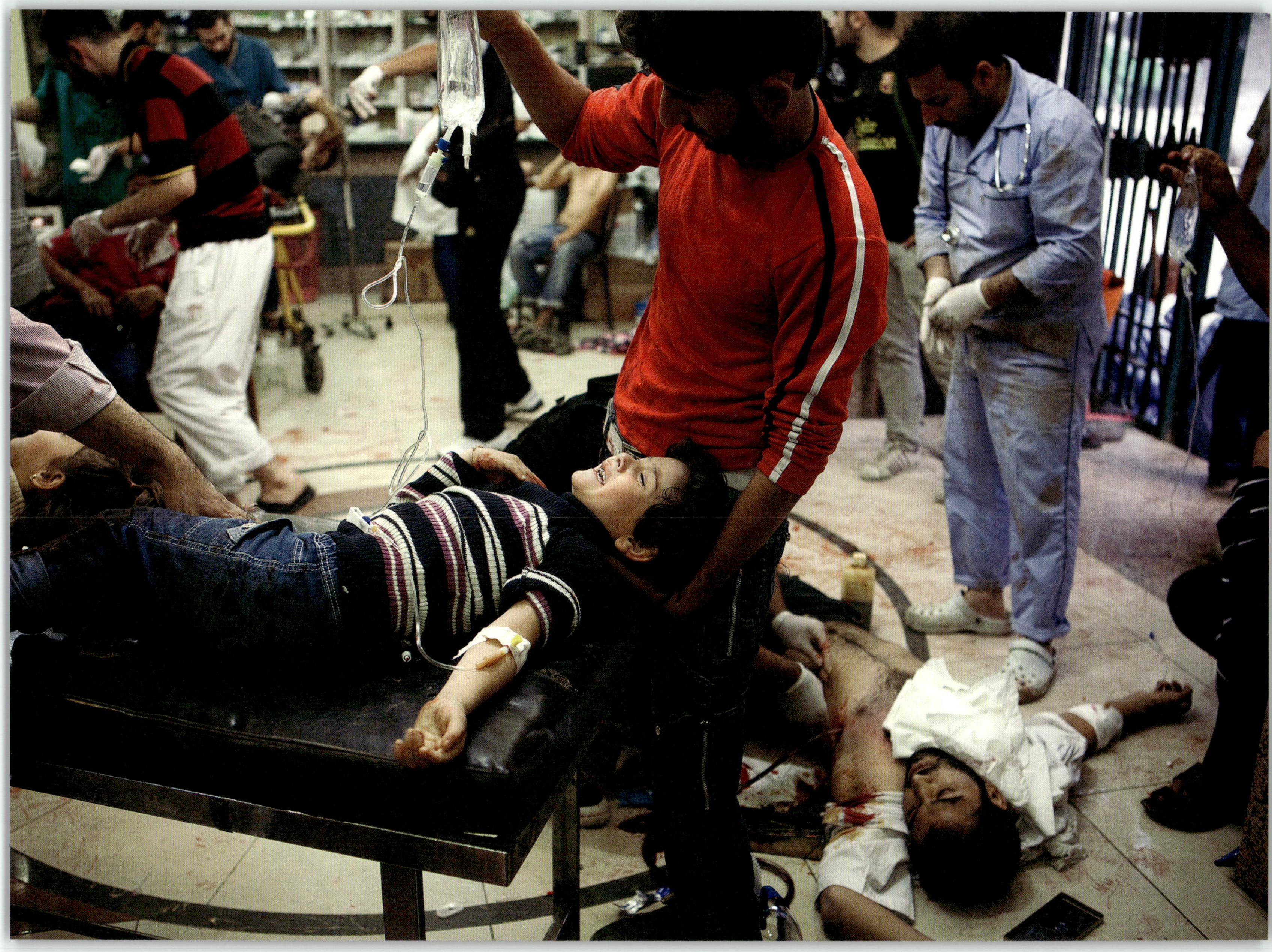

MAYSUN

Un combatiente del Ejército libre de Siria ilumina el cuerpo de un hombre sin identificar, muerto por la artillería pesada del Ejército sirio, en el cementerio de Alepo antes de enterrarlo en una fosa común.
Siria, 13 de octubre de 2012.

A Syrian Free Army fighter illuminates the body of an unidentified man killed by the Syrian army's heavy artillery, in Aleppo cemetery before burying it in a mass grave.
Syria, 13 October, 2012.

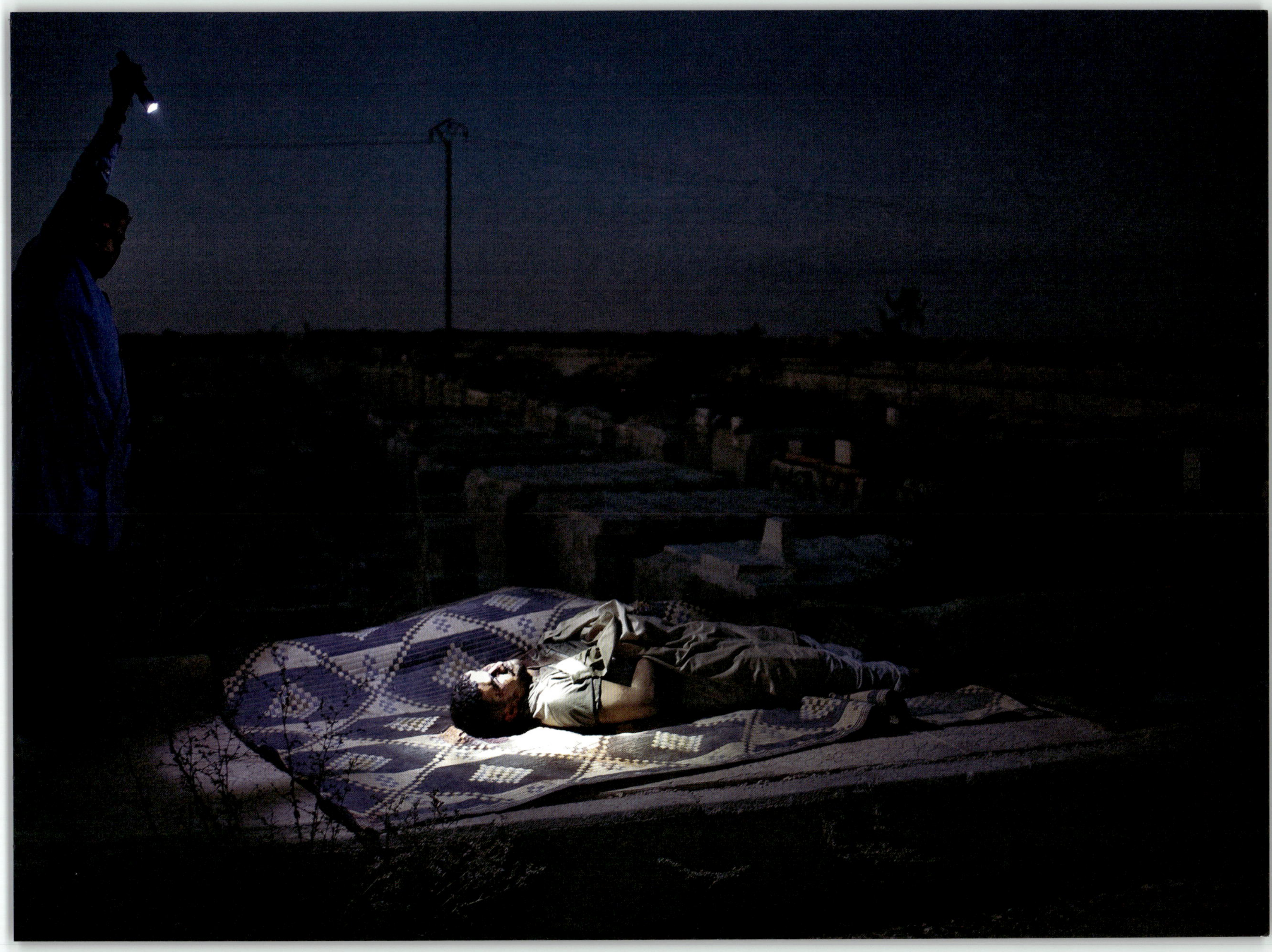

Déjenme descansar
Allow Me a Rest Now

MIGUEL ÁNGEL SÁNCHEZ

El fotógrafo retrata una escena habitual de la morgue durante los trágicos meses de la intervención del ejército israelí en la franja, que dejó más de 170 muertos y costes por 300 millones de euros.
Gaza, invierno de 2013.

The photographer portrays a usual scene in the morgue during the tragic months of the Israeli army intervention in Gaza, which left more than 170 dead and 300 million euros costs.
Gaza, winter of 2013.

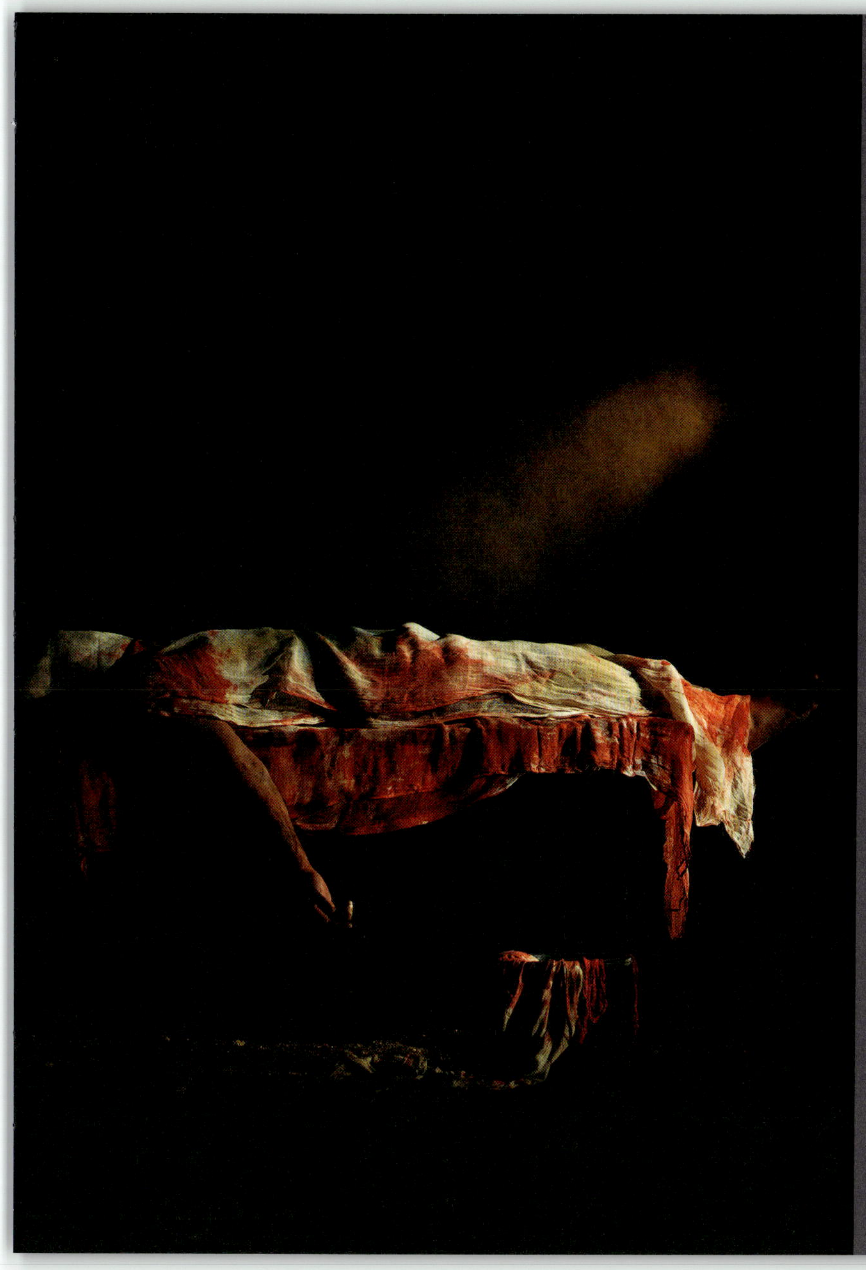

GUILLEM VALLE

Los familiares de una mujer kurda que falleció después de visitar la tumba de su hijo, muerto a manos de los yihadistas en Srekaniye, lloran en su casa.
Siria, 31 de diciembre de 2012.

Relatives of a Kurdish woman who died after visiting the grave of her son killed by Jihadists in Serekaniye, cry in their family house.
Syria, 31 December, 2012.

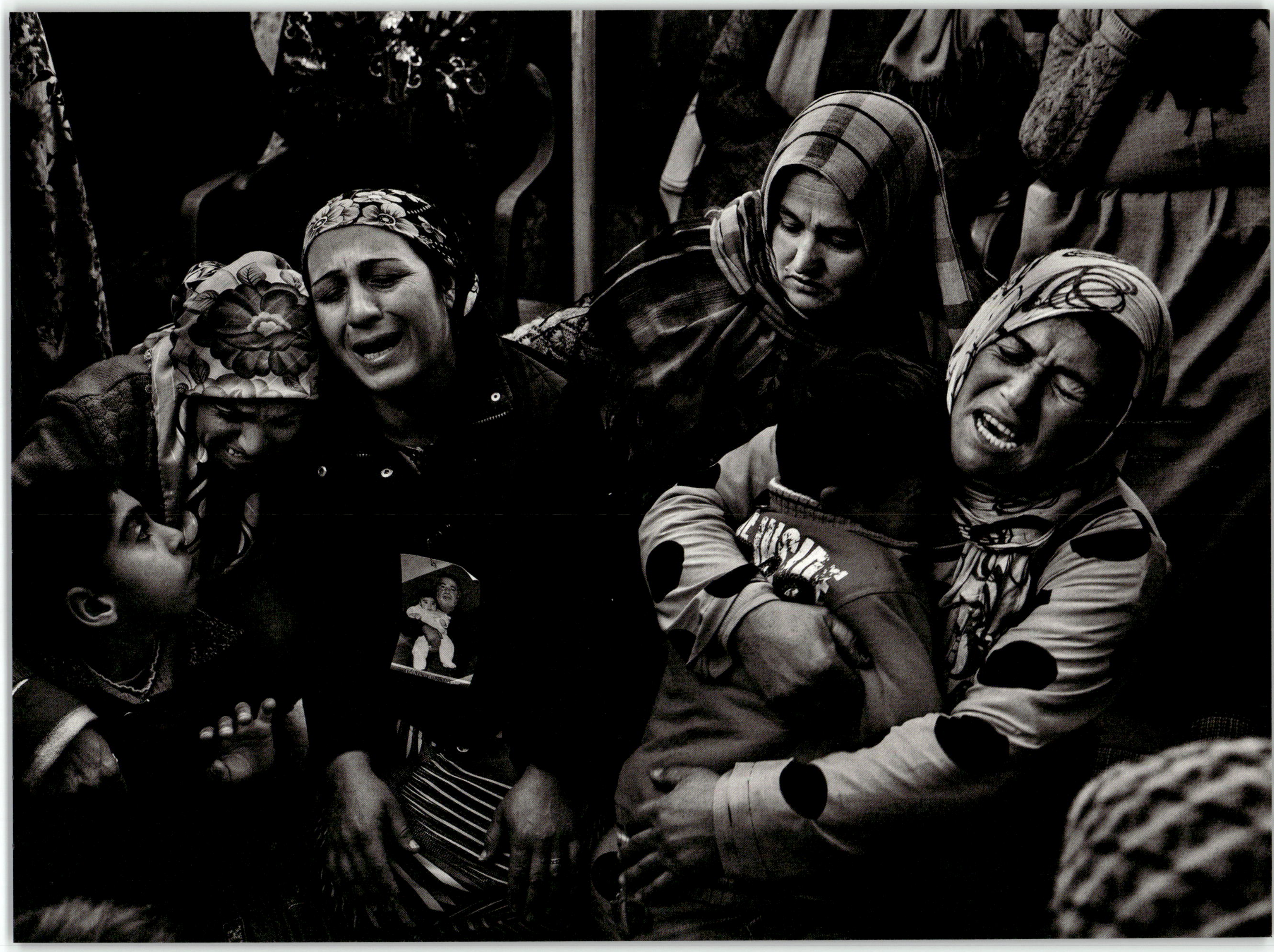

Polvo eres
Until You Bite the Dust

SERGIO CARO

Junto a las provisiones, los helicópteros también acercan hasta la línea de frente en Hindu Kush a sacerdotes católicos y protestantes. El Evangelio tenía tapas de camuflaje y la lectura recordaba la fe para afrontarlo todo.
Afganistán, 2 de noviembre de 2006.

Along with provisions, helicopters also bring Catholic and Protestant priests to the front line in Hindu Kush. The Gospel had camouflage covers and its reading reminds of the faith to cope with it all.
Afghanistan, 2 November, 2006.

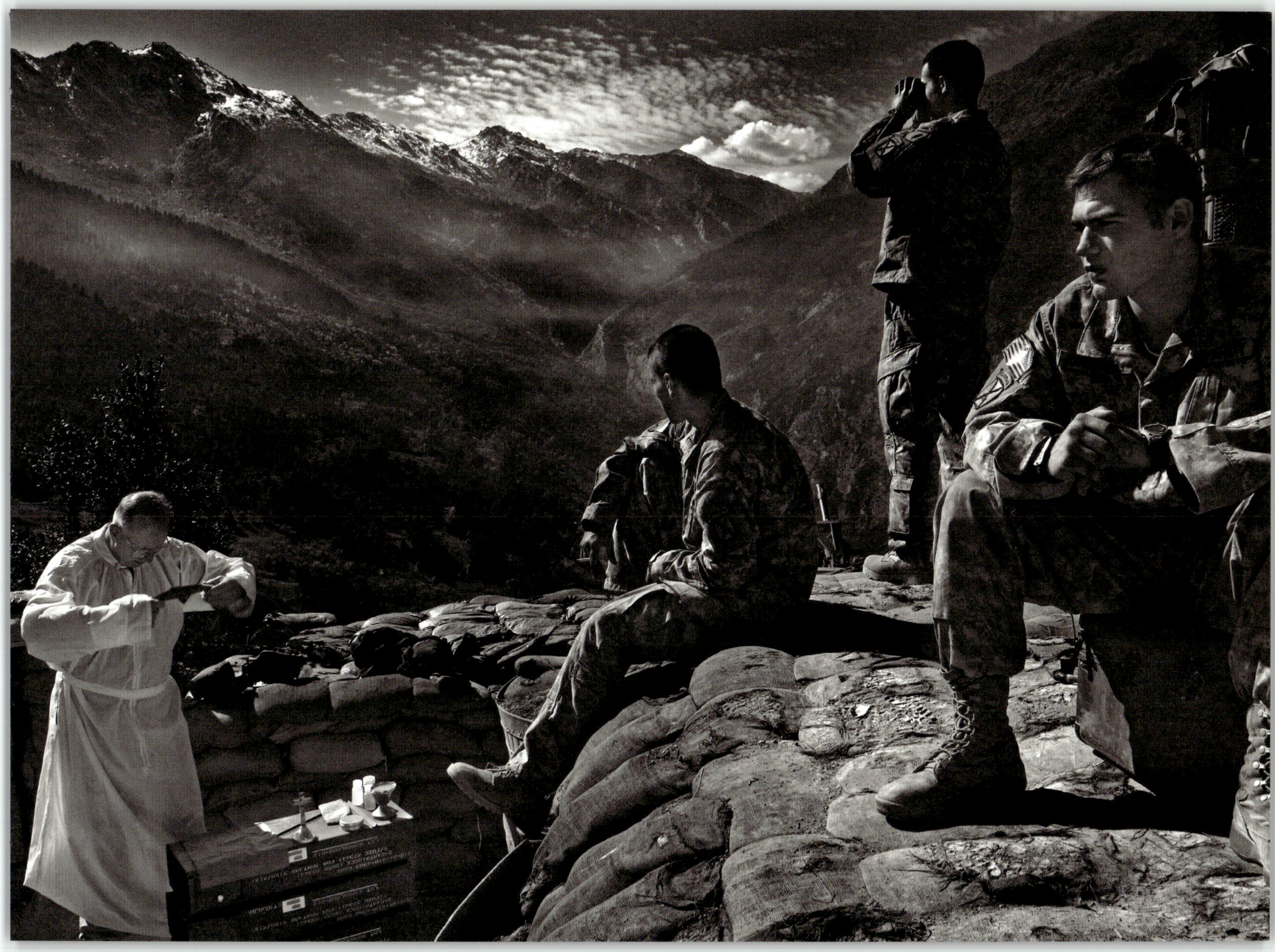

Polvo eres
Until You Bite the Dust

ÁLVARO YBARRA ZAVALA

Lo que resta de una casa quemada y destruida en la región de Darfur, entre Sudán y Chad. Parece un símbolo de esta aniquiladora guerra, entre las fuerzas de seguridad sudanesas y la población local, que ha condenado a la histórica zona del África central, a una situación de emergencia humanitaria continua desde 2003.
Chad, septiembre de 2008.

The only remains left of a destroyed and burnt down house in Darfur, a region between western Sudan and Chad, stay as a symbol of annhilation. The ongoing war between Sudanese government forces and the indigenous population, which has pushed the whole, historic region in a state of nonstop humanitarian emergency since 2003.
Chad, September 2008.

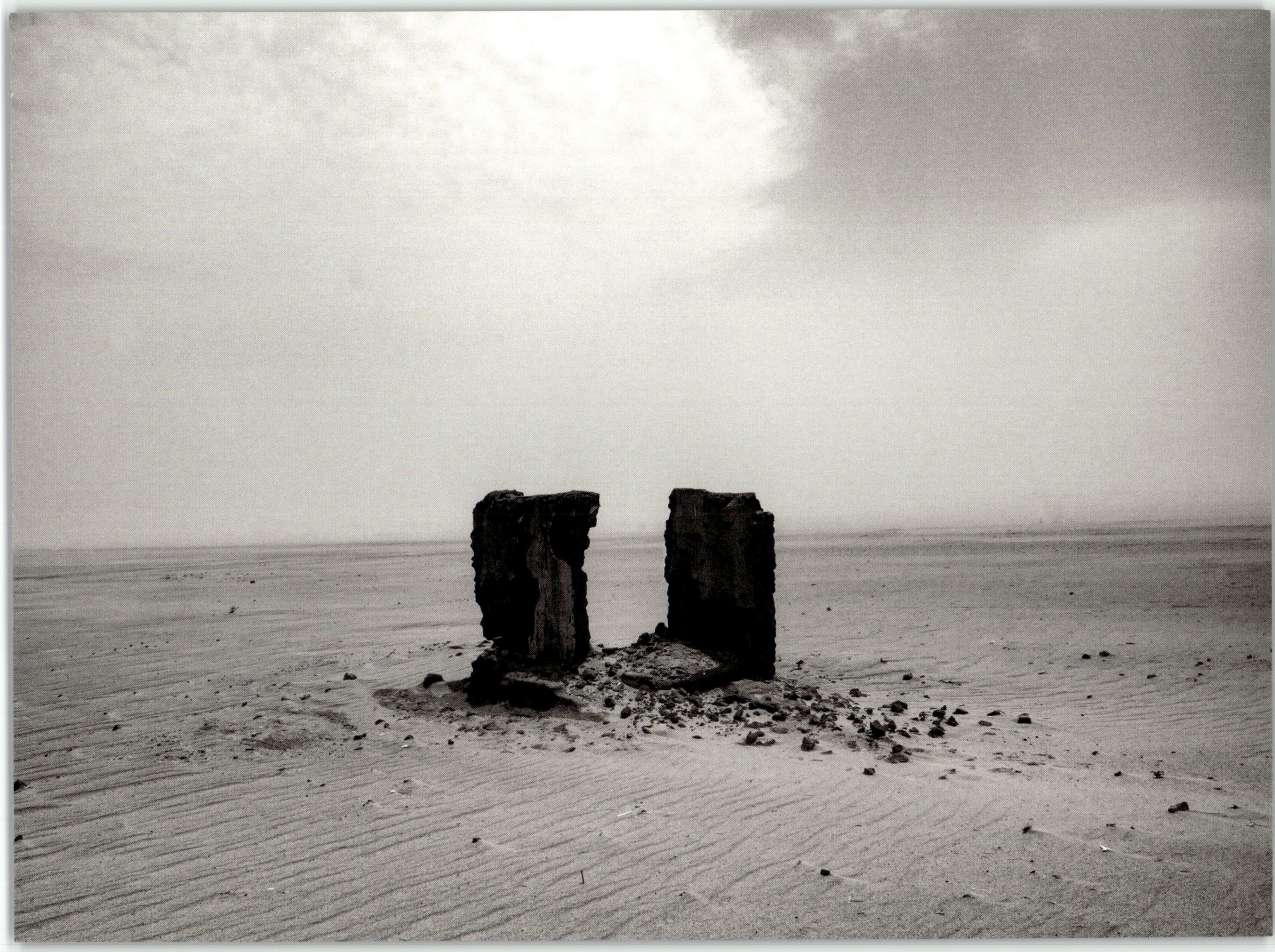

Polvo eres
Until You Bite the Dust

RODRIGO ABD

Don Carlos, propietario de la «funeraria» Valles del Sol, instalada en un taller de coches, prepara el cadáver de un hombre asesinado, mientras otros organizadores de funerales ven un programa cómico en la televisión.
Guatemala, 29 de agosto de 2009.

Don Carlos, the owner of Valles del Sol, a car repair shop turned into a "funeral home", prepares the body of a murdered man for burial while other funeral organisers watch a comedy show on TV. Guatemala, 29 August, 2009.

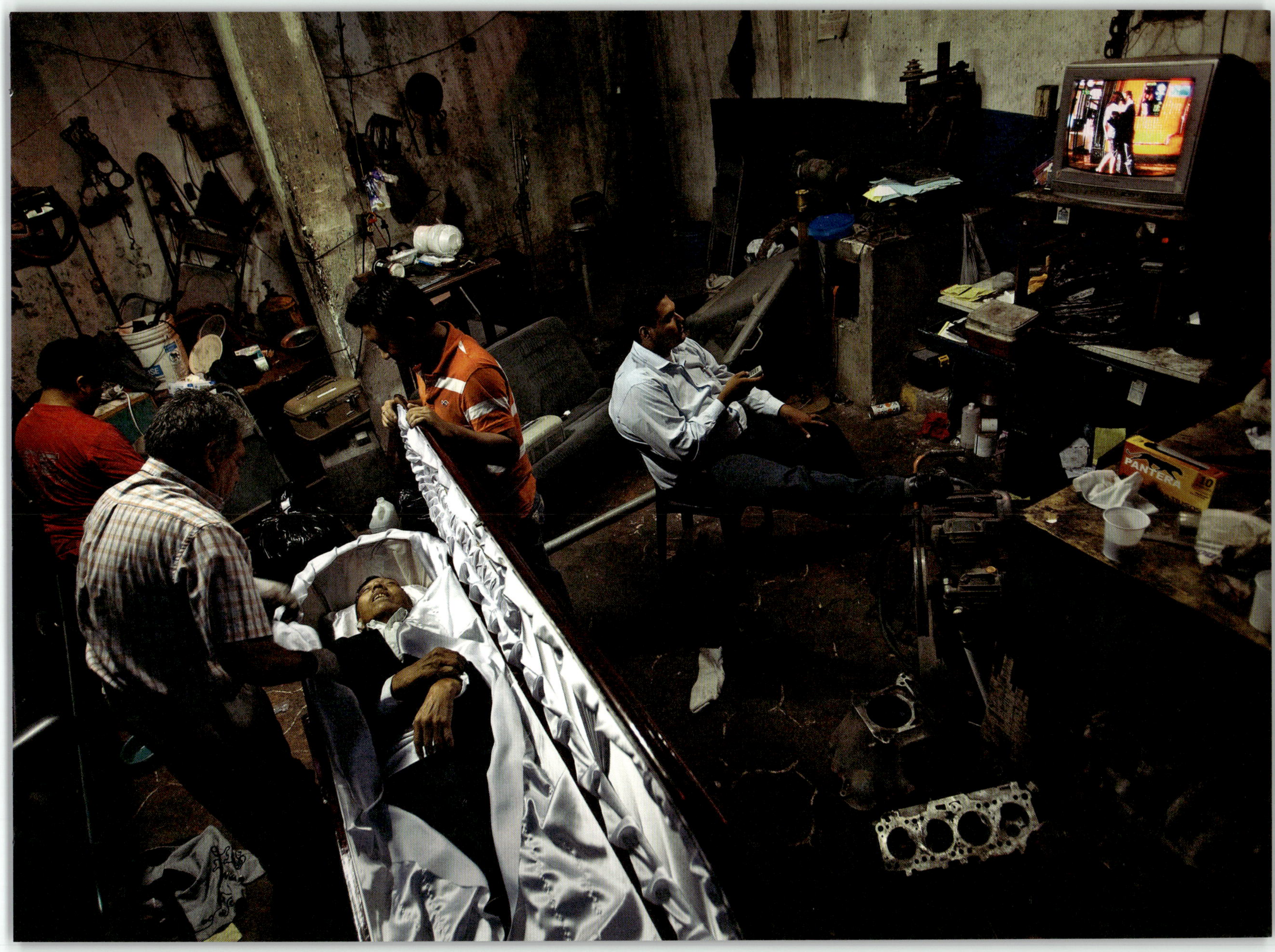
PANTERA

Polvo eres
Until You Bite the Dust

RODRIGO ABD

Marta Reyes maquilla el cadáver de su hija Dina, que ha sido asesinada, en la «funeraria» López, una de las muchas empresas clandestinas de este tipo que proliferan a causa de los altísimos índices de violencia (17 homicidios por día).
19 de mayo de 2009, Guatemala.

Marta Reyes applies makeup to the dead body of her murdered daughter Dina, at the López "funeral home", one of the many illegal companies that spring up due to the high murder rate (17 per day). Guatemala, 19 May, 2009.

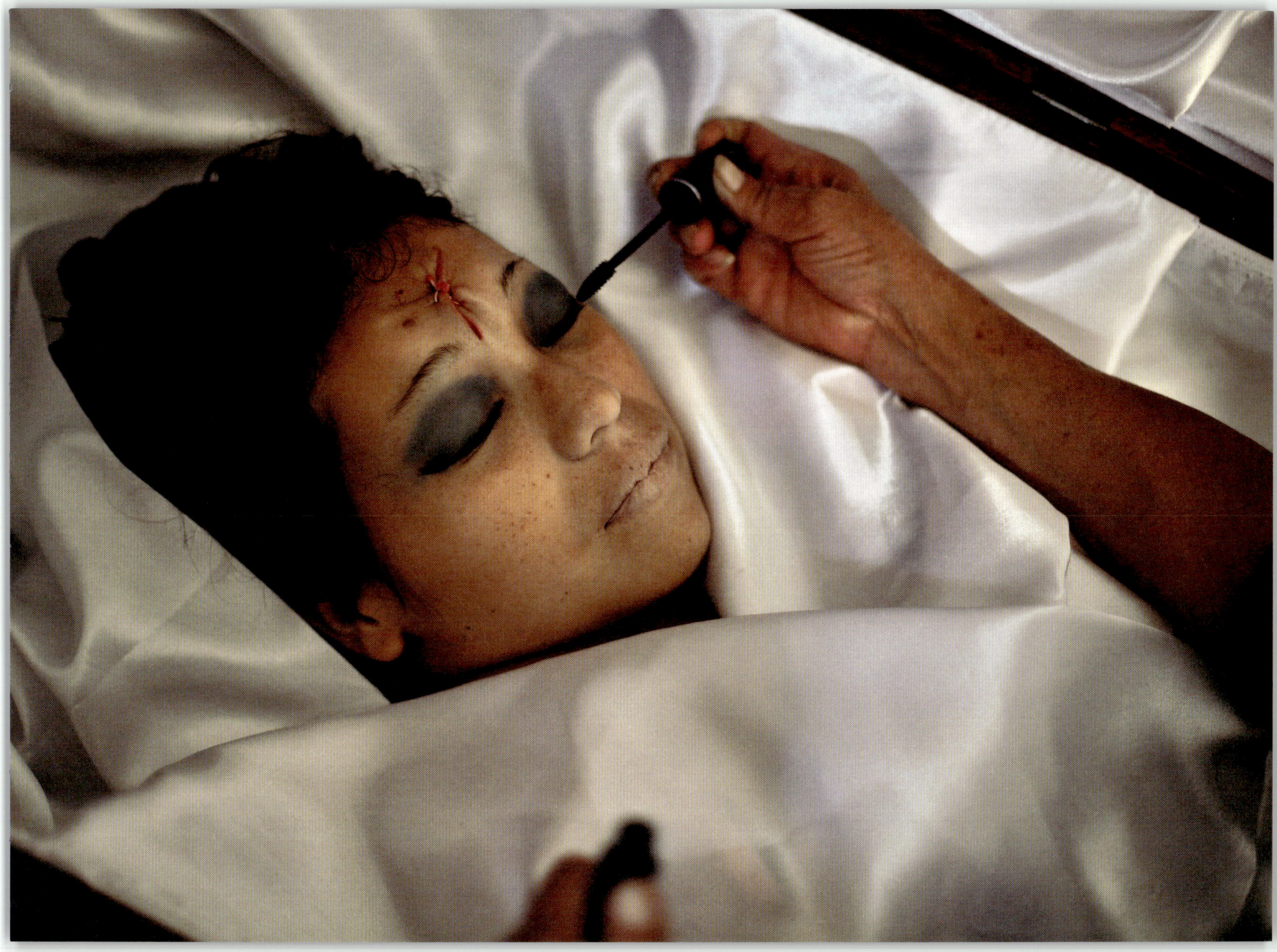

Caballero. Un respeto
Sir. Respect

ALFONSO MORAL

Un hombre pasa absorto junto a un carro de combate de las tropas leales a Gadafi, destruido durante un bombardeo de la OTAN sobre la ciudad de Ajdabia, en el este del país. Parte del trabajo *Libia, Año Cero*.
Libia, 2011.

A man, engrossed, walks past a tank belonging to pro-Gaddafi troops, destroyed during a NATO bombing on the city of Ajdabia, in the East of the country. Part of the work *Libia, Año Cero*.
Libya, 2011.

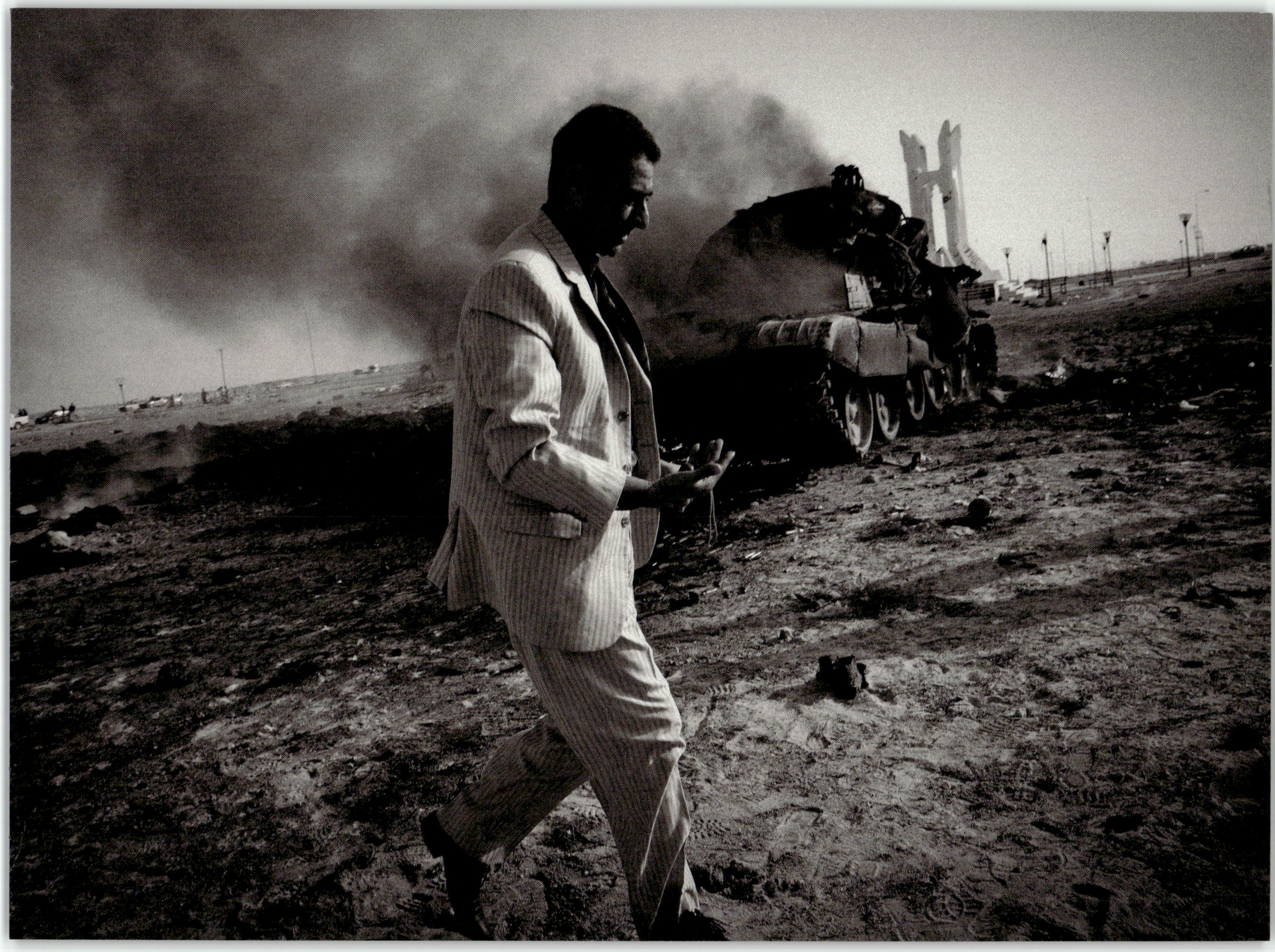

Caballero. Un respeto
Sir. Respect

RODRIGO ABD

Un artificiero del Regimiento de Infantería 502 de la 101 División Aerotransportada del ejército norteamericano examina el cadáver de un presunto talibán muerto tras un ataque con misiles de la coalición internacional en el distrito de Zhari en Kandahar.
Afganistán, 10 de octubre de 2010.

A US Army soldier from Scout Platoon 502 Infantry Regiment, 101st Airborne Division, looks at the body of a suspected Taliban killed in an international coalition missile strike in Zhari district of Kandahar.
Afghanistan, 10 October, 2010.

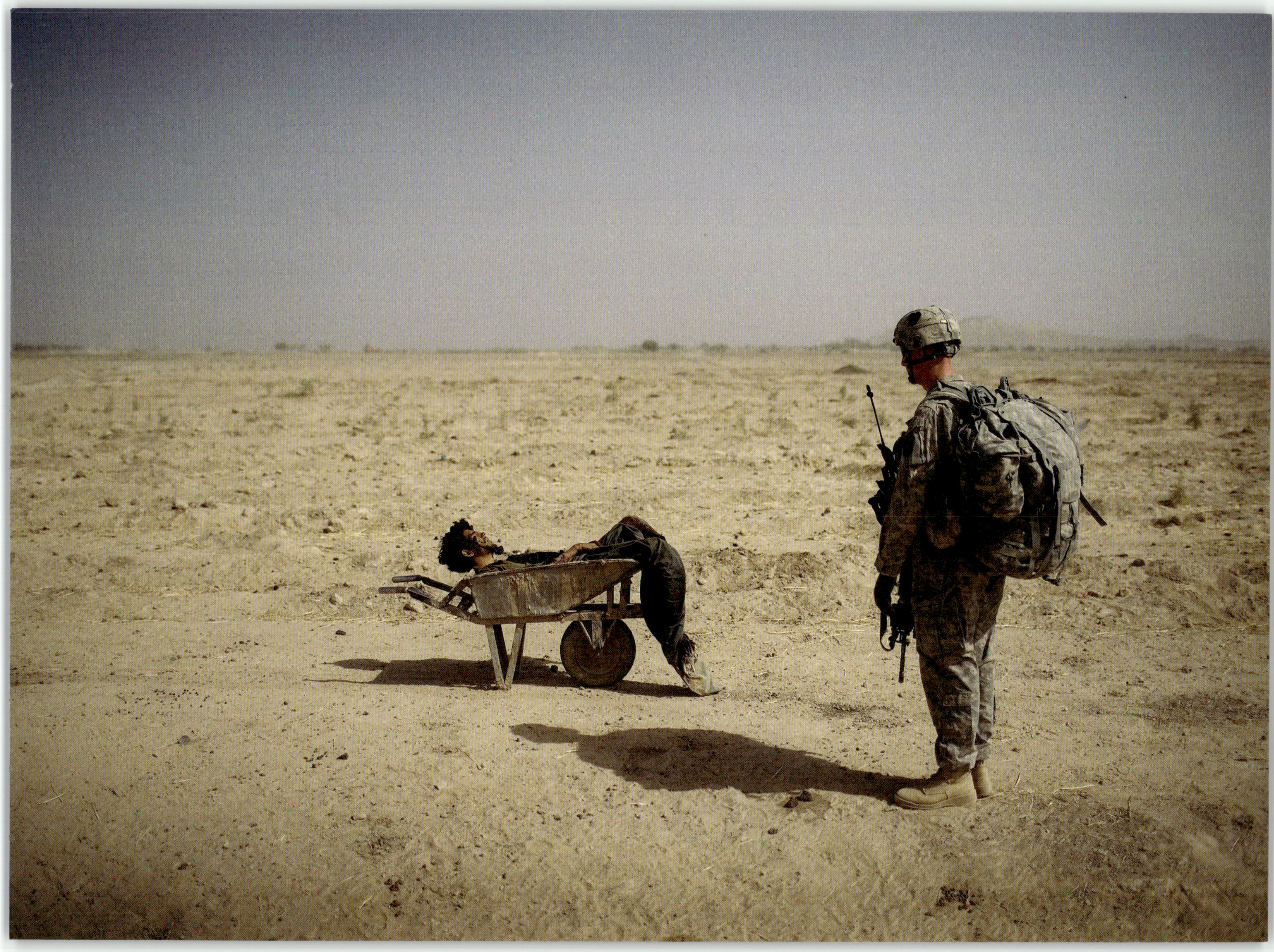

Cómo se pasa la vida
As Time Goes By

RODRIGO ABD

Un hombre transporta los restos de un anciano asesinado en la matanza de Cocop, perpetrada por el ejército guatemalteco el 16 de abril de 1981, tras ser identificados por los forenses en Nebaj. Durante la guerra civil, que duró 36 años, 250.000 indígenas fueron asesinados o desaparecieron.
Guatemala, 10 de junio de 2008.

A man carries a coffin of an old man killed during a massacre by the Guatemalan Army on 16 April, 1981, in Cocop, after being identified by forensics in Nebaj. During the 36 years of civil war, around 250,000 Indians were killed or went missing.
Guatemala, 10 June, 2008.

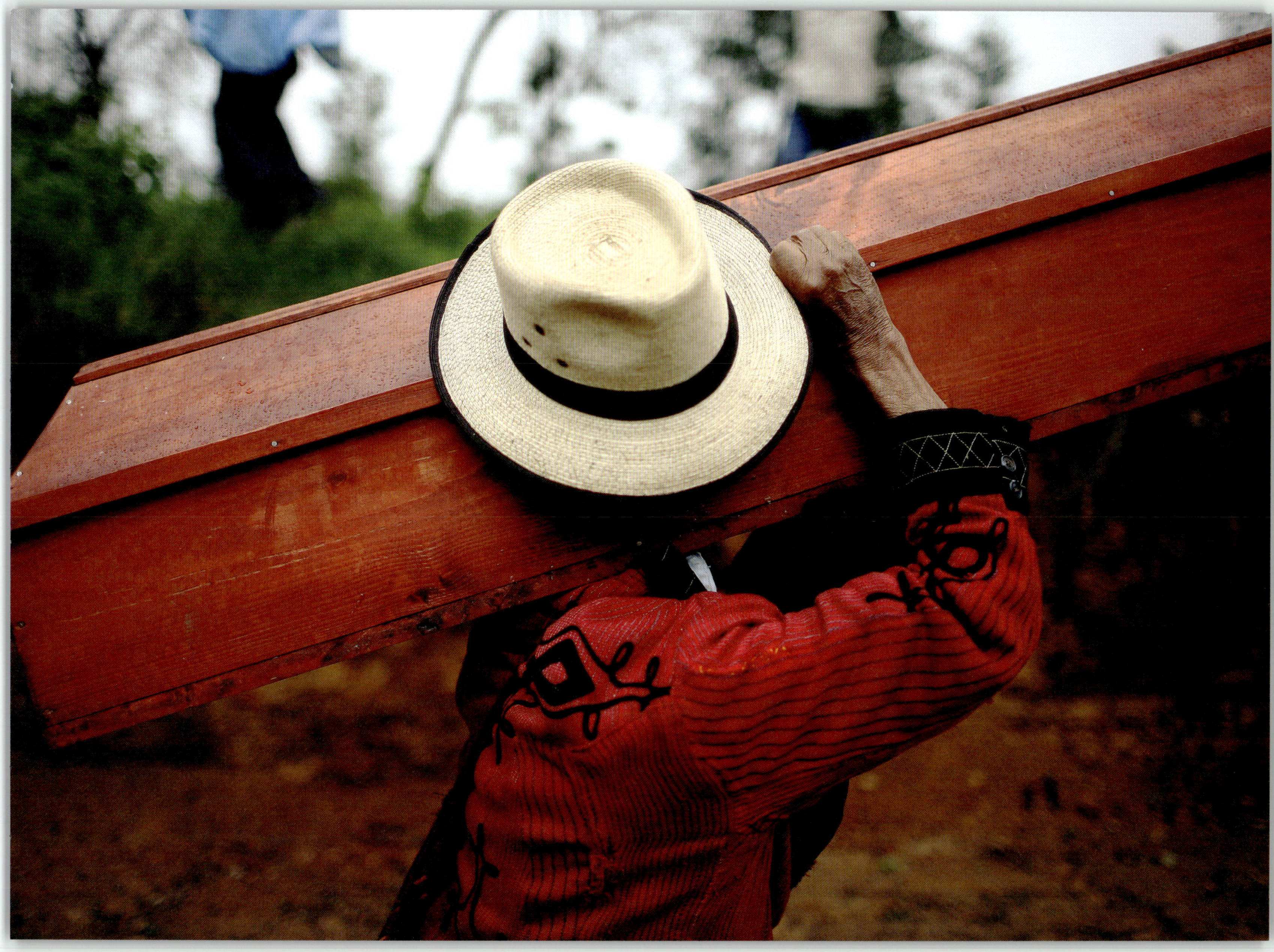

Cómo se pasa la vida
As Time Goes By

ESTEBAN FÉLIX

El fotógrafo nicaragüense Daniel Pavón acarrea su caballo de pega, con el que espera ganarse el jornal retratando a la gente montada en su grupa, en un colorido día de mercado de San Carlos. Nicaragua, 12 de noviembre de 2010.

Nicaraguan photographer Daniel Pavon carrying his dummy horse, hoping to earn a day's pay by taking people's picture riding it.
San Carlos, Nicaragua, 12 November, 2010.

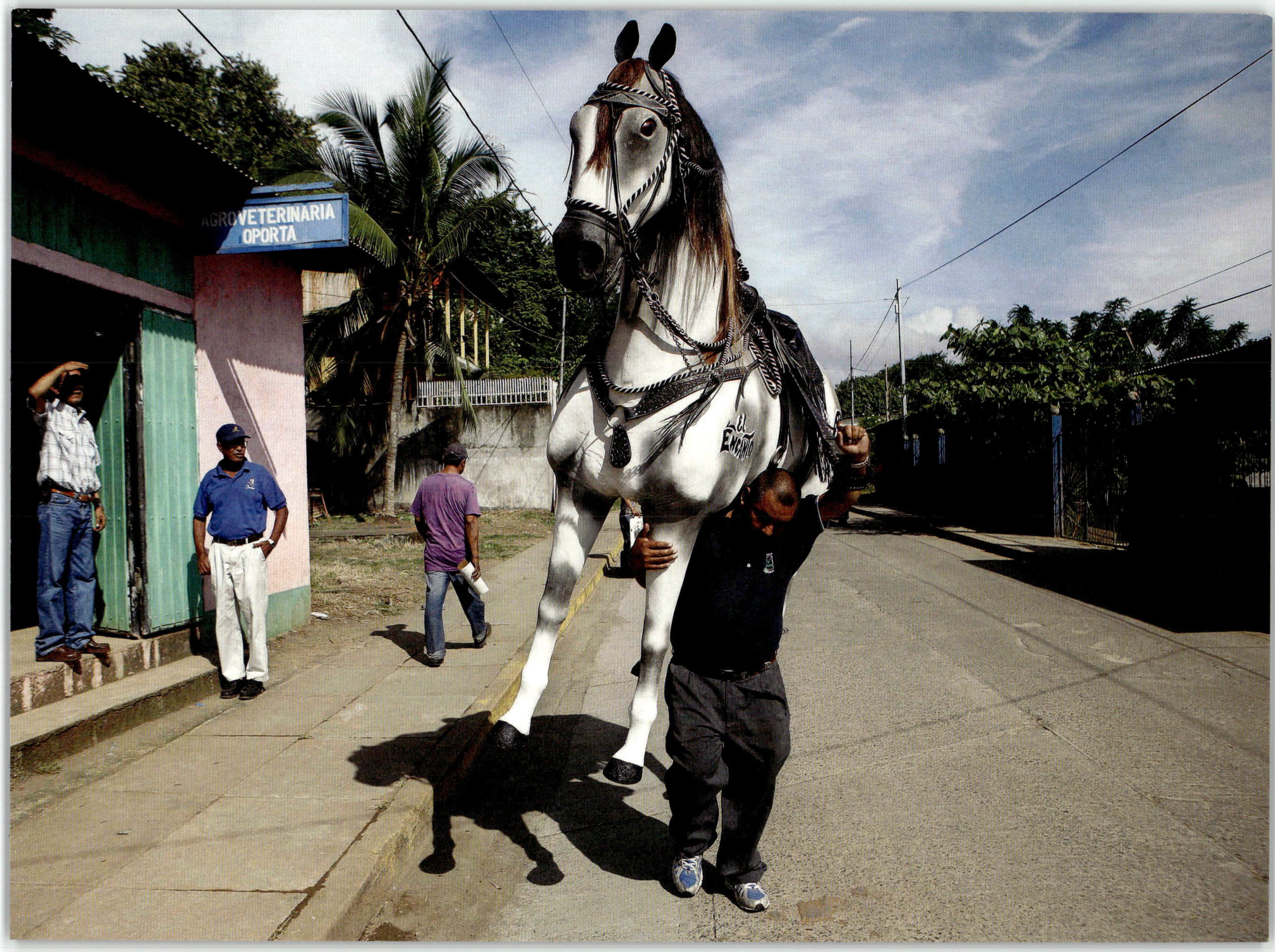
AGROVETERINARIA
OPORTA

En un salto
At a Jump

RAFAEL FABRÉS

Un joven salta por una escalera con el trasfondo de la palabra «Paz» escrita en un muro de la comunidad de Rocinha, la más populosa de las favelas cariocas. Brasil, 22 de febrero de 2012.

A young man jumps down some steps against the background of the word "Peace" written on a wall in the community of Rocinha, the most-highly populated shantytown in Rio de Janeiro. Brazil, 22 February, 2012.

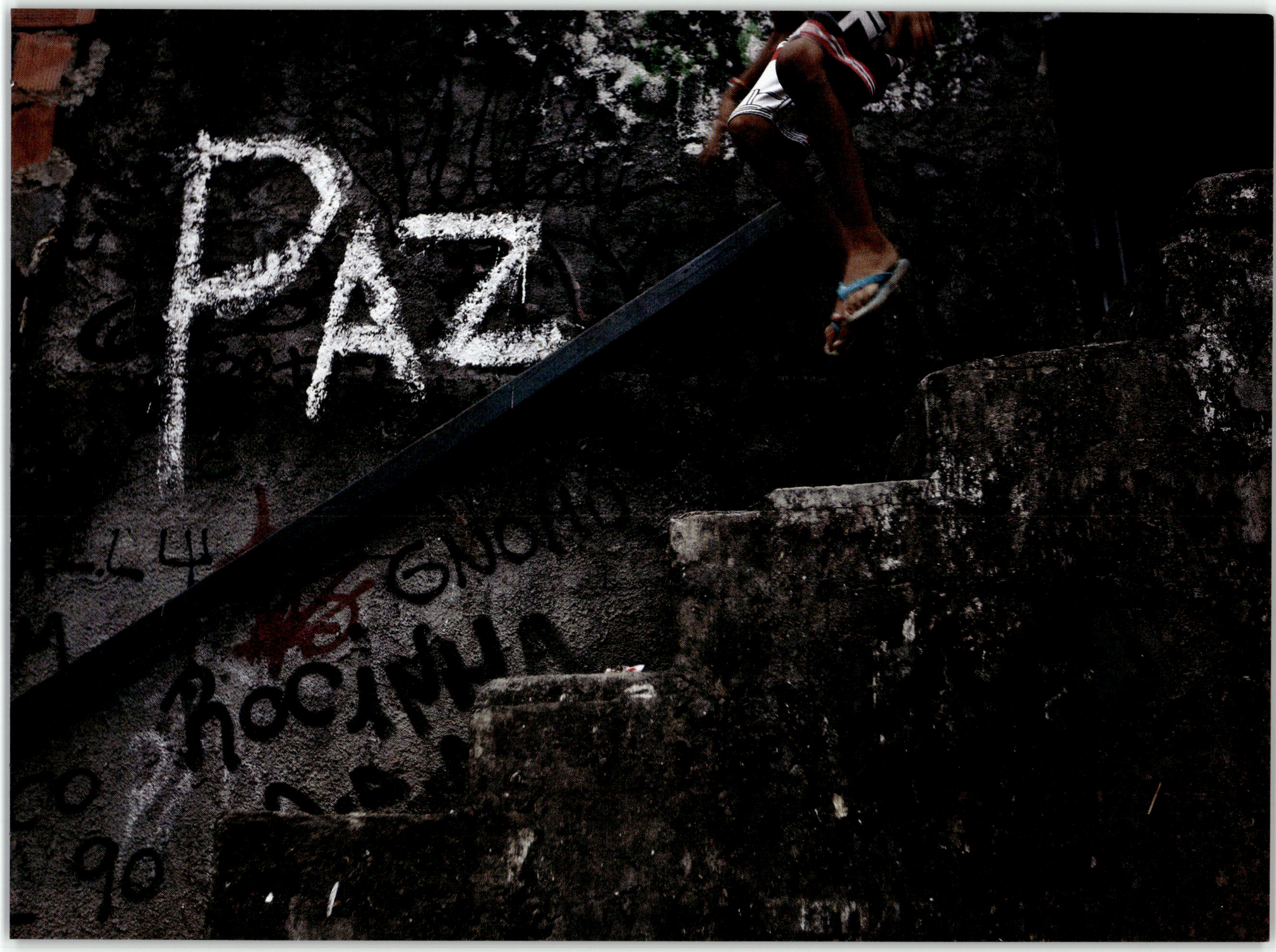
PAZ

En un salto
At a Jump

ÁLVARO YBARRA ZAVALA

La comandante Megan McLung, de cuarenta y tres años, originaria de Coupeville (Washington) toma una fotografía del hijo de uno de los más importantes líderes tribales en Ramadi, un nuevo aliado del ejército estadounidense en la zona. La nueva estrategia de las tropas de los EEUU consiste en crear una alianza con los grupos tribales suníes en la zona para combatir a Al Qaeda. Una hora después de esta foto, la comandante McLung moría en una emboscada, víctima de un explosivo improvisado (IED), en la misma zona gobernada por su nuevo aliado.
Ramadi, Iraq, noviembre de 2007.

Major Megan McLung, 43, from Coupeville, takes a photo of the son of one of the most important tribal families in Ramadi, a new ally of the US army in Ramadi. The new strategy for US troops is to create an alliance with the local Sunni tribal groups for the fight against Al Qaeda. One hour after this picture was taken, Major Megan McLung died in an ambush set up with an IED (Improvised Explosive Device), within this tribal ally's territory in Ramadi.
Ramadi, Iraq. November 2007.

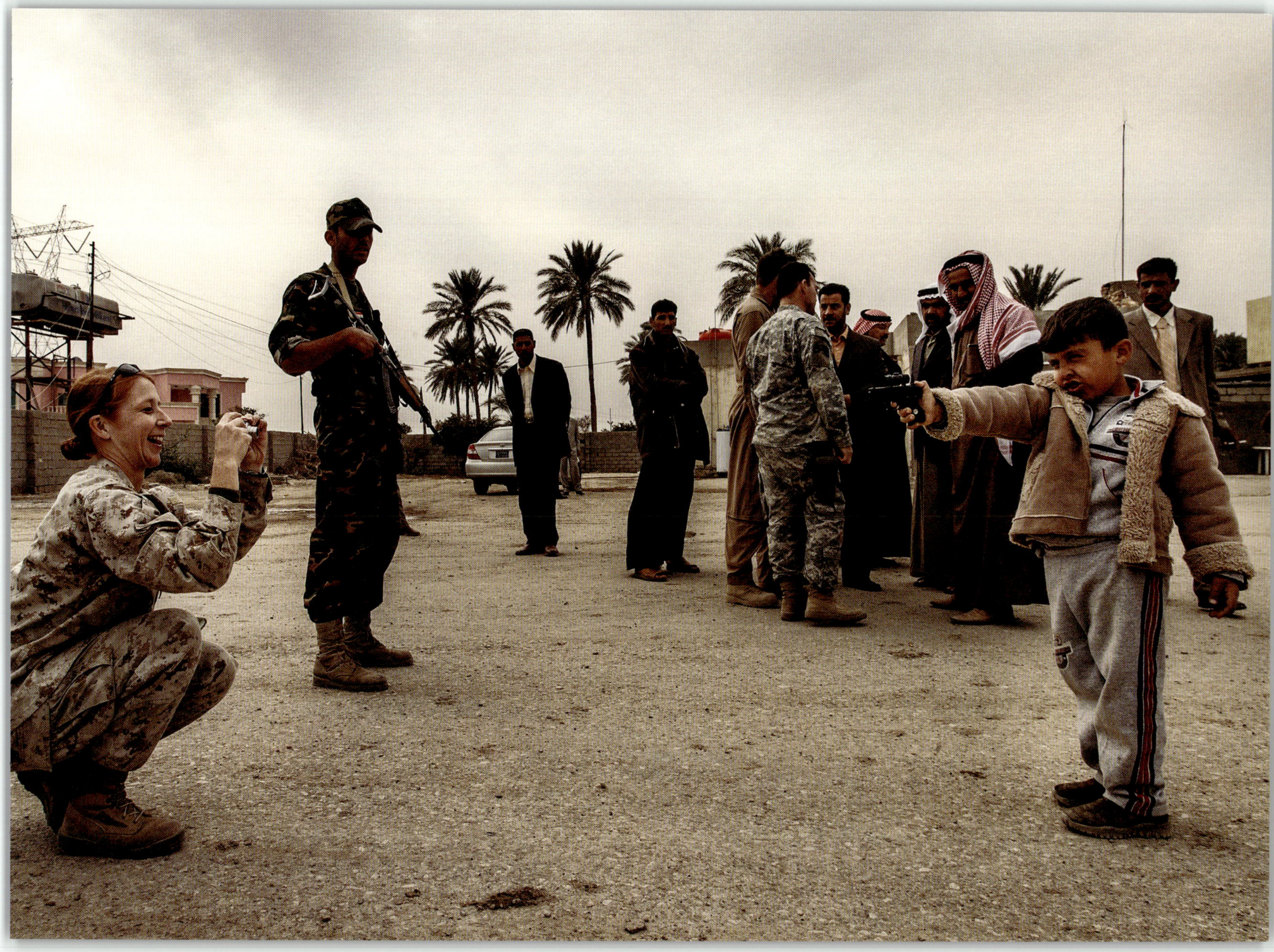

En un salto
At a Jump

JOSÉ COLÓN

El sur europeo. Joaquín Méndez, sesenta y un años. Parado. Conocieron lo peor y lo mejor del siglo pasado. Empezaron a trabajar siendo unos niños, se casaron y tuvieron hijos. Pagaron la casa a base de sacrificios e intereses y vieron cómo sus vástagos podían estudiar y se iban rumbo a un futuro mejor. Ahora ven asustados cómo vuelven sin trabajo y la hipoteca a cuestas. No dudan en volver a arremangarse para ayudarles. Estos jubilados del sur son los héroes invisibles de la crisis.
Olivares, Sevilla, España.

Southern Europe. Joaquín Méndez, 61 years old. Unemployed. They lived through the hardship and the best of the past century. They started to work when they were children, got married and had kids. They bought their home with sacrifice and high-rates, saw their offspring study and leave for a better future. Now they watch them return jobless and with mortgages, but do not hesitate to step in to help again. These pensioners of the South are the invisible heroes of the crisis.
Olivares, Seville, Spain.

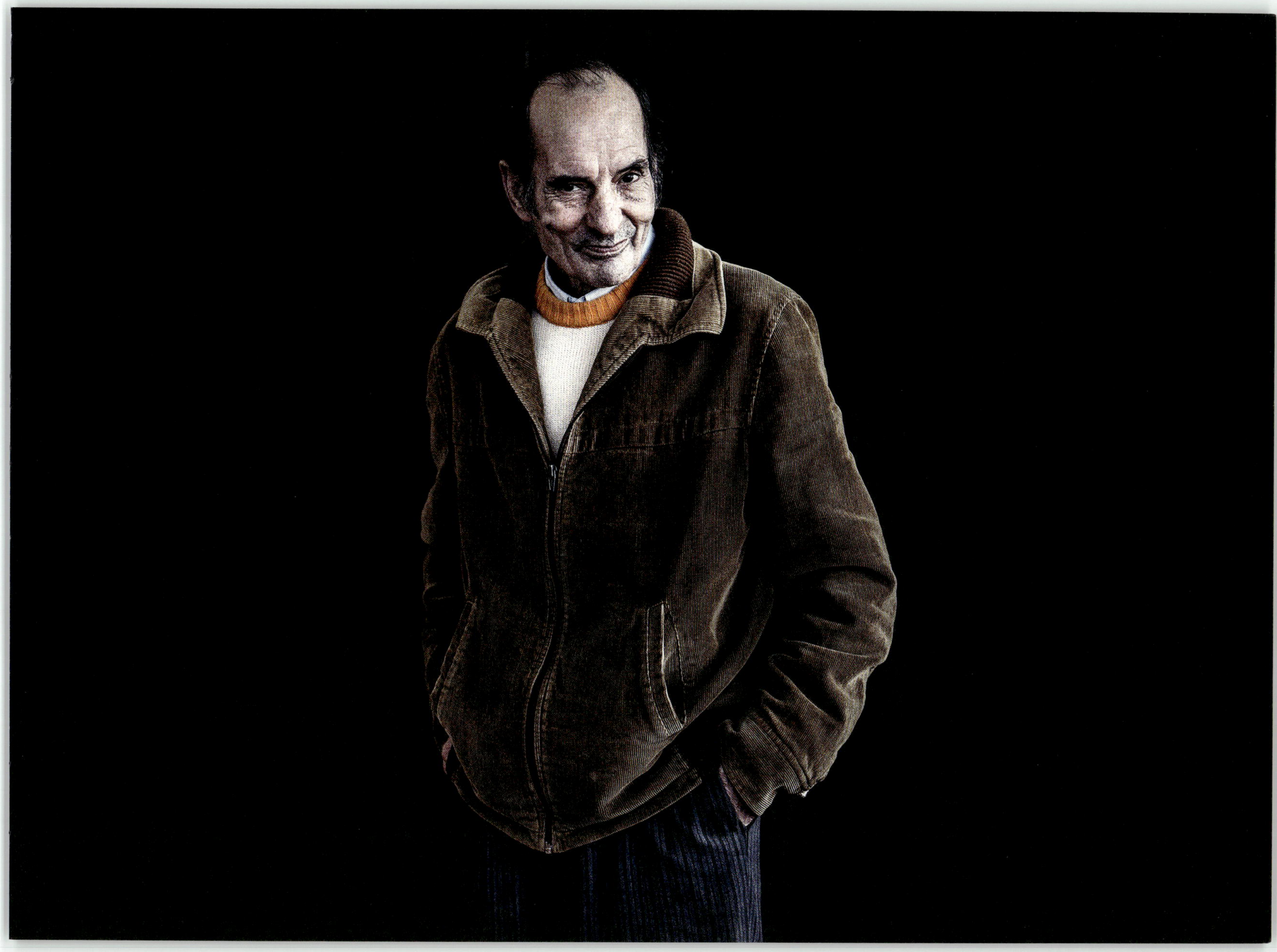

RODRIGO ABD

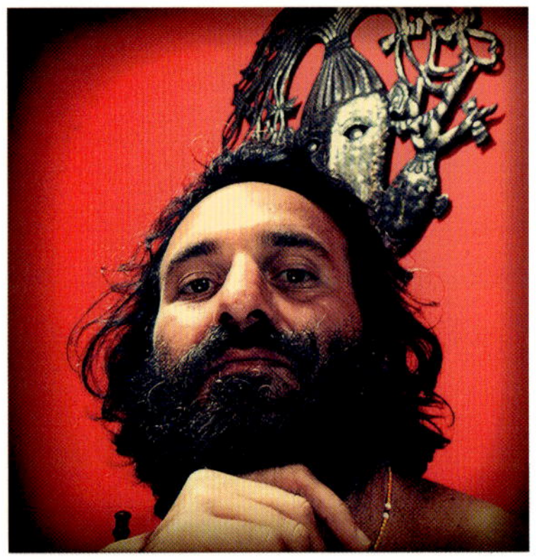

Nació en Buenos Aires en 1976. Comenzó su carrera profesional como fotógrafo de los diarios argentinos *La Razón* y *La Nación*, donde trabajó de 1999 a 2003. Luego lo ha hecho para Associated Press con sede en Guatemala, aunque en 2006, y solo ese año, con base en Kabul, Afganistán. Actualmente continúa sus labores para AP desde Lima.

A lo largo de su ya dilatada trayectoria ha dado cuenta de los más diversos conflictos políticos, sociales y económicos: la caída del presidente boliviano Gonzalo Sánchez de Lozada en 2003; la vida, muerte y milagros de Hugo Chávez en Venezuela; la guerra contra el narcotráfico en México o el terremoto de Haití. En 2010, fue «incrustado» con las tropas estadounidenses en la provincia afgana de Kandahar. En 2011, cubrió el derrocamiento de Gadafi durante la Primavera Árabe en Libia; en 2012 la guerra civil siria y en junio de 2014 fue herido en São Paulo durante las manifestaciones contra el Mundial de fútbol. No hace falta adentrarse en Siria para recordar las declaraciones que hizo cuando le dieron el premio Pulitzer: «Hay momentos caóticos en que las cosas pasan muy rápido y estás viendo cómo salvarte de quedar muy desprotegido y ser herido. Ahí hay balas y bombas bastante cerca».

Entre otros muchos premios, ha obtenido el POYi Latinoamérica; el China International Press Photo Contest; el Atlanta Photojournalism y, como colofón, el World Press Photo y el Pulitzer (junto con Manu Brabo, Narciso Contreras, Khalil Hamra y Muhammed Muheisen) por sus artículos sobre la guerra civil siria.

He was born in Buenos Aires in 1976. He began his career as a photographer for the Argentine daily newspapers La Razón and La Nación, where he worked from 1999-2003. Then he worked for Associated Press based in Guatemala, although in 2006, and only that year, he was based in Kabul, Afghanistan. He continues his work for AP from Lima.

Throughout his long career and he has reported on the most diverse political, social and economic conflicts: the fall of the Bolivian President Gonzalo Sánchez de Lozada in 2003; the life, death and miracles of Hugo Chávez in Venezuela; the drug war in Mexico and the Haiti earthquake. In 2010, he was "embedded" with US troops in the Afghan province of Kandahar. In 2011, he covered the overthrow of Gaddafi during the Arab Spring in Libya; in 2012 the Syrian civil war and in June 2014 he was wounded in Sao Paulo during the demonstrations against the World Cup. There is no need to go into Syria to remember the statements he made when he was given the Pulitzer Prize: "There are chaotic times that things happen very quickly and you're looking at how you can save yourself from being defenceless and getting hurt. There's bullets and bombs quite close".

Among many other awards, he has earned the POYi Latin America; China International Press Photo Contest; The Atlanta Photojournalism and, to crown it all the World Press Photo and the Pulitzer (along with Manu Brabo, Narciso Contreras, Khalil Hamra and Muhammed Muheisen) for articles on the Syrian civil war.

Ver páginas:
See pages:
182-183, 184-185, 188-189, 190-191

PEP BONET

Ver páginas:
See pages:
138-139, 156-157

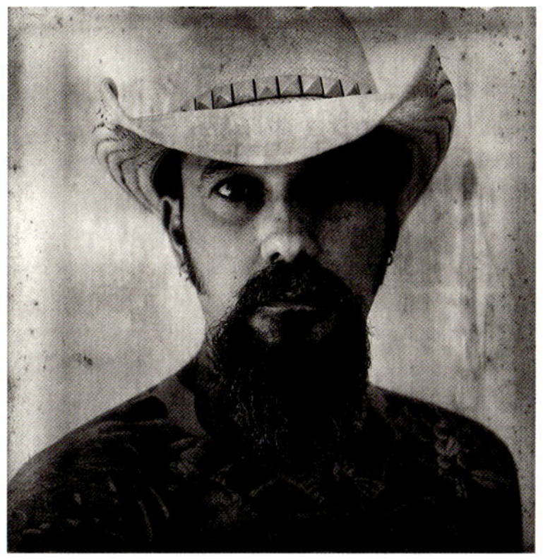

Nació en Colònia de Sant Jordi (Mallorca) en 1974. Tras su llegada a Ámsterdam en 1997 decide dedicarse a la fotografía y allí fundará mucho después la agencia de fotógrafos y fundación NOOR, integrada por diez fotógrafos de siete países. Somalia, Sierra Leona, Darfur, Cuba, Vietnam, Tailandia, Honduras y en especial África, han sido objeto de su cámara desde los inicios de su trayectoria. En 2006 traslada su estudio de Ámsterdam a Mallorca, donde reside desde entonces.

Sus trabajos son proyectos de fotografía, vídeo y multimedia concebidos a largo plazo y se adentran en las dificultades del continente africano: *Into the Shadows* (2012), sobre la vida de emigrantes de Johannesburgo; *Faith in Chaos* (Sierra Leona, 2002-2007), sobre las consecuencias físicas y psíquicas de la guerra civil; enfermedades como el Sida, *POSITHIV+* (2005); la carencia de alimentos, *Justicia alimentaria* (Bolivia y Tanzania, 2011-2012), Fundación La Caixa; el activismo político a favor de los transexuales en Brasil, *All imperfect things*, (2012); o la mujer y los programas de microcréditos en Perú, Guatemala, Marruecos, Burkina Faso y Filipinas (2011 y 2012). Su proyecto más reciente es *Forced* (2014), sobre la esclavitud infantil en Bangladesh. También ha volcado su mirada en otros temas, no de orden social, como la serie dedicada a la banda musical Motörhead, grupo al que acompañó entre 2008 y 2010, tal y como recoge el libro *Röadkill-Motörhead*, (2012).

Su obra ha sido galardonada en numerosos certámenes y exposiciones: Kodak Young Photographer (2003), World Press Photo en la categoría de Deportes por la serie One Goal (2007), World Press Photo (2009) y World Press Photo Online short 2013, entre muchos otros. Su lista de publicaciones además incluye *Generación Perdida* (2010), *Remarkable SouthAfricans* (2009), *Somalia: El rastro invisible* (2007), *Mirando en silencio* (2011), *17 de milagroso* (2009), y *We the republic of wacken* (2014).

He was born Colònia de Sant Jordi (Mallorca) in 1974. After arriving in Amsterdam in 1997 he decided to devote himself to photography and there much later founded the photographers agency and NOOR Foundation, made up of ten photographers from seven countries. Somalia, Sierra Leone, Darfur, Cuba, Vietnam, Thailand, Honduras and especially Africa, have been the focus of his camera from the beginning of his career. In 2006 he moved his studio from Amsterdam to Mallorca, where he has lived ever since.

His works are projects of photography, video and multimedia designed in the long term and go into the problems of the African continent: Into the Shadows (2012), on the life of Johannesburg immigrants; *Faith in Chaos* (Sierra Leone, 2002-2007), on the physical and psychological consequences of the civil war; diseases like AIDS, *POSITHIV+* (2005); food shortages *Justicia alimentaria* (Bolivia and Tanzania, 2011-2012), La Caixa Foundation; political activism on behalf of transsexuals in Brazil, *All imperfect things*, (2012); or women and micro-credit programmes in Peru, Guatemala, Morocco, Burkina Faso and the Philippines (2011 and 2012). His most recent project is *Forced* (2014) on child slavery in Bangladesh. He has also turned his sights on other issues, which are not social, such as the series dedicated to the musical band Motörhead, who he accompanied between 2008 and 2010, as the book *Roadkill-Motörhead* (2012) narrates.

His work has won numerous competitions and exhibitions: Kodak Young Photographer (2003), World Press Photo if the Sports category for the series One Goal (2007), World Press Photo (2009) and World Press Photo Online short 2013, among many others. His list of publications also includes *Generación Perdida* (2010), *Remarkable SouthAfricans* (2009), *Somalia: El rastro invisible* (2007), *Mirando en silencio* (2011), *17 de milagroso* (2009), and *We the republic of wacken* (2014).

MANU BRABO

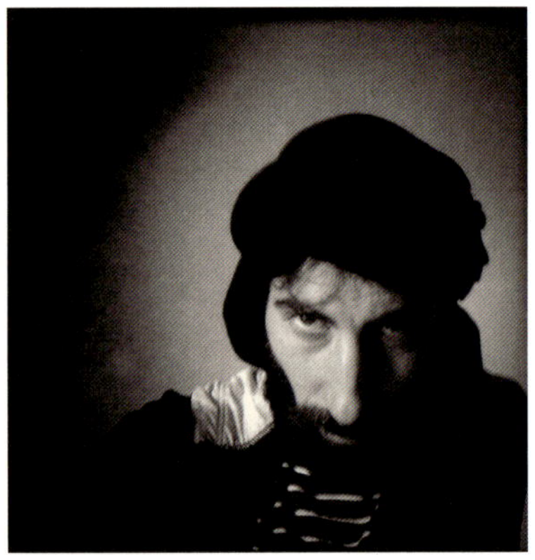

Nació en Zaragoza en 1981. Foto-reportero de raza comenzó su carrera muy joven, a finales de la década de los 90 o principios del siglo XXI, cuando a los veinte años terminó de estudiar fotografía. Enseguida dirigió el objetivo de su cámara allí adonde una imagen podía documentar una injusticia, un desmán, la pobreza y el desamparo, cuando la crueldad de los poderosos de las finanzas y la política junto con la indiferencia de los mansos condenaban a los más desprotegidos a un destino incierto, ya fuera a causa de los desastres naturales o a la desaprensiva actuación de los seres humanos. Ha documentado para agencias como EPA o AP y publicado sus fotos en los más importantes diarios y revistas españolas y extranjeras, terremotos, huracanes, crisis sociales, revoluciones o guerras en países como Argentina, Honduras, Bolivia, Haití, Kosovo, Libia, Egipto o Siria.

Durante la Primavera Árabe cayó en manos de las fuerzas de Gadafi junto con los periodistas norteamericanos Claire Morgane Gillis y James Foley, y el surafricano Anton Harmmel (quien murió durante la detención) y fue liberado casi un mes y medio después. ¿Valen la pena tanto esfuerzo y riesgos cuando se trabaja como *freelance*? Él contesta así a la pregunta: «Dice un amigo mío, si tienes miedo compra un perro. ¿Vas a dejar de hacer cosas? Por lo menos lo intentas. Mi madre siempre me ha dicho que la constancia me llevaría a algún lado. De momento me está sirviendo para hacer el trabajo que me gusta. A los estudiantes les diría que le echen huevos. Todo se consigue con tozudez. Es una carrera de larga distancia, no un *sprint*. Terminé de estudiar fotografía con veinte años y ahora tengo treinta y tres. Llevo solo tres años trabajando a este nivel. Conozco a muchos compañeros con más talento que yo que se han quedado por el camino. Decidieron vivir tranquilos, buscaron un trabajo y ya está». Luego añade: «Yo cogí la cámara más por convicciones que por cualquier otra cosa. Para mí es una manera de conseguir que mi forma de ver las cosas llegue al mundo».

A lo largo de su carrera ha obtenido numerosos premios, entre ellos el que concede The Atlanta Photojournalism Seminar (2011), el Bayeux-Calvados para corresponsales de guerra (2012), el POYi, la Medalla de Oro Robert Capa y el Pulitzer (2013).

He was born in Zaragoza in 1981. A purebred photo-reporter he began his career very young, in the late 90s or early twenty-first century, when at the age of 20 he finished studying photography. Then he quickly aimed his camera lens to where an image could document an injustice, an outrage, poverty and homelessness, when the cruelty of those powerful people in finance and politics together with the indifference of the meek, condemned the most vulnerable to an uncertain fate, whether due to natural disasters or the unscrupulous actions of human beings. He has reported for agencies like EPA or AP and published his photos in major Spanish and foreign newspapers and magazines, earthquakes, hurricanes, social crises, revolutions and wars in countries like Argentina, Honduras, Bolivia, Haiti, Kosovo, Libya, Egypt and Syria.

During the Arab Spring, he fell into the hands of Gaddafi's forces alongside American journalists Claire Morgane Gillis and James Foley, and the South African Anton Harmmel (who died in custody) and was released about a month and a half later. Is so much effort and risk worth it when working as a freelancer? He answers the question like this: "A friend of mine says, if you're afraid, buy a dog. Are you going to stop doing things? At least you try. My mother always told me that perseverance would get me somewhere. Currently it is helping me to do the job I love. And to students I would say you have to have the balls. Everything can be achieved with stubbornness. It is a long distance race, not a sprint. I finished studying photography at 20 and now I am 33. I've been working at this level for only three years. I know many colleagues more talented than I who have fallen by the wayside. They decided to live in quietly, they looked for a job and that's it". Then he adds: "I grabbed the camera more due to convictions than due to anything else. For me it's a way to achieve that my way of seeing things reaches the world".

Throughout his career he has won numerous awards, including those given by The Atlanta Photojournalism Seminar (2011), the Bayeux-Calvados for war correspondents (2012), the POYi, the Robert Capa Gold Medal and the Pulitzer (2013).

Ver páginas:
See pages:
52-53, 118-119, 132-133

OLMO CALVO

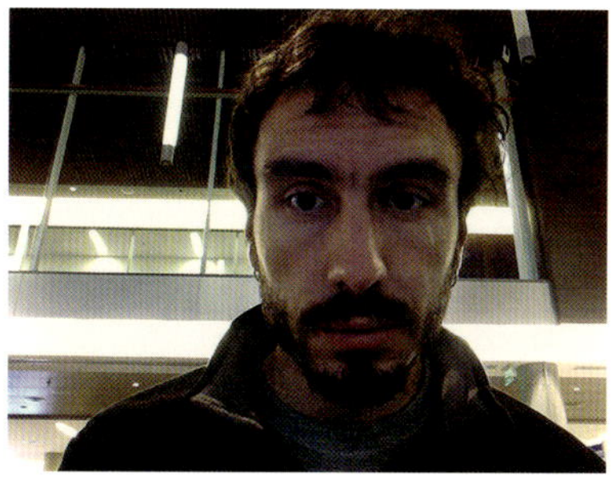

Nació en Santander en 1982. A los diecinueve años comienza a colaborar en el medio alternativo *Molotov* mientras estudia fotografía en Madrid en la PhotoEscuela de la agencia Cover. En 2004 funda con otros periodistas el digital diagonalperiodico.net haciéndose cargo de la coordinación de fotografía y un año después, ya en Buenos Aires (donde prosigue su formación en Motivarte) crea la cooperativa de fotógrafos SUB. A partir de entonces trabaja regularmente en Argentina, donde realiza diversos reportajes fotográficos en Centro y Suramérica (Bolivia, Ecuador y Brasil) así como en el Mediterráneo: Malta y Líbano.

Actualmente trabaja como *freelance* en medios escritos y digitales como *Interviú*, eldiario.es, *Yo Donna*, *Le Monde*, *La Repubblica*, *The Guardian*, *Re_Public* (Suecia), *Le Monde Diplomatique*, *Clarín*, *Página 12*, *La Nación*, *El Telégrafo* (Ecuador), *Vistazo* (Colombia), *The Nation* y «Lens» de *The New York Times*.

Periodista de irrenunciable vocación social, durante los últimos años ha documentado la gravísima crisis económica que está sufriendo España a causa de la recesión realizando reportajes como *Fronteras invisibles* (www.fronterasinvisibles.org), *Víctimas de los desahucios* o *No Job Land* (www.nojobland.com).

Ha obtenido el primer premio del XVI Premio Internacional de Fotografía Luis Valtueña 2012. Logra con la Cooperativa SUB diferentes galardones nacionales e internacionales en la Bienal de Arte de Cuenca (2009) y en los Pictures of the Year de América Latina (2010 y 2012). A lo largo de 2013 participa en el Festival Internacional de Fotoperiodismo PhotON de Valencia e imparte en el Circuito de Fotografía Documental de Barcelona un taller sobre Fotoperiodismo en Tiempos de Crisis. También ha exhibido su trabajo y participado como conferenciante en el Festival Internacional de Fotoperiodismo de Gijón y realizado exposiciones de sus fotografías y reportajes en Madrid, Valencia, Cádiz, Perpiñán y São Paulo en el marco de encuentros internacionales de fotoperiodismo y reportaje.

He was born in Santander in 1982. When he was 19 he started working in the alternative medium Molotov while studying photography in Madrid in the PhotoSchool of the Cover agency. In 2004 he founded diagonalperiodico.net with other digital reporters, taking charge of the coordination of photography and a year later, in Buenos Aires (where he continued his training in Motivarte) he created the cooperative of photographers SUB. Thereafter he has regularly worked in Argentina, where he has carried out several photographic coverages in Central and South America (Bolivia, Ecuador and Brazil) as well as in the Mediterranean: Malta and Lebanon.

Currently he is working freelance in written and digital media such as *Interviú*, eldiario.es, *Yo Donna*, *Le Monde*, *La Repubblica*, *The Guardian*, *Re_Public* (Sweden), *Le Monde Diplomatique*, *Clarín*, *Página 12*, *La Nación*, *El Telégrafo* (Ecuador), *Vistazo* (Colombia), *The Nation* and "Lens" of the *The New York Times*.

A journalist with an absolute social vocation, in recent years he has documented the serious economic crisis that Spain is suffering because of the recession doing reports such as *Fronteras invisibles* (www.fronterasinvisibles.org), *Víctimas de los desahucios* o *No Job Land* (www.nojobland.com).

He has won first prize in the 16th International Photography Luis Valtueña 2012 Award. He has achieved various national and international awards in the Cuenca Art Biennial (2009) and the Pictures of the Year in Latin America (2010 and 2012) with the SUB Cooperative. During 2013 he took part in the International Festival of Photojournalism PhotON of Valencia and he teaches in the Circuit of Documentary Photography in Barcelona with a workshop on Photojournalism in Times of Crisis. He has also exhibited his work and participated as a speaker at the International Photojournalism Festival of Gijon and held exhibitions of his photographs and reports in Madrid, Valencia, Cádiz, Perpignan and São Paulo as part of international meetings of photojournalism and reports.

Ver páginas:
See pages:
108-109, 130-131, 134-135

SERGIO CARO

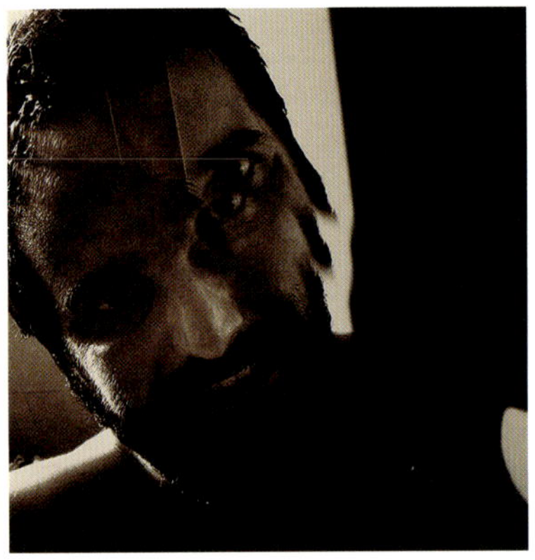

Nació en Madrid en 1977. A los veinte años de edad comienza su carrera periodística en la agencia EFE. A partir de ahí, colabora en revistas musicales como *40 Magazine* y *Rolling Stone*, así como en numerosos medios en todo el mundo. Actualmente sigue ejerciendo como *freelance*, aunque publica la mayor parte de sus trabajos en *El Periódico de Catalunya* y los diarios y revistas del Grupo Zeta. Junto al periodista David Beriain ha cubierto conflictos como los de Irak, Afganistán, República Democrática del Congo, Venezuela, Colombia, Perú y Bolivia para programas de televisión de Cuatro TV, CNN en español o Antena 3. También practica el *storytelling*, una variante de la fotografía consistente en contar historias mezclando fotos, música y sonidos, lo que da una mayor intensidad y fuerza a las imágenes. Con este método trata de hacer florecer en el público unos sentimientos que puedan asemejarse a los que el propio fotógrafo siente durante la captación de sus instantáneas. Por eso destacan sus aportaciones a Discovery Channel.

En el 2003 recibe el European Newspaper Award por un reportaje sobre la plaza de toros de Sevilla y el Premio Andalucía de Periodismo por su trabajo acerca de la inmigración en Andalucía. En este mismo año y en 2006 participa con sendas exposiciones en representación de *El Periódico de Catalunya* en las Jornadas de Fotoperiodismo Visa Pour L'Image, celebradas en Perpiñán, donde obtiene el premio Visa d'Or de la Prensa internacional en 2005. Ya en el 2006 es galardonado con el Premio Ortega y Gasset de Periodismo. En 2011 el corto documental Percebeiros, un trabajo realizado para el laboratorio de I+D del grupo News Corporation, resultó nominado a los premios Goya.

Sergio Caro was born in Madrid in 1977. At 20 years of age he began his journalistic career in EFE. From there, working in music magazines such as *40 Magazine* and *Rolling Stone*, as well as numerous media worldwide. Currently he continues working freelance, although he publishes most of its work in *El Periódico de Catalunya* and the newspapers and magazines of the Grupo Zeta. Together with journalist David Beriain he has covered conflicts such as Iraq, Afghanistan, Democratic Republic of Congo, Venezuela, Colombia, Peru and Bolivia for television programmes of Cuatro TV, or CNN in Spanish or Antena 3. He also practises storytelling, a variant of photography consisting of mixing storytelling with, photos, music and sounds, which gives greater intensity and strength to pictures. This method tries to bring out in the public sentiments that may resemble those that the photographer himself felt when he took the snapshots. This is why his contributions to Discovery Channel stand out.

In 2003 he received the European Newspaper Award for a report on the bullring in Seville and Andalusia Prize for Journalism for his work on immigration in Andalusia. In this same year and in 2006 he participated in two exhibitions on behalf of *El Periódico de Catalunya* at the Photojournalism conferences of Visa Pour l'Image held in Perpignan, where he won the Visa d'Or award from the international press in 2005. Then in 2006 he was awarded the Ortega y Gasset Journalism Award. In 2011 the short film Percebeiros, a study conducted for the R & D lab group News Corporation, was nominated for the Goya Awards.

Ver páginas:
See pages:
90-91, 114-115, 128-129, 178-179

JOSÉ COLÓN

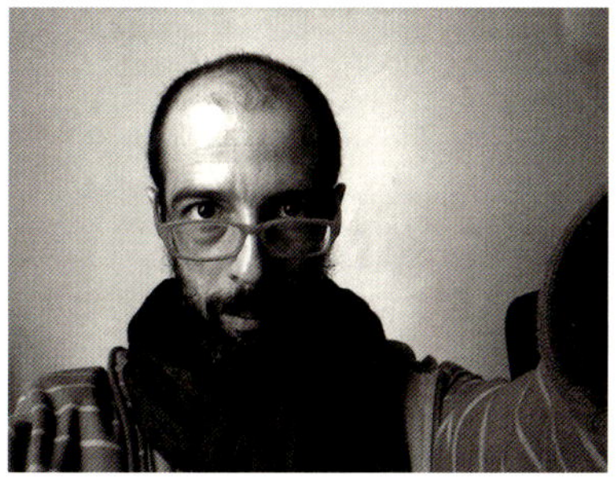

Nació en Albaida del Aljarafe (Sevilla) en 1975 y se convirtió en fotógrafo por la vía autodidacta, actividad a la que se dedica desde 1997 en Sevilla y Barcelona, ciudad esta última en la que se especializó como foto-reportero y documentalista. Colabora habitualmente con el diario madrileño *Público* (hoy solo digital) cubriendo en numerosas ocasiones graves acontecimientos donde se ha manifestado el enorme descontento social que agita a la sociedad española, pero también lo hace como *freelance* en diversos periódicos y agencias. Al realizar su trabajo, no siempre bien visto por las autoridades, ha llegado a ser herido (Barcelona, 2008) o incluso multado (Melilla, 2014) mientras fotografiaba los asaltos de inmigrantes a las vallas fronterizas.

Aunque su obra se ha visto en Italia, Estados Unidos y Brasil, entre otros países, ha tenido en Barcelona su presencia más habitual, destacando las muestras realizadas en el Museo de Historia de la Ciudad de Barcelona, en el Centro de Cultura Contemporánea de Barcelona o en La Sala Oberta de La Nau, el edificio histórico de la Universitat. En esta última expuso su gran reportaje *The Fence: Go no Go* (La valla: ir no Ir) el pasado mes de junio, en el que documenta la desesperación de los inmigrantes que arriesgan su vida por conseguir una futuro mejor.

El fotógrafo describe así la naturaleza de su vocación: «Intento ver mi trabajo a través de la observación. Es una cosa muy sencilla pero que requiere de cierta complejidad, digamos que la cámara es la reproductora de las cosas pero el espacio me pertenece. Uno de los aspectos más importantes a valorar son las personas que aparecen, porque ahí entran en juego mis principios, valores y la concepción que tengo de la vida. Mi intención es que el espectador sienta las mismas o parecidas emociones y sensaciones a las que viví yo cuando hice mis fotografías, porque pienso que si vives intensamente lo que estás viendo, estás vivo».

Born in Albaida del Aljarafe (Seville) in 1975, he became a photographer using the autodidact route; an activity that since 1997 he has carried out both in Seville and Barcelona, the latter a city in which he specialised as a photo-journalist and documentary film-maker. He contributes regularly to the Madrid daily newspaper *Público* (only digital now) covering on numerous occasions serious events where the enormous social discontent that incites Spanish society have been shown, but he also does so as a freelancer for various newspapers and agencies. In conducting his work, he has not always been welcomed by the authorities, he was injured (Barcelona, 2008) or even fined (Melilla, 2014) while photographing the assaults of immigrants to the border fences.

Although his work has been seen in Italy, US and Brazil, among other countries, his presence has been most regular in Barcelona, with the exhibitions held at the Museum of History of the City of Barcelona, at the Centre of Contemporary Culture of Barcelona or The Open Room of La Nau, the historical building of the University being highlighted. In the latter he exhibited his great report *The Fence: Go no Go* (La valla: ir no Ir) last June, which documents the desperation of immigrants who risk their lives to obtain a better future.

The photographer describes the nature of his vocation like this: "I try to see my work through observation. It's a simple thing but it requires some complexity, let's say that the camera is the reproducer of things but the space belongs to me. One of the most important aspects to be valued is the people that appear, because that is where my values of principles and understanding that I have of life come into play. My intention is that the viewer feels the same or similar emotions and sensations to those I experienced when I took my pictures, because I think that if you experience intensely what you're seeing, you're alive".

Ver páginas:
See pages:
78-79, 106-107, 112-113, 146-147, 198-199

ARIANA CUBILLOS

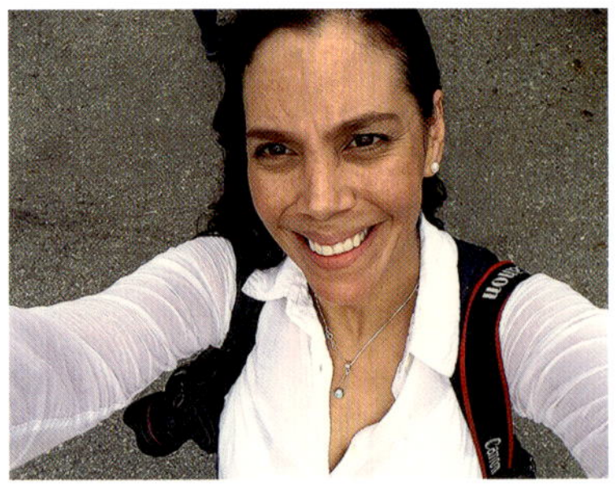

Nació en Bogotá y estudió cine y fotografía en la Corporación Universitaria Unitec de la capital colombiana donde obtuvo la licenciatura en 1996. Al año siguiente empezó a trabajar en el diario *El Tiempo* y luego en la agencia Associated Press, primero en Bogotá y después en Puerto Príncipe (Haití) entre 2003 y 2008. Ahí cubrió las más diversas noticias, como levantamientos y disturbios, eventos culturales y religiosos, huracanes como el de 2008 o el demoledor terremoto de 2010. Actualmente prosigue su carrera en la corresponsalía de AP en Caracas, la capital venezolana. Ha obtenido, entre otros galardones, el News Woman of New York y el Great British Care Award (Nottingham) por su reportaje fotográfico *Galletas de lodo*, un impactante alegato para combatir el hambre en la desdichadísima isla caribeña, reportaje que también mereció una exposición en Perpiñán (Francia). Asimismo recibió una Mención de Honor en el POYi Latinoamérica por un trabajo sobre las carreras de caballos en Caracas.

She was born in Bogotá and studied film and photography at the Corporación Universitaria Unitec in the Colombian capital where she obtained a degree in 1996. The following year she began working at the newspaper *El Tiempo* and then at the Associated Press agency, first in Bogotá and then in Port au Prince (Haiti) between 2003 and 2008. There she covered very diverse news, like uprisings and riots, cultural and religious events, hurricanes like that of 2008 or the devastating 2010 earthquake. Currently she is pursuing her career as the AP correspondent in Caracas, the Venezuelan capital. She has received, among other awards, the News Woman of New York and the Great British Care Award (Nottingham) for her photographic report *Galletas de lodo*, a shocking statement to combat hunger in the very wretched Caribbean island, a report that also was worthy of an exhibition in Perpignan (France). She also received an Honourable Mention in the POYi Latin America for work on horse racing in Caracas.

Ver páginas:
See pages:
54-55, 74-75, 96-97

LUIS DE VEGA

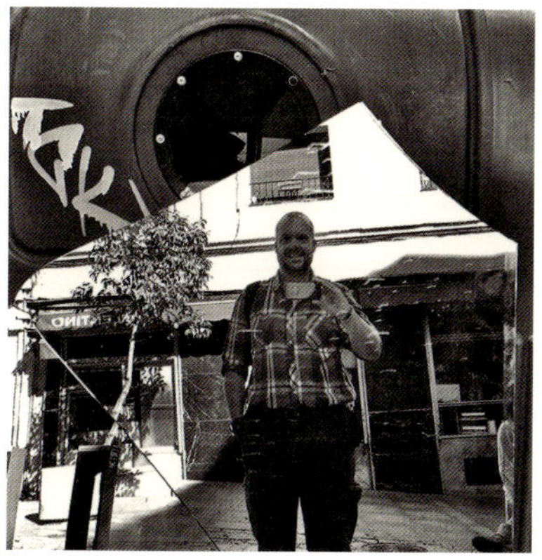

Nació en Huelva en 1971. Mientras estudiaba Periodismo en la Universidad Pontificia de Salamanca comenzó a interesarse por el reporterismo gráfico. Ya en Madrid, siendo alumno del máster en Periodismo de la Universidad Complutense y ABC, empieza a publicar sus primeras fotos en este diario, donde trabaja desde hace dos décadas. Ha cubierto informaciones en una treintena de países y entre 2002 y 2010 ocupó la corresponsalía en el Magreb con base en Rabat.

Allí tomó contacto con la emigración clandestina y en concreto, con las rutas norteafricanas que llevan a ciudadanos de ese continente hacia territorio europeo. Aunque esos flujos de población producen choques entre los países, Luis de Vega no aborda la cuestión tanto como un conflicto, sino como una realidad a la que no pondrán freno ni las vallas más altas. La emigración va unida a la condición humana, a la necesidad innata de buscar sitios en los que vivir mejor. O, al menos, intentarlo.

La suya no es una trayectoria que se dé con frecuencia: periodista tras la cámara y con la pluma. Y por eso, cuando aterrizó en ABC llegó a sufrir la incomprensión y los prejuicios de alguno de los responsables de la redacción, que aseguraba que alguien con una licenciatura y un máster no podía dedicarse a hacer fotos porque «los fotógrafos no saben ni escribir». Aunque finalmente ese estúpido escollo se fue superando con los años.

Ha sido galardonado con el premio al fotógrafo joven del Ayuntamiento de Madrid por su trabajo sobre el exilio de los albaneses de Kosovo (2000); premio de los Derechos Humanos en los Encuentros Internacionales de Fotoperiodismo de la Semana Negra de Gijón por el trabajo *TIERRA no tan SANTA* sobre el conflicto palestino-israelí (2002); premio de Periodismo y Derechos Humanos del Consejo General de la Abogacía Española (2006); y ha sido finalista en 2007 y 2011 del premio Cirilo Rodríguez para corresponsales y enviados especiales al extranjero.

He was born in Huelva in 1971. While studying journalism at the Pontifical University of Salamanca he began to get interested in photojournalism. Back in Madrid, as a student of a masters' in Journalism from the Complutense University and ABC, he began publishing his first photos in this newspaper, where he has worked for two decades. He has covered news in thirty countries and between 2002 and 2010 served as the North Africa correspondent based in Rabat.

There he came into contact with illegal immigration and specifically with the North African routes that take people of that continent to Europe. Although these population flows produce clashes between countries, Luis de Vega does not address the issue as a conflict, but as a reality that will not be stopped even by the highest fences. Emigration is linked to the human condition, to the innate need to find places where to live better. Or at least try.

His does not have a career path that occurs often: a journalist behind the camera and with a pen. And because of this, when he arrived at ABC he suffered the misunderstanding and prejudice of some of the senior editorial staff, who claimed that someone with a degree and a master could not devote himself to taking pictures because "photographers do not even know how to write". Although finally that stupid stumbling block has been overcome with the years.

He has been awarded the Prize for young photographer of the Town Council of Madrid for his work on the exile of the Albanians of Kosovo (2000); Award for Human Rights in the Photojournalism International Meetings of the Black Week of Gijón for the work *TIERRA no tan SANTA* on the Israeli-Palestinian conflict (2002); Prize for Journalism and Human Rights of the General Council of Spanish Lawyers (2006); and was a finalist in 2007 and 2011 for Cirilo Rodríguez award for reporters and special correspondents sent abroad.

Ver páginas:
See pages:
76-77, 104-105, 122-123, 142-143

ESTEBAN FÉLIX

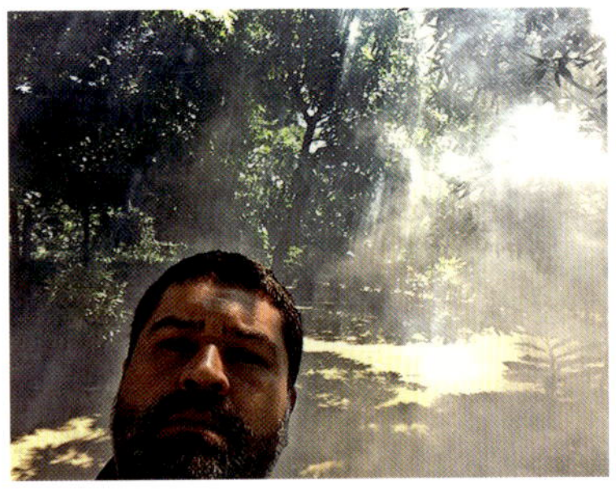

Nació en Callao, Perú, en 1972. Estudió diseño gráfico publicitario en el Instituto Montmartre de Lima entre 1989 y 1992 y fotografía en el Instituto de Arte y Comunicación de Santiago de Chile hasta 1994. Inicia su colaboración como fotoperiodista en la revista política *Oiga* (1994-95), el diario *El Sol* (1994-1999) y *El Comercio en Lima*, para luego pasar a la agencia de noticias Associated Press (2000), donde trabaja en la actualidad. También ha participado en el seminario organizado por World Press Photo y Centro de la Fotografía en Lima con las tutorías de Vincet Alabiso, Cristina García Rodero, John White y Diego Goldberg (1997-99). Su labor periodística se ha desarrollado dando cobertura a los golpes de Estado de Venezuela y Honduras; a desastres naturales como los terremotos y huracanes de El Salvador, Haití, Nicaragua, Honduras o Belice y también, documentando la violencia social y política en toda Centroamérica.

Hombre de gran preocupación humanista y social, ha hecho importantes reportajes sobre los problemas de salud que sufren los trabajadores de una plantación de caña de azúcar en un pueblo de Nicaragua y desde hace ocho años colabora con una asociación de lucha contra el cáncer.

A lo largo de su trayectoria ha expuesto su obra en Yayapanaq (Perú) en la muestra de la Comisión de la Verdad y Reconciliación (2002); en los encuentros de Esfotoperiodismo de El Salvador (2009 y 2013); de Fotoperiodismo de Nicaragua (2003 y 2004); en el China Internacional Press Photo Contest de Hangzhou (2012), donde de alzó con la Medalla de Oro al mejor reportaje de actualidad y en la exposición de World Press Photo celebrada en Holanda (2013), donde consiguió el segundo premio de Temas de actualidad. Asimismo ha sido galardonado por la National Press Photographer Association (2003), The Atlanta Photojournalism Seminar (2009 y 2011), National Press Photographer Association (2012 y 2013), POYi Latino América (2012) y por la Fundación Gabriel García Márquez (2013).

He was born in Callao, Peru, in 1972. He studied advertising graphic design at the Montmartre Institute in Lima between 1989 and 1992 and photography at the Art and Communication Institute of Santiago de Chile until 1994. He began working as a photojournalist in the political magazine *Oiga* (1994-95), the newspaper *El Sol* (1994-1999) and *El Comercio in Lima*, then he moved on to the news agency Associated Press (2000), where he works today. He has also participated in the seminar organised by World Press Photo and Photography Centre in Lima with tutorials of Vincet Alabiso, Cristina García Rodero, John White and Diego Goldberg (1997-1999). His journalism has been undertaken providing coverage to the coups of Venezuela and Honduras; natural disasters such as earthquakes and hurricanes in El Salvador, Haiti, Nicaragua, Honduras and Belize and also documenting the social and political violence in Central America.

A man of great humanist and social concern, he has done major reports on the health problems faced by workers at a sugar cane plantation in a village in Nicaragua and for eight years has been working with an association to fight cancer.

Throughout his career he has exhibited his work in Yayapanaq (Peru) in the exhibition of the Truth and Reconciliation Committee (2002); in Photojournalism meetings of El Salvador (2009 and 2013); Photojournalism of Nicaragua (2003 and 2004); in the China International Press Photo Contest in Hangzhou (2012), where he won the Gold Medal for best news reporting and in the World Press Photo exhibition held in the Netherlands (2013), where he won second prize for current topics. He has also been awarded a prize by the National Press Photographer Association (2003), The Atlanta Photojournalism Seminar (2009 and 2011), National Press Photographer Association (2012 and 2013), POYi Latin America (2012) and by the Gabriel García Márquez Foundation (2013).

Ver páginas:
See pages:
98-99, 100-101, 102-103, 192-193

RAÚL GALLEGO ABELLÁN

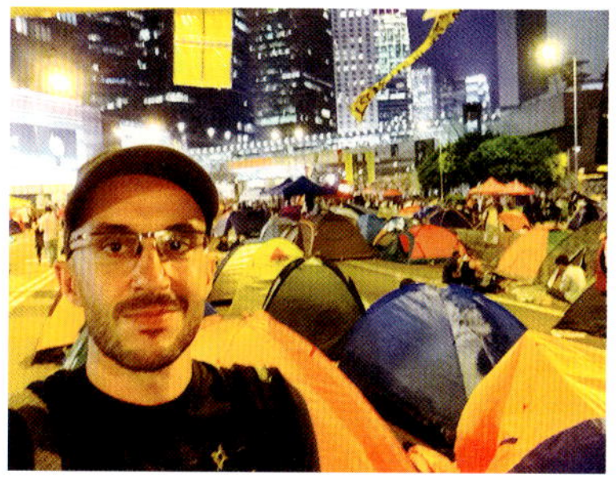

Nació en Sabadell (Barcelona) en 1976. Estudió Periodismo en la Universidad Blanquerna de Barcelona. Comenzó su andadura en el programa Gran Angular de TVE 2 entre 1999 y 2000 y luego como reportero para TV3 (Cataluña). En 2003 se traslada a Jerusalén, donde cubre la Segunda Guerra del Golfo y la Segunda Intifada para ese canal autonómico. En 2005 le ficha la agencia Associated Press en su sección de televisión como vídeo-periodista y productor con base en Bangkok. En 2014 fichó por Channel 4 News UK.

Durante la última década ha cubierto los acontecimientos y conflictos más relevantes en Afganistán, Pakistán, Sri Lanka, Georgia, Kenia, Oriente Próximo, Fiji, Camboya, Filipinas, Indonesia y China, entre otros enclaves de Asia, África y Oriente Medio: guerras, golpes de Estado, desastres naturales, accidentes, vida política y temas sociales, incluso alguna buena noticia. Ha sido director de un documental sobre la República de Macedonia y también ha realizado una serie muy celebrada sobre el drama de Afganistán.

Muy crítico con la indiferencia de la clase política ante la voluntad, los deseos y las aspiraciones de los ciudadanos, ha dicho: «A los gobiernos de Occidente no les importa que haya miles de personas protestando en la calle. Sus agendas no tienen que cambiar porque los estudiantes se manifiesten delante del parlamento en Londres; los trabajadores bloqueen las carreteras en Francia; se desate una huelga general en España o se lancen cócteles *molotov* en Atenas. Quienes controlan el poder han perdido el miedo a la gente y está claro que no bastan las manifestaciones multitudinarias, ni las pintadas, ni quemar uno o dos contenedores o romper los ventanales de un McDonalds, porque así no vamos a ninguna parte. Ha llegado el momento de que todos nos planteemos qué hay que hacer, hasta dónde hay que llegar, para que los que mandan vuelvan a respetar a los ciudadanos».

Ha sido galardonado con destacados premios del periodismo internacional como el Royal Television Society Camaraman of the Year; el Edward R. Murrow Award por sus documentales sobre Afganistán. También el Miguel Gil, el Anigp-TV o el Fotopres España, entre otros.

He was born in Sabadell (Barcelona) in 1976. He studied journalism at the Universidad Blanquerna of Barcelona. He started his career in the programme Gran Angular of TVE 2 between 1999 and 2000 and then as a reporter for TV3 (Catalonia). In 2003 he moved to Jerusalem, where he covered the Gulf War and the Second Intifada for this regional channel. In 2005 he was hired by the Associated Press in its television section as a video-journalist and producer based in Bangkok. In 2014 he was signed up by Channel 4 News UK.

During the last decade he has covered the most important events and conflicts in Afghanistan, Pakistan, Sri Lanka, Georgia, Kenya, Middle East, Fiji, Cambodia, Indonesia and China, among other spots of Asia, Africa and the Middle East: wars, coups d'etat, natural disasters, accidents, political and social issues, including even some good news. He has been director of a documentary about the Republic of Macedonia and has also made a highly acclaimed drama in Afghanistan.

He is highly critical of the indifference of politicians to the will, desires and aspirations of the people, he said: "The governments of the West do not care that there are thousands of people protesting in the streets. Their agendas do not have to change because students manifest in front of Parliament in London; workers block roads in France; a general strike in Spain is unleashed or molotov cocktails are thrown in Athens. Those who control power have lost their fear of people and it is clear that mass demonstrations, or graffiti, or burning one or two containers or breaking the windows of a McDonalds are not enough, because this way we're not going anywhere. It's time that we all ask ourselves what do we have to do, how far do we have to go, so that those in charge respect citizens again".

He has been honoured with distinguished international journalism awards including the Royal Television Society Camaraman of the Year; Edward R. Murrow Award for his documentaries about Afghanistan. Also the Miguel Gil, the ANIGP-TV or Fotopres España, among others.

Ver páginas:
See pages:
72-73, 110-111, 140-141

RICARDO GARCÍA VILANOVA

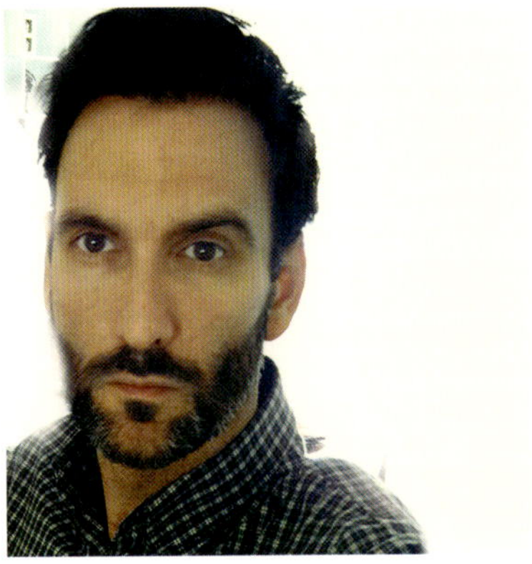

Nació en Barcelona en 1971. Hoy es un peso pesado del foto-reporterismo internacional y no solo porque el 16 de septiembre de 2013 fuera secuestrado junto a otros dos periodistas (Javier Espinosa y Marc Marginedas de *El Mundo*) por el Estado Islámico de Siria e Irak en Tal Abyad, enclave de la provincial de Raqqa, durante 194 días, sino porque ya antes era fotógrafo *freelance* conocido en las páginas de *Life*, *Newsweek*, *The New Yorker*, *Time*, *The New York Times*, *The Washington Post*, *The Wall Street Journal*, *Le Monde*, *Liberation*, *Le Figaro*, *Paris Match*, *The Guardian*, *The Daily Telegraph*, *The Times*, *Der Spiegel*, *El País*, *El Mundo*, *La Vanguardia* o *Tiempo*, por citar unos pocos medios que han publicado sus instantáneas y reportajes. Un todoterreno capaz de coger la cámara de vídeo y hacerse un hueco en cadenas de televisión como la CNN, ITN, Channel 4, APTN, Reuters TV, Euronews, Cuatro o TV3, para dar testimonio audiovisual de los conflictos y desastres que han sacudido el mundo durante los últimos dieciséis años.

Además, ha participado en numerosas exposiciones en Nueva York, Washington, París, Londres, Madrid, Barcelona, Taiwan y Taipei. Su trabajo ha sido apreciado y distinguido en numerosos encuentros y certámenes, entre otros muchos, los International Photographic Awards (2009 y 2010), Global World: The New York Photo Festival (2009) o Nikon Thursday Award (2009). En 2010 fue candidato al premio Pultizer. A iniciativa de Gervasio Sánchez, la editorial Blume acaba de publicar el libro *Libya Close Up*, en el que se recoge el trabajo periodístico que realizó en la Guerra de Libia durante la Primavera Árabe.

He was born in Barcelona in 1971. Today he is a heavyweight of international photo-reporting and not just because on the 16th September 2013 he was kidnapped along with two other journalists (Javier Espinosa and Marc Marginedas of El Mundo) by the Islamic State of Syria and Irak in Tal Abyad, enclave of the province of Raqqa, for 194 days, but because before he was a well-known freelance photographer in the pages of *Life*, *Newsweek*, *The New Yorker*, *Time*, *The New York Times*, *The Washington Post*, *The Wall Street Journal*, *Le Monde* , *Liberation*, *Le Figaro*, *Paris Match*, *The Guardian*, *The Daily Telegraph*, *The Times*, *Der Spiegel*, *El País*, *El Mundo*, *La Vanguardia* or *Tiempo*, to name a few media that have published his reports and snapshots. A multi-tasking person able to take the video camera and a make a place for himself on television networks such as CNN, ITN, Channel 4, APTN, Reuters TV, Euronews, Cuatro or TV3 to give visual testimony of conflicts and disasters that have shaken the world for the past sixteen years.
He has also participated in numerous exhibitions in New York, Washington, Paris, London, Madrid, Barcelona, Taipei and Taiwan. His work has been appreciated and awarded in numerous events and competitions, among others, the International Photographic Awards (2009 and 2010), Global World: The New York Photo Festival (2009) or Nikon Thursday Award (2009). In 2010 he was nominated for the Pulitzer Prize. At the initiative of Gervasio Sánchez, the publisher Blume has just published the book *Libya Close Up*, which covers the journalistic work he did in the Libyan war during the Arab Spring.

Ver páginas:
See pages:
56-57, 94-95, 148-149

DIEGO IBARRA SÁNCHEZ

Ver páginas:
See pages:
70-71, 88-89, 164-165

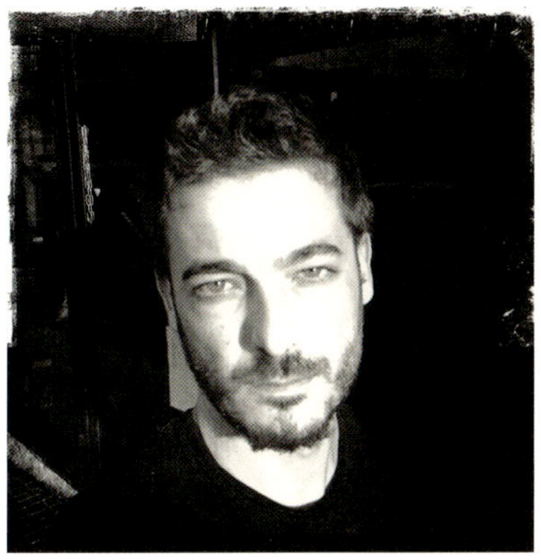

Nació en Zaragoza en 1982. Tras licenciarse como periodista en 2005 fue becado por la Asociación de la Prensa de Aragón (APA) para continuar formándose en los diarios argentinos *El Territorio* y *La Nación*. A su vuelta a España empezó a trabajar para el diario *Avui* y se posgraduó en Fotoperiodismo en Barcelona. Nuevamente becado por la APA, realizó un reportaje en Bosnia y empezó a colaborar con la Fundación PAX, la cual le animó a documentar los estragos de las minas antipersona en Colombia y Argelia.

En 2009, una beca le permitió retratar las consecuencias del trágico escape de gas de Bhopal (India), así como la situación de la mujer en Pakistán. Tras un viaje a Cisjordania, se mudó a Pakistán y se estableció como foto-reportero para Global News, corresponsal de una televisión española y miembro de la agencia portuguesa 4seephoto hasta 2012. Viajó en varias ocasiones a Afganistán, donde tuvo su bautizo de guerra y a Bahrein y Libia. Allí no solo fue testigo de las revueltas de la Primavera Árabe sino también de las inundaciones que azotaron Pakistán y de la muerte de Osama Bin Laden

En 2012 empezó a trabajar para *Liberation* y *The New York Times*, oportunidad que le permitió empezar *Guerra a la Polio*, proyecto que muestra las consecuencias invisibles de la violenta lucha contra la poliomelitis y que ha desarrollado en Pakistán, Afganistán y Nigeria. En 2014 abandona Pakistán y se sumerge en Oriente Medio, estableciendo su base de operaciones en Beirut.

Su obra se caracteriza por una constante búsqueda de la dignificación del ser humano a través de la luz, pues confía en la fotografía como una válvula catalizadora que agita las conciencias y promueve el cambio y la solidaridad entre las personas. Cuenta con el premio Cemex+FNPI, ha colaborado con la agencia EFE, *El Periódico de Catalunya*, *La Razón*, *L'Equipe* y *El País*; y es miembro fundador del colectivo ZPhoto, del que forman parte Eduardo Moreno, Jorge Fombuena y Álvaro Calvo.

He was born in Zaragoza in 1982. After graduating as a journalist in 2005 he was awarded a scholarship by the Press Association of Aragon (APA) to continue his training in the Argentine newspapers *El Territorio* y *La Nación*. On his return to Spain he began working for the newspaper *Avui* and got a post-graduate degree in Photojournalism in Barcelona. Again he received a scholarship from the APA, he did a report on Bosnia and began to collaborate with the PAX Foundation, which encouraged him to document the devastation of land mines in Colombia and Algeria.

In 2009, a scholarship enabled him to portray the tragic consequences of the gas leak in Bhopal (India), and the status of women in Pakistan. After a trip to the West Bank, he moved to Pakistan and established himself as a photo-reporter for Global News, as a Spanish television correspondent and member of the Portuguese agency 4seephoto until 2012. He travelled to Afghanistan several times, where he experienced his baptism of war as well as going to Bahrain and Libya. There he was not only witness to the revolts of the Arab Spring but also floods in Pakistan and the death of Osama Bin Laden.

In 2012 he began working for *Liberation* and *The New York Times*, an opportunity that allowed him to start the *Guerra a la Polio* project that shows the unseen consequences of the violent struggle against polio and which he has carried out in Pakistan, Afghanistan and Nigeria. In 2014 he left Pakistan and immersed himself in the Middle East, establishing his base in Beirut.

His work is characterised by a constant search for the promotion of the human dignity through light, since he relies on photography as a catalyst valve that stirs consciences and promotes change and solidarity between people. He has won the Cemex+FNP prize, he has collaborated with EFE agency, *El Periódico de Catalunya*, *La Razón*, *L'Equipe* and *El País*, and is a founding member of the collective Zphoto, which includes Eduardo Moreno, Jorge Fombuena and Álvaro Calvo.

JM LÓPEZ

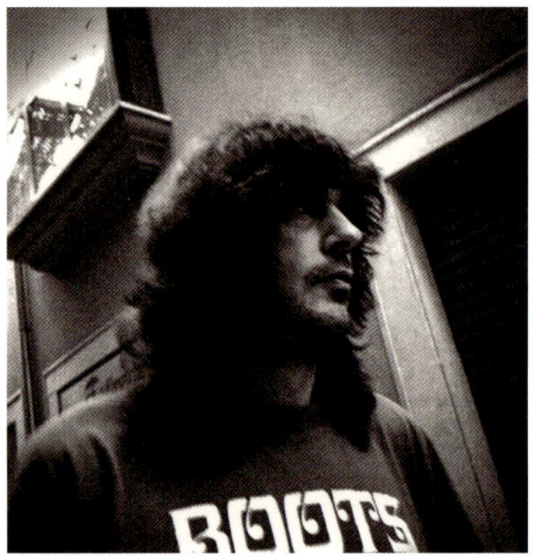

Nació en León y estudió fotografía en la Escuela de Artes de Oviedo. Trabajó durante once años en *La Crónica de León* hasta 2009. Después, como fotógrafo *freelance* ha viajado por más de sesenta países y documentado los conflictos bélicos, políticos y sociales de Afganistán, Siria, Irak, Palestina, Irán, Kosovo, Haití, Guatemala, Nagorno-Karabakh, Somalia, Sudán del Sur, Venezuela y República Democrática del Congo. Ha sido testigo de las consecuencias de la intervención occidental en el Tercer Mundo pero también del auge del fanatismo yihadista, del estallido de la contradictoria Primavera Árabe o de la nueva piratería.

Para este foto-reportero, no solo la política, la ideología o las religiones sacuden la tranquilidad de nuestras vidas; su cámara también ha captado a los hombres enfrentándose a grandes catástrofes naturales: terremotos, sequías, hambrunas, huracanes y plagas del siglo XXI. Y lo ha hecho con orgullo, rabia, modestia, rebeldía y esperanza: «Soy un fotógrafo independiente español que trata de ganarse la vida con este trabajo y aprender algo cada día. Estoy centrado en cuestiones que tienen que ver con los conflictos sociales y la injusticia en el mundo, y me gustaría pensar que mi trabajo puede ayudar a mejorar la vida de las personas que fotografío. Por medio del fotoperiodismo puedo expresar mi creatividad y al mismo tiempo decir a los demás lo que está sucediendo a nuestro alrededor.»

Han publicado sus imágenes agencias, periódicos y revistas como *The New York Times*, *L'Espresso*, *Le Monde*, *Der Spiegel*, *El País*, *La Vanguardia*, *El Mundo* y *France Press* y se han mostrado en exposiciones tanto individuales como colectivas. Su andadura puede perseguirse por vía digital en Tam-Tam Press y ha participado en libros como *Siria. La primavera marchita* con otros foto-reporteros. Ha sido distinguido en los premios Fujifilm Euro Press Photo (2005), Fotoperiodismo Ciudad de Gijón (2005, 2006 y 2010), Internacional de Caja España B/N Fotografía (2010), Unicef Photo of the Year, ANI-Pix Palace, Visa Pour L'Image (2011) e Internacional Photography IPA (2012 y 2014) y PDN Photo Annual (2014).

He was born in León and studied photography at the School of Arts of Oviedo. He worked at *La Crónica de León* for eleven years until 2009. Later, as a freelance photographer he has travelled to more than sixty countries and documented the military, political and social conflicts in Afghanistan, Syria, Iraq, Palestine, Iran, Kosovo, Haiti, Guatemala, Nagorno-Karabakh, Somalia, South Sudan, Venezuela and the Democratic Republic of Congo. He has witnessed the consequences of Western intervention in the Third World but also the rise of Jihadist fanaticism, the outbreak of the conflicting Arab Spring or the new piracy.

For this photo-reporter, not only politics, ideology or religion shake the tranquillity of our lives; his camera has also captured men facing major natural disasters: earthquakes, droughts, famines, hurricanes and plagues of the 21st century. And he has done so with pride, anger, modesty, defiance and hope: "I am a Spanish freelance photographer who is trying to earn a living with this job and learning something every day. I'm focused on issues that deal with social conflict and injustice in the world, and I'd like to think that my work can help improve the lives of the people I photograph. Through photojournalism I can express my creativity while telling others what is happening around us".

His pictures have been published by agencies, newspapers and magazines such as *The New York Times*, *L'Espresso*, *Le Monde*, *Der Spiegel*, *El País*, *La Vanguardia*, *El Mundo* and *France Press* and he has exhibited both solo and in groups. His career can be pursued digitally in Tam-Tam Press and he has participated in books such as *Siria. La primavera marchita* with other photojournalists. He has been honoured at awards such as Fujifilm Euro Press Photo (2005), Photojournalism City of Gijón (2005, 2006 and 2010), International of Caja España B/W Photography (2010), Unicef Photo of the Year, ANI-Pix Palace, Visa Pour L'Image (2011) and International Photography IPA (2012 and 2014) and PDN Photo Annual (2014).

Ver páginas:
See pages:
68-69, 84-85, 144-145

ANDONI LUBAKI

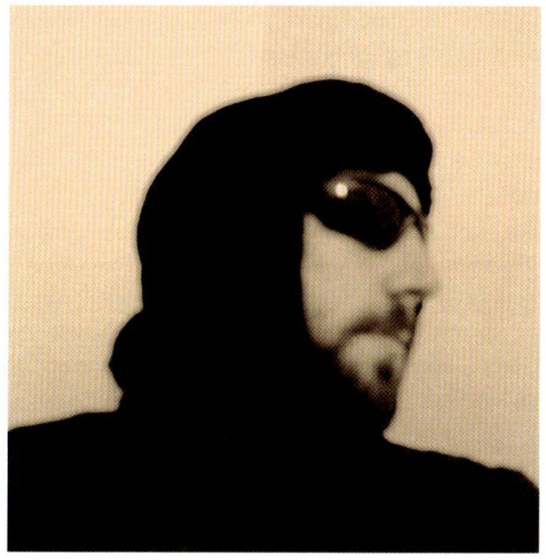

Nació en Villareal de Urrechua (Urretxu), Guipúzcoa, en 1982. Cursó estudios de programador informático, si bien su vocación por la fotografía rápidamente le dirigió al periodismo. A finales del 2010 comenzó su andadura como corresponsal de guerra y viajó a Tailandia, interesándose por los campos de refugiados birmanos que había, y sigue habiendo, al oeste del país. Contactó con las guerrillas de la zona y pudo hacer un reportaje sobre las luchas y los soldados de la selva birmana.

Vinieron más viajes a Argelia, Kabilia, Sahara y Mauritania. De todos ellos volvía con reportajes que raramente conseguían publicarse en las páginas de los periódicos y revistas. Sin embargo, no cejó en su empeño de convertirse en fotógrafo de conflictos y de crisis humanitarias y, entre viaje y viaje, trabajaba en lo que le surgía, siempre y cuando estuviera relacionado con la fotografía. Con esa firme decisión comenzó a colaborar con periódicos y revistas como Gara y Argia.

La gran oportunidad le vino, como a muchos otros fotógrafos de su generación, con las Primaveras Árabes. Visitó Libia, en concreto Sirte, ya casi al final de la contienda, y comenzó a colaborar habitualmente en medios nacionales e internacionales. Después de varias incursiones en países como Mozambique, Irak y otras zonas calientes, como la Kabilia argelina, el año 2013 se marchó a Siria para documentar el asedio a Alepo. Sus fotografías comenzaron entonces a publicarse en los medios más importantes del mundo, como *The New York Times*, *Washington Post*, *The Guardian* o *Newsweek*, casi siempre a través de la agencia Associated Press. Esas fotografías le valieron prestigiosos galardones como el Chris Hondros Memorial Award, el Atlanta Photojournalism Seminar Best in Show o el segundo premio en el Picture of the Year en el apartado de Mejor foto de noticias. Actualmente trabaja como free-lance en la agencia Bostok Photo, de la que es miembro fundador.

He was born in Villareal de Urrechua (Urretxu), Guipúzcoa, in 1982. He studied as a computer programmer, although his love of photography led him quickly to journalism. In late 2010 he began his career as a war correspondent and travelled to Thailand, taking an interest in the Burmese refugee camps there were, and still are, in the west of the country. He contacted the guerrillas in the area and did a story about the struggles and the soldiers of the Burmese jungle.

There were more trips to Algeria, Kabylia, Sahara and Mauritania. He came back with reports from all of them that were rarely posted on the pages of newspapers and magazines. However, he did not relent in his efforts to become a photographer of conflicts and humanitarian crisis, between trips, he worked on whatever came up, as long as it was related to photography. With that commitment he began working with newspapers and magazines such as Gara and Argia.

He got his big break, like many other photographers of his generation, with the Arab Springs. He visited Libya, in particular Sirte, near the end of the war, and began to work regularly in national and international media. After several incursions into countries like Mozambique, Iraq and other hot spots such as the Algerian Kabylia in 2013 he went off to Syria to document the Aleppo siege. His photographs then began to appear in the major media around the world, including *The New York Times*, *Washington Post*, *The Guardian* and *Newsweek*, nearly always through the Associated Press agency. These photographs earned him prestigious awards like the Chris Hondros Memorial Award, the Atlanta Photojournalism Seminar Best in Show or second prize in the Picture of the Year in the category of Best news photo. He is currently working freelance at the Bostok Photo agency, of which he is a founding member.

Ver páginas:
See pages:
120-121, 154-155, 166-167

CATALINA MARTÍN-CHICO

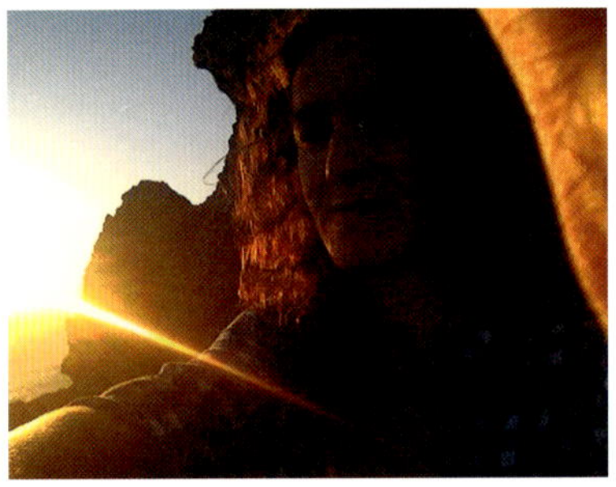

Aunque nació en Madrid, esta foto-periodista cursó sus estudios en París. Al terminar, trabajó algún tiempo en la capital francesa y después viajó a Nueva York donde residió durante cuatro años, matriculándose en el International Center of Photography.

A lo largo de su trayectoria, ha realizado numerosos reportajes de temas sociales en Francia y viajado por diversos países caribeños y mediterráneos durante ocho años, cubriendo en parte la Primavera Árabe: Egipto, Bahrein y Libia, hasta recalar en Yemen.

En 2011 recibió la Visa de Oro Humanitaria que concede el Comité Internacional de la Cruz Roja en el festival Visa pour l'Image, de Perpiñán, por *La Revolución yemenita*, trabajo publicado en la revista *Paris Match*. La fotógrafa recuerda: «En 2008 viajé a Yemen para hacer un reportaje sobre una unidad antiterrorista de mujeres que se había creado unos años antes. Me llamó mucho la atención. Yo quería seguir al menos a una de ellas en su vida cotidiana, pues me sorprendió que una mujer hiciera ese trabajo en una sociedad tan conformista. No fue fácil. Tuve que hacer este reportaje dos veces, primero en primavera y después en otoño. La primera vez conseguí autorización para entrar en la unidad y pude ver a estas mujeres en sus habitaciones. No conseguí mucho más. Me sentí muy frustrada porque solo me dejaron fotografiarlas en ese entorno, pues no me permitieron acompañarlas en el resto de sus actividades, aunque pedí permiso para cubrir sus prácticas deportivas, los entrenamientos militares, o mientras comían, pero fue imposible. Cuando regresé en otoño de ese mismo año por fin lo logré, y pude verlas en su adiestramiento con las armas, durante los entrenamientos físicos y en sus quehaceres diarios».

La fotógrafa ha expuesto sus obras en Nueva York, Bruselas, Clermont-Ferrand, Milán, Perpiñán y París. Asimismo obtuvo la beca de foto-reportero que brinda Saint-Brieuc y que dedicó al tema de las paradojas sociales de la isla Saint-Martin de las Antillas.

Although she was born in Madrid, this photo-journalist was educated in Paris. When she finished, she worked for a time in the French capital and then went to New York where she lived for four years, enrolling in the International Center of Photography.

Throughout her career, she has carried out numerous reports on social issues in France and has travelled to various Caribbean and Mediterranean countries over the last eight years, partly covering the Arab Spring: Egypt, Bahrain and Libya, until arriving in Yemen.

In 2011 she received the Humanitarian Gold Visa granted by the International Committee of the Red Cross in the Visa pour l'Image festival in Perpignan, for *La Revolución yemenita*, work which was published in the magazine *Paris Match*. The photographer remembers: "In 2008 I travelled to Yemen to do a story about a women's anti-terrorist unit that had been created a few years earlier. It really drew my attention and I wanted to follow at least one of them in their daily life, for it really struck me that a woman did that sort of work in such a conformist society. It was not easy. I had to do this report twice, first in spring and later in autumn. The first time I got permission to enter the unit and I was able to see these women in their rooms. I did not get much more. I felt very frustrated because they only let me photograph them in that environment, I was not allowed to accompany them in their other activities, because although I asked to cover their sports practices, military training, or while eating, it was impossible. When I returned in the autumn of that year I finally achieved it, and I could see them in their training with weapons, during physical training and in their daily live".

The photographer has exhibited her works in New York, Brussels, Clermont-Ferrand, Milan, Perpignan and Paris. She also obtained the photo-reporter scholarship provided by Saint-Brieuc and which she dedicated to the topic of social paradoxes of Saint Martin island in the Antilles.

Ver páginas:
See pages:
66-67, 152-153, 162-163

ANDRÉS MARTÍNEZ CASARES

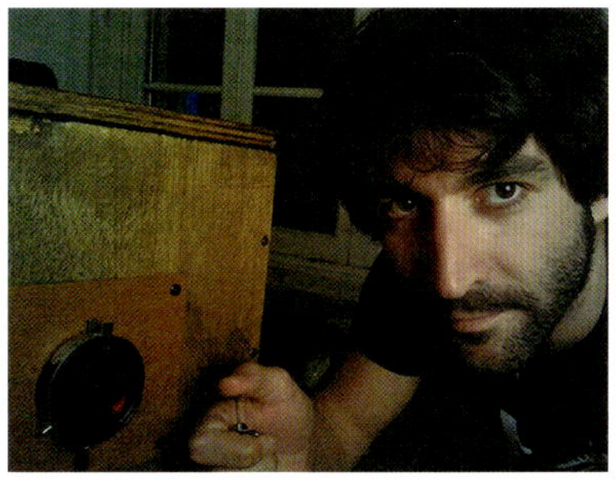

Nació en León en 1982. Comenzó su andadura en *El Adelantado de Segovia* mientras estudiaba periodismo en la Universidad Complutense. Enseguida publicó en otros diarios regionales como *El Mundo/La Crónica de León*. Al terminar la carrera en 2005 comenzó a trabajar en la agencia EFE, antes de conseguir una beca en la Escuela Danesa de Periodismo (Danmarks Journalithojskole, Aarhus) para estudiar en su Programa internacional de fotoperiodismo.

Posteriormente se hizo cargo del departamento de fotografía del diario *ADN* de Madrid hasta que decidió mudarse a Hispanoamérica (México, Honduras, Guatemala y El Salvador) para trabajar de manera independiente. Tras varios años fotografiando en Centroamérica y el Caribe, recaló en Puerto Príncipe (Haití), donde primero se encargó de la cobertura gráfica de la isla caribeña para la agencia EFE, y luego trabajó por libre combinando el trabajo de agencia, con la información diaria y el reportaje. Después vendrían destinos como Turquía, Egipto o Ucrania. Ha colaborado en diarios, revistas y medios digitales como *The Wall Street Journal*, *The New York Times*, *Le Monde*, *Stern*, *The Financial Times*, *Der Spiegel*, msnbc.com, Xinhua y también con el PNUD, UNICEF o ACNUR.

Obtuvo en 2011 el tercer premio para Ensayo de Noticias en el POYi Latinoamérica por un reportaje sobre la epidemia de cólera que se desató en Haití después del terremoto, a finales de 2010. Fue distinguido con el premio Nacional de Fotoperiodismo en 2014 por una fotografía captada durante los disturbios en Raba Al Adaweeya (El Cairo) por la destitución de Morsi; también con el premio Enrique Meneses por ese mismo reportaje completo, ambos otorgados por la Asociación Nacional de Informadores Gráficos de Prensa y Televisión. Actualmente reside en León y dice de su biografia: «Todo esto no tiene ningún valor si no consigo que mis fotos te hagan ver y comprender lo que yo viví cuando las hacía».

He was born in León in 1982. He started his career in *El Adelantado de Segovia* while studying journalism at the Complutense University. Soon he published in other regional newspapers such as *El Mundo/La Crónica de León*. On finishing his degree in 2005 he began working at the EFE agency, before getting a scholarship at the Danish School of Journalism (Danmarks Journalithojskole, Aarhus) to study in its international photojournalism programme.

Later he took over the photography department of the newspaper *ADN* of Madrid until he decided to move to Latin America (Mexico, Honduras, Guatemala and El Salvador) to work independently. After several years photographing in Central America and the Caribbean, he docked in Port au Prince (Haiti), where firstly he was in charge of the graphic coverage of the Caribbean island for EFE, then worked freelance combining agency work with daily information and reporting. Next came destinations such as Turkey, Egypt and Ukraine. He has worked in newspapers, magazines and digital media such as *The Wall Street Journal*, *The New York Times*, *Le Monde*, *Stern*, *The Financial Times*, *Der Spiegel*, msnbc.com, Xinhua and also with UNDP, UNICEF and UNHCR.

He received third prize in 2011 for News Essay in the POYi Latin America for a report on the cholera epidemic that broke out in Haiti after the earthquake, in late 2010. He was awarded the National Photojournalism prize 2014 for a photograph taken during the riots in Raba Al Adaweeya (Cairo) for the removal of Morsi; also with the Enrique Meneses prize for that same full report, both awarded by the National Association of Press and TV Reporters. Currently he lives in León and says of his biography: "All this is worthless if I don't get you to see my pictures and understand what I experienced when I was taking them".

Ver páginas:
See pages:
82-83, 86-87, 150-151

MAYSUN

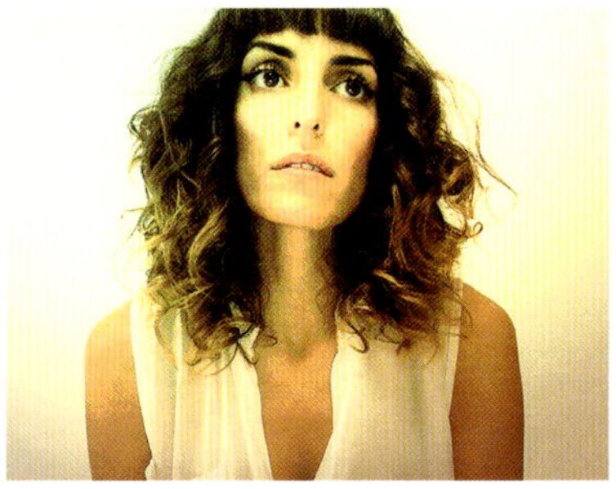

Nació en 1980. Española de ascendencia palestina y que ha residido en El Cairo, siempre ha prestado una especial atención a los terribles problemas políticos y sociales de Oriente Medio: Palestina, Israel, Líbano, Siria, Jordania y Egipto. Ello no le ha impedido cubrir importantes acontecimientos en Asia y Europa, desde Birmania y Tailandia, a Kosovo, Italia (terremoto de L'Aquila) o Crimea y Ucrania para agencias como EPA, France Presse o AP. Actualmente Corbis distribuye sus fotografías. Los diarios y revistas más importantes han publicado su trabajo desde 2005: *The New York Times*, *National Geoprahic*, *Foreign Policy*, *The Guardian*, *Der Spiegel*, *Stern*, *Focus magazine*, *The Washington Post*, *The Wall Street Journal*, *Los Angeles Times*, *International Herald Tribune*, *The Daily Telegraph*, Al Jazeera, Die Welt, *El País*, *El Mundo* o la CNN, entre otros. Maysun además compagina la fotografía documental con la pintura.

Así explica ella su vocación: «El periodismo es una vía de compromiso con el mundo que me ha tocado vivir. Debido a mis raíces palestinas, desde muy niña siempre quise ayudar y aportar algo a los que me rodean, aunque antes de dedicarme a la fotografía no tuve claro cómo quería hacerlo. Con el fotoperiodismo encontré la felicidad y me apasiona mi trabajo porque me permite ser fiel a mis convicciones. Así pues, mi profesión me eligió a mí, y no al revés, por una cuestión de responsabilidad moral. Y a pesar de que me puedan tachar de idealista o utópica, yo insisto. Quién lo reprocha, en mi opinión busca con ello excusas para el egoísmo y la comodidad».

Entre los diversos galardones y distinciones que ha merecido, cabe destacar el que concede el Encuentro Internacional de Fotoperiodismo de la Ciudad de Gijón, el Photo-Nikon (2008) y el International Photograhy Award IPA por partida doble (2013).

She was born in 1980. A Spaniard of Palestinian descent who has lived in Cairo, she has always paid special attention to the terrible political and social problems of the Middle East: Palestine, Israel, Lebanon, Syria, Jordan and Egypt. This has not prevented her from covering important events in Asia and Europe, from Burma and Thailand, Kosovo, Italy (L'Aquila earthquake) or Crimea and Ukraine for agencies such as EPA, France Presse or AP. Currently Corbis distributes her photographs. The most important newspapers and magazines have published her work since 2005: *The New York Times*, *National Geographic*, *Foreign Policy*, *The Guardian*, *Der Spiegel*, *Stern*, *Focus magazine*, *The Washington Post*, *The Wall Street Journal*, *Los Angeles Times*, *International Herald Tribune*, *The Daily Telegraph*, Al Jazeera, Die Welt, *El País*, *El Mundo* or CNN, among others. Maysun also combines her documentary photography with painting.

Here she explains her vocation: "Journalism is a means of engagement with the world that I have experienced. Because of my Palestinian roots, as a little girl I always wanted to help and give back something to those around me, even before becoming a photographer I was not sure clear how I wanted to do this. With photojournalism I found happiness and I love my job because it allows me to be true to my convictions. So, my profession chose me, not the other way around, as a matter of moral responsibility. And although I can be written off as idealistic or utopian, I insist. Who reproaches it, in my opinion seeks excuses for selfishness and comfort with it".

Among the many awards and honours she has earned, which include the Photojournalism International Meeting of the City of Gijón, the Photo-Nikon (2008) and the International Photograhy IPA Award twice (2013).

Ver páginas:
See pages:
48-49, 168-169, 170-171, 172-173

ALFONSO MORAL

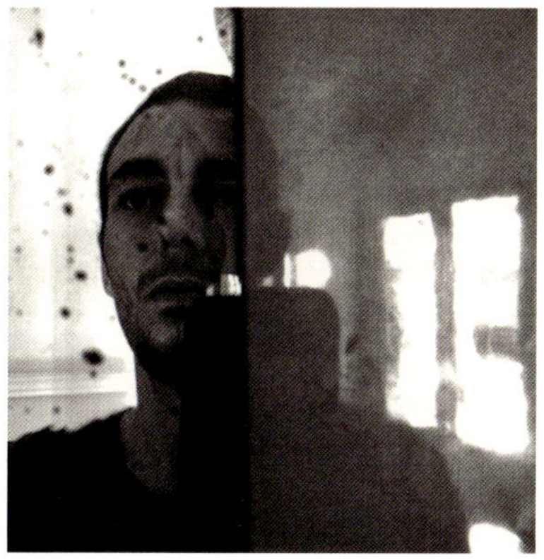

Nació en Valladolid en 1977 y es la imagen del fotoperiodista comprometido: colabora con el Instituto del Mundo Árabe de Francia o con el blog *Cristianos en Siria*. Sus trabajos en Afganistán dedicados a los adictos a las drogas, así como sus fotografías sobre los presos afganos que fueron recluidos en Guantánamo (publicadas por el boletín de Amnistía Internacional) han tenido gran resonancia. En 2008 gana el premio a la excelencia del Picture of the Year International, con la serie dedicada a los palestinos refugiados en el Líbano. Finalista en el Magnum Expression Award 2009 con Adictos, una generación perdida en Afganistán, también ha sido galardonado con el tercer premio FotoPres '09 por su trabajo Líbano, entre mar y fuego.

Él mismo se presenta así: «Empecé trabajando como fotógrafo en *El Norte de Castilla*. Sentí que no era mi lugar y en 2004 me traslade a Siria, desde donde comencé a trabajar como fotógrafo documental en Oriente Medio. Desde entonces he desarrollado mis proyectos en Líbano, Palestina, Afganistán, Libia o Siria. Soy cofundador de Pandora, un colectivo formado por fotógrafos documentalistas que decidimos unir nuestras miradas para mostrar distintos aspectos del mundo contemporáneo. Combinamos nuestro quehacer individual con proyectos utilizando tanto la fotografía como el vídeo. Nos interesamos por cuestiones sociales y medioambientales desde una perspectiva global, ofreciendo diversas formas de entender la fotografía documental».

Entre otros galardones ha sido finalista del Leica Oscar Barnack Award por Sombras de Trípoli, 2014. Obtuvo el tercer premio al fotoperiodismo no convencional en el Best of Photojournalism (NPPA) por Libia: Año Zero, 2012; el primer premio al reportaje largo multimedia en el Picture of the Year Internationa por Machine Man, 2011. Fue finalista del Magnum Expression Award por Líbano entre mar y fuego, 2010; y de Temas de actualidad en los Sony Awards por Paraísos Fiscales. Y premio a la Excelencia en el Picture of the Year por su reportaje Refugiados palestinos en Líbano, 2009.

He was born in Valladolid in 1977 and is the image of a committed photojournalist: he worked with the Institut du Monde Arabe of France or the *Christians in Syria* blog. His work in Afghanistan devoted to drug addicts, together with his photographs on Afghan prisoners who were held at Guantánamo (published by the Amnesty International newsletter) have had great repercussions. In 2008 he won the excellence award for Picture of the Year International, with the series devoted to Palestinian refugees in Lebanon. Finalist in the 2009 Magnum Expression Award with Adictos, una generación perdida en Afganistán he was also awarded third prize FotoPres'09 for his work Líbano, entre mar y fuego.

He introduces himself as follows: "I started working as a photographer in *El Norte de Castilla*. I felt that this wasn't for me and in 2004 I moved to Syria, where I started working as a documentary photographer in the Middle East. Since then I have carried out my projects in Lebanon, Palestine, Afghanistan, Libya or Syria. I am co-founder of Pandora, a group of documentary photographers who decided to combine our views to show different aspects of the contemporary world. We combine our individual work with projects using both photographs and video. We care about social and environmental issues from a global perspective, offering different ways of understanding documentary photography".

Among other awards he has been finalist of Leica Oscar Barnack with Sombras de Trípoli, 2014. He obtained third prize for unconventional photojournalism in the Best of Photojournalism (NPPA) with Libia: Año Zero, 2012; the first prize for the full-length media coverage in Picture of the Year International with Machine Man, 2011. He was a finalist for the Magnum Expression Award with Líbano entre mar y fuego, 2010, and in current topics at the Sony Awards for Paraísos Fiscales. And the award for Excellence in Picture of the Year for his report Refugiados palestinos en Líbano, 2009.

Ver páginas:
See pages:
58-59, 60-61, 158-159, 186-187

NATACHA PISARENKO

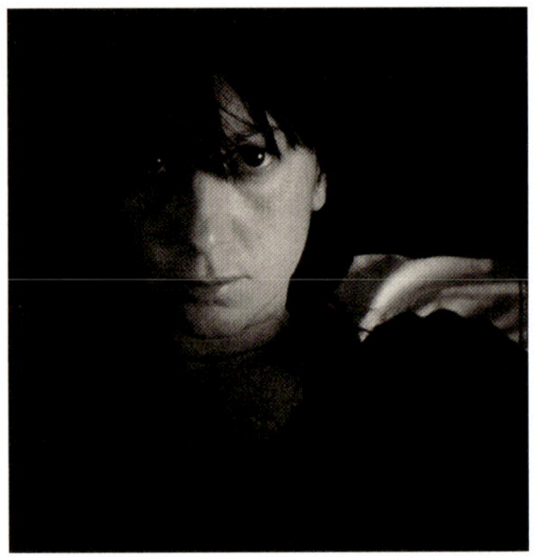

Nació en Buenos Aires en 1975 donde actualmente vive y trabaja. Estudió fotografía en la Escuela de Artes Fotográficas de Avellaneda y en la Asociación de Reporteros Gráficos de la República Argentina (aRGra). Comenzó su carrera en 1997 como fotógrafa del diario *La Nación* y en 2002 empezó a trabajar para la agencia internacional The Associated Press hasta el día de hoy como fotógrafa del staff basada en Buenos Aires. Cubrió una amplia variedad de acontecimientos: Afganistán en 2003, el carnaval de Río, campeonatos de fútbol, Juegos Olímpicos de verano en Beijing y Londres, dos veces el Rally Dakar, el mundial de Rugby en Nueva Zelanda, el terremoto en Chile, los mineros atrapados en Chile y los Juegos Olímpicos de invierno 2014 en Rusia, entre otras muchas historias.

Pisarenko confiesa que a ella siempre le gustó la fotografía: «Ya desde muy chica. Recuerdo que mi padre me presentó a un publicista con el cual colaboré un par de veces en distintas sesiones, pero me aburrió terriblemente la publicidad, a mí me gustaba el reportaje. Comencé a estudiar periodismo e hice mi primer intento por entrar a la Escuela de Arte Fotográfico de Avellaneda. A mí me parece que lo bueno de la fotografía es que cada uno tiene su propia mirada. Recuerdo que un profesor siempre decía que cuando le haces un retrato a alguien, la foto refleja lo que ves en esa persona; cada uno es único mirando».

She was born in Buenos Aires in 1975 where she currently lives and works. She studied photography at the School of Photographic Arts of Avellaneda and the in the Association of Graphic reporters Argentina (aRGra). She began her career in 1997 as a photographer for the newspaper *La Nación* and in 2002 began working for The Associated Press International agency where she still remains as a staff photographer based in Buenos Aires. She has covered a wide variety of events: Afghanistan in 2003, the Rio Carnival, football championships, the summer Olympics in Beijing and London, the Dakar Rally twice, the Rugby World Cup in New Zealand, the earthquake in Chile, the miners trapped in Chile and the Winter Olympics 2014 in Russia, among many other stories.

Pisarenko confesses that she always liked photography: "Even when I was very small. I remember my father introduced me to a publicist with whom I collaborated a few times in different sessions, but I was terribly bored with advertising, I liked reporting. I started studying journalism and made my first attempt to enter the School of Photographic Arts de Avellaneda. What I think that the best thing about photography is that each person has their own look. I remember a teacher always saying that when you take a portrait of someone, the photo shows what you see in that person; each person is unique when looking".

Ver páginas:
See pages:
44-45, 46-47, 62-63

RAFAEL S. FABRÉS

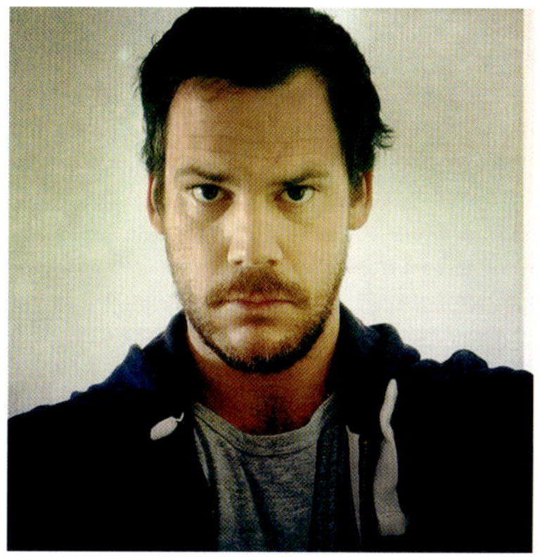

Nació en Madrid en 1982. Estudió Comunicación Audiovisual y después realizó un curso de posgrado en la escuela de fotografía EFTI. A partir de 2008 comenzó su carrera profesional como fotógrafo *freelance* y se trasladó a Haití. Allí reside varios años y trabaja para las agencias Getty Images y DPA. Actualmente vive entre España y Brasil, donde ha venido documentando el proceso de «pacificación» de las favelas de Río de Janeiro que han puesto en marcha las autoridades brasileñas para facilitar el Mundial de Fútbol, celebrado este año, y los próximos Juegos Olímpicos de 2016. En septiembre de 2013 participó en el encuentro Visa pour l'Image que se celebra en Perpiñán, y declaró que su fotografía «refleja la violencia, pero también el escepticismo que transmite una política vista como un "cinturón de contención" de esa violencia. Ni los buenos son tan buenos ni los malos son tan malos cuando se afronta la realidad de las favelas». De la situación del fotoperiodismo en España, afirmaba que «no es que no haya dinero; es que no hay interés. España es un caso perdido; no sirve quejarse, así que no queda más remedio que trabajar para medios extranjeros».

A lo largo de su trayectoria ha publicado en periódicos, revistas y cadenas de televisión como *Der Spiegel*, *Time*, *Paris Match*, *Le Monde*, *El País*, *Al Jazeera*, *L'Express*, *De Volkskrant*, *Dagens Naeringsliv*, *Helsingin Sanomat* o *Wired*. Su trabajo ha sido reconocido con los premios POYi, PX3 e Internatinal Photography Awards y expuesto, además de Visa Pour L'Image, por Les Rencontres d'Arles.

He was born in Madrid in 1982. He studied Audiovisual Communication and then did a postgraduate course at the EFTI photography school. In 2008 he began his professional career as a freelance photographer and moved to Haiti. He has lived there for several years and works for Getty Images and the DPA agency. He currently lives between Spain and Brazil, where he has been documenting the "pacification" process of Rio de Janeiro's favelas which the Brazilian authorities launched to facilitate the World Cup, held this year and the next Olympic Games in 2016 . In September 2013 he participated in the Visa pour l'Image meeting being held in Perpignan, and declared that his photography "reflects the violence, but also scepticism that is transmitted by a policy seen as a 'containment belt' of that violence. Neither the good are as good nor the bad are as bad when the reality of the favelas is faced". With regards to the situation of photojournalism in Spain, he said that "it's not that there's no money; it's that there's no interest. Spain is a hopeless case; it's no use complaining, so there is no choice but to work for foreign media".

Throughout his career he has been published in newspapers, magazines and television networks such as *Der Spiegel*, *Time*, *Paris Match*, *Le Monde*, *El País*, *Al Jazeera*, *L'Express*, *De Volkskrant*, *Dagens Naeringsliv*, *Helsingin Sanomat* or *Wired*. His work has been recognised with awards from POYi, PX3 and International Photography Awards and has also exhibited, as well as for Visa Pour L'Image for Les Rencontres d'Arles.

Ver páginas:
See pages:
80-81, 126-127, 160-161, 194-195

MIGUEL ÁNGEL SÁNCHEZ

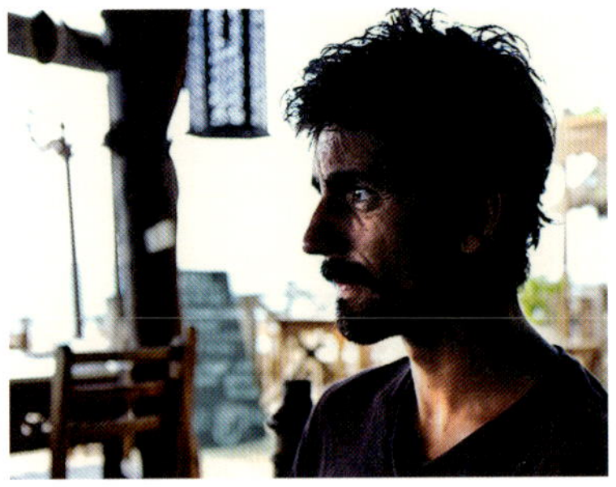

Nació en Madrid en 1977 y se formó en la Escuela de Artes No. 1. Tras ganar el premio de Videocreación de la Comunidad de Madrid en 2005, su actividad se volcó en la fotografía, donde encontró su soporte ideal de expresión en el retrato. Durante años compaginó su desarrollo como artista con su trabajo en un estudio de fotografía comercial, hasta que decidió volcarse por completo en su faceta creativa y abrir su propio estudio fotográfico en El Cairo (Egipto) en 2009.

Desde su Studio Al Asbani trabaja y prepara los proyectos que ha ido desarrollando durante los últimos cuatro años, no solo en Egipto, pues el fotógrafo amplía su horizonte de trabajo a cualquier rincón de Asia, Oriente Medio y África. Así, la Primavera Árabe de Libia en guerra contra Gadafi; el Ulu Pamir asediado por el PKK en el Kurdistán turco; la Franja de Gaza tras los bombardeos de Israel o el Líbano después de Hariri son algunos de los puertos en los que ha recalado el Studio Al Asbani.

Además, compagina su faceta como fotógrafo de estudio con la de cámara para la televisión colombiana, y ha realizado reportajes sobre la guerra de Libia, la revolución egipcia y la operación «Pilar Defensivo» de Gaza, entre otros conflictos armados de esta turbulenta zona del mundo. Ha publicado sus fotografías en *El País*, *The New York Times*, *Le Monde*, *The New Yorker*, *Photo Raw* y *La Lettre de la photographie*. Su obra de retratos en Egipto sobre la Primavera Árabe: *El alma del mundo*, ha podido verse en exposiciones individuales en El Cairo, París, Bruselas, Antibes, Valbonne y Dubai y fue publicada por la editorial Lunwerg en 2012 en colaboración con Nuria Terrón. Su otro libro, *City of Portraits* vio la luz en Solidere (Líbano, 2012). Asimismo ha dictado conferencias para National Geographic y otras instituciones dedicadas a Oriente Medio en Bélgica, Madrid, París y El Cairo.

He was born in Madrid in 1977 and trained at the School of Arts No. 1. After winning the award for Video Creation of the Community of Madrid in 2005, his activity turned to photography, where he found his ideal medium of expression in portraiture. For years he combined his creation as an artist with his work in a commercial photography studio, until he decided to turn fully to his creative side and open his own photography studio in Cairo (Egypt) in 2009.

From his Al Asbani Studio he works and prepares projects he has undertaken over the last four years, not only in Egypt, as the photographer enlarges the horizon of work anywhere in Asia, Middle East and Africa. Thus, in the Arab Spring in Libya in the war against Gaddafi; the Ulu Pamir besieged by the PKK in Turkish Kurdistan; the Gaza strip after Israeli bombings or Lebanon after Hariri are some ports that the Studio Al Asbani has stopped at.

In addition, he combines his work as a studio photographer with a cameraman for Colombian television, and he has carried out reports on the war in Libya, the Egyptian revolution and Operation "Pillar Defensive" of Gaza, among other armed conflicts in this troubled area of the world. He has published his photographs in *El País*, *The New York Times*, *Le Monde*, *The New Yorker*, *Photo Raw* and *La Lettre de la Photographie*. His portrait work in Egypt on the Arab Spring: *El alma del mundo*, has been shown in solo exhibitions in Cairo, Paris, Brussels, Antibes, Valbonne and Dubai and was published by the publishing house Lunwerg in 2012 in collaboration with Nuria Terrón. His other book, *City of Portraits* was created in Solidere (Lebanon, 2012). He has also lectured for National Geographic and other institutions devoted to the Middle East in Belgium, Madrid, Paris and Cairo.

Ver páginas:
See pages:
124-125, 136-137, 174-175

GUILLEM VALLE

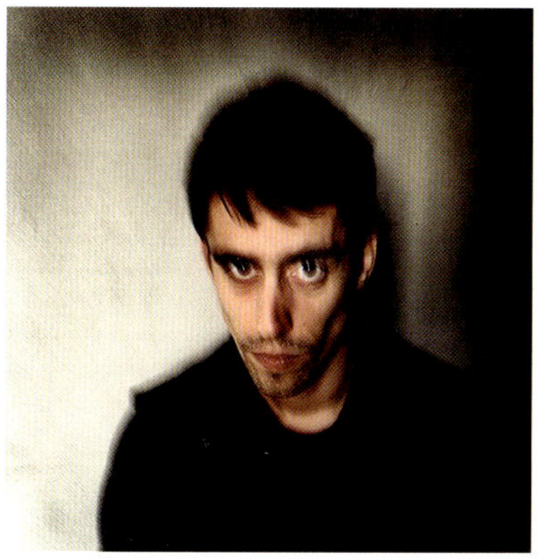

Nació en Barcelona en 1983. A los catorce años se interesó por la fotografía cuando viajó a Sarajevo para participar en un intercambio escolar. Allí, en la ciudad sitiada de la Guerra de Bosnia, se dio cuenta de que la fotografía no solo tenía valor artístico sino también documental. Con dieciséis años empezó a trabajar como fotógrafo *freelance* para diferentes periódicos en Barcelona. Mientras estudiaba fotografía entre 2001 y 2004 en el Institut d'Estudis Fotogràfics de Catalunya, viajó varias veces a Palestina para fotografiar la segunda Intifada.

Comienza a colaborar con *El País* en 2003 y viaja a Líbano en varias ocasiones, donde presencia los combates entre Israel y la milicia de Hezbolá. Cubrió la independencia de Kosovo en 2008 y empieza a desarrollar su trabajo sobre los kurdos en el Norte de Irak o la minoría uygur en la región de Xinjiang, en el Noroeste de China. Ya en 2009 visita la República Democrática del Congo, fotografiando las minas de oro o la violencia sexual usada como arma de guerra. En 2010 se instala en Bangkok y desde allí informa sobre el tsunami en Japón, la apertura política de Birmania, el referéndum de Sudán, la inmigración ilegal en Tailandia, la guerra de Libia o el levantamiento de Egipto contra Mubarak. Regresa a los Balcanes en 2011 y documenta la situación de la minoría serbia en Kosovo. Vuelve A Bangkok en 2012 donde realiza varios documentales para la ONU.

Ha participado en las exposiciones *Palestina: asedio a la dignidad* (Institut d'Estudis Fotogràfics de Catalunya. 2004); *Asia y Europa: diálogo entre culturas* del Museo de Fotografía de Ekaterimburgo (Rusia, 2009); y *Las minas del conflicto* en el Encuentro Internacional de Fotoperiodismo Ciudad de Gijón (2010). Fue finalista en los premios de la Fundación Alexia (2010) y en los International Photography Awards (2009); recibió una Mención de Honor en el Best of Photojournalism (2010) y se alzó con el tercer premio de World Press Photo en la categoría de Retratos (2011).

He was born in Barcelona in 1983. At the age of 14 he became interested in photography when he travelled to Sarajevo to participate in a student exchange. There, in the besieged city of the Bosnian War, he realised that photography not only had artistic value but also documentary value. When he was 16 he began working as a freelance photographer for various newspapers in Barcelona. While studying photography between 2001 and 2004 at the Institute of Photographic Studies of Catalonia, he travelled several times to photograph the second Palestinian Intifada.

He started collaborating with *El País* in 2003 and travelled to Lebanon on several occasions, where he witnessed the fighting between Israel and the Hezbollah militia. He covered the independence of Kosovo in 2008 and began to develop his work on the Kurds in northern Iraq and the Uyghur minority in Xinjiang, in northwest China. Then in 2009, he visited the Democratic Republic of Congo, photographing the gold mines or sexual violence used as a weapon of war. In 2010 he moved to Bangkok and from there reported on the tsunami in Japan, the political opening in Burma, the Sudan referendum, illegal immigration in Thailand, the war in Libya or the uprising against Mubarak in Egypt. He returned to the Balkans in 2011 and documented the status of the Serb minority in Kosovo. He went back to Bangkok in 2012 where he made several documentaries for the UN.

He has taken part in exhibitions *Palestina: asedio a la dignidad* (Institut d'Estudis Fotogràfics de Catalunya. 2004), *Asia y Europa: diálogo entre culturas* of the Photography Museum of Yekaterinburg (Russia, 2009); *Las minas del conflicto* in the International Photojournalism Meeting of the city of Gijón (2010). He was a finalist in the awards of the Alexia Foundation (2010) and the International Photography Awards (2009); he received an Honourable Mention in the Best of Photojournalism (2010) and won the third prize in the World Press Photo Portrait Category (2011).

Ver páginas:
See pages:
64-65, 116-117, 176-177

ÁLVARO YBARRA ZAVALA

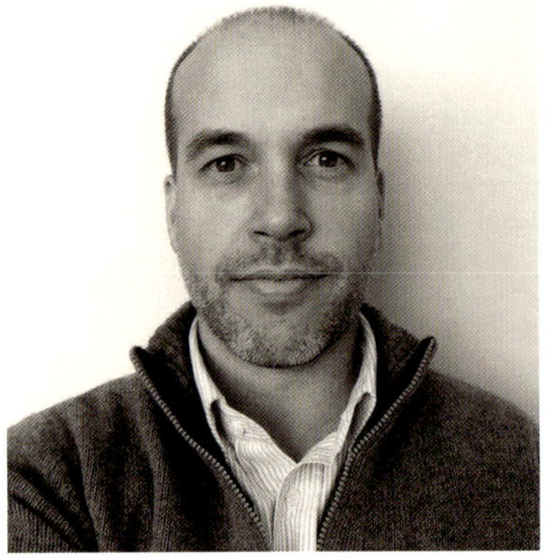

Nació en Bilbao en 1979. Fotógrafo miembro de Reportage by Getty Images, es bilbaíno y descubrió el universo de la fotografía entre los negativos, lentes y encuadres de un abuelo aficionado. Su tenaz carrera se ha centrado en la cobertura de conflictos armados y sociales de actualidad, incluyendo iniciativas propias sobre cuestiones poco frecuentes y olvidadas. Entre sus grandes trabajos internacionales destacan las guerras de Colombia, Irak, Afganistán, Congo, Sudán y Ucrania, pero también delicados acercamientos a la cruda depauperación de la infancia en Argentina. Su fotografía es rápidamente reconocible por una áspera y texturada humanidad, un ángulo inusual y un enfoque dinámico. Durante los últimos años ha enfocado gran parte de su tiempo a documentar la transitoria realidad venezolana, fotografiando el legado de la Revolución Bolivariana. Ybarra es un colaborador habitual de medios como *Time Magazine*, *Sunday Time Magazine*, *Newsweek*, *Le Figaro*, *ABC / XLsemanal* y *Days Japan* su trabajo ha sido galardonado con varios prestigiosos premios del sector entre los que destacan un Overseas Press Club of America, el Joop Swart del World Press Photo y un Getty Grant. Ha publicado varios libros como *Apocalípsis* y *Darfur* con Turner, *Los hijos del desconsuelo* con Dies, y *La hora del recreo* con Lunwerg, y ha expuesto en tres ocasiones en el festival Visa pour l´Image de Perpignan.

He was born in Bilbao in 1979. A reporter with Reportage by Getty Images since 2009, formerly with VU Agency, he's born in Bilbao, 1979. Photography has been like walking to him: "I grew up with a camera in my hands and developing in the darkroom thanks to my grandfather". His career has focused on covering conflicts, both armed and social, including rare and neglected issues. He reported from wars in Colombia, Iraq, Afghanistan, Congo, Sudan and Ukraine as well as terrible episodes like the Haiti Earthquake and the legacy of the tsunamis in Japan and Indonesia. . He's been noted also for sensitive approaches likes his work on infant poverty in Argentina, social movements in Latin America, the hidden face of new emerging world powers like India or China, or the horrible legacy of the AIDS epidemic. Since his beginnings he was struck by contradictions shown in the behaviour of humans, capable at times of becoming wolves and turn against their fellow man. Henceforth his works is a search intended to reflect the darkest side of peoples selves and confront them with their true values. His photography is recognizable by a rough, textured humanity, an unusual angle and a dynamic approach. In recent years he has focused in documenting transient Venezuelan reality and the legacy of the Bolivarian Revolution. Ybarra is a regular contributor to media like *Time Magazine*, *Sunday Times Magazine*, *Newsweek*, *Le Figaro*, *ABC / XLSemanal* and *Days Japan* and his work has been awarded several prestigious awards among which an Overseas Press Club of America, Joop Swart of World Press Photo and Getty Grant. He has cooperated with Human Rights Watch, the International Committee of the Red Cross and UNHCR. He has published the books *Revelation* and *Darfur* with Turner, *The children of despair* with Dies, and *Playtime* with Lunwerg, and has been invited thrice to show his work at the Visa pour l'Image festival in Perpignan.

Ver páginas:
See pages:
50-51, 92-93, 180-181, 196-197

GRACIA MORALES

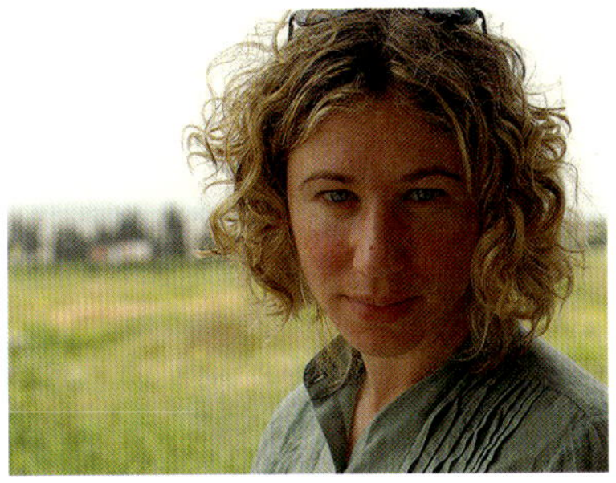

Nació en Motril (Granada) en 1973. Dramaturga y actriz, es autora de las obras *Reflejos* (1998), *Como si fuera esta noche*, (2002) y *Entre puertas y paredes* (2009) y otras hasta un número de veinte y ha logrado que todas se estrenen. Persigue en ellas el misterio de la aparición poética en lo cotidiano, no ajeno al mundo infantil, y adopta un tono de comedia dramática, sometido a la persistencia de la memoria: el pasado quiere contar historias que el espectador ha de tener la valentía de escuchar. Participó en la fundación de la compañía Remiendo Teatro, que pone en escena sus textos.

Compagina la creación artística con la docencia, primero en la Universidad de Jaén, donde ha enseñado Literatura Hispanoamericana y Española desde 2003 y luego en la de Granada, a partir de 2010. Además imparte numerosos talleres, sobre todo de iniciación a la escritura teatral. Ha sido la primera mujer ganadora del premio Marqués de Bradomín por *Quince peldaños* (2000); asimismo ha obtenido, entre otros, el Romeo Esteo por *Un lugar estratégico* (2003) y el que otorga la SGAE por NN12 (2008).

She was born in Motril (Granada) in 1973. She is a playwright and actress, and author of the works *Reflejos* (1998), *Como si fuera esta noche*, (2002) and *Entre puertas y paredes* (2009) and up to twenty others which have all been released. In them she pursues the mystery of poetic occurrence in everyday life, she is no stranger to the world of children, and adopts a dramatic-comedy tone, subjected to the persistence of memory: the past wants to tell stories that the viewer has to have the courage to listen to. She participated in the founding of the Remiendo Teatro Company, which stages her texts.

She combines artistic creativity with teaching, first at the University of Jaén, where she has taught Spanish and Hispanic-American Literature since 2003 and then in the University of Granada, from 2010. She also teaches numerous workshops, especially introduction to playwriting. She was the first woman to win the Marqués de Bradomín prize for *Quince peldaños* (2000); and has also obtained, among others, the Romeo Esteo for *Un lugar estratégico* (2003) and the one awarded by the SGAE for NN12 (2008).

Ver página:
See page:
7

UPFRONT
FOTO-REPORTEROS

CRÉDITOS
CREDITS

Ministerio de Asuntos Exteriores y de Cooperación de España
Ministry of Foreign Affairs and Cooperation of Spain

Ministro de Asuntos Exteriores y de Cooperación
Minister of Foreign Affairs and Cooperation
José Manuel García-Margallo

Secretario de Estado de Cooperación Internacional y para Iberoamérica
Secretary of State for International Cooperation and for Latin America
Jesús Manuel Gracia

Secretario General de Cooperación Internacional para el Desarrollo
General Secretary of Internacional Development Cooperation
Gonzalo Robles

Directora de Relaciones Culturales y Científicas
Director of Cultural and Scientific Relations
Itziar Taboada

Jefe de Departamento de Cooperación y Promoción Cultural
Head of Department for Cooperation and Cultural Promotion
Guillermo Escribano

Coordinación Técnica AECID
Technical Organization AECID
Álvaro Callejo
Alejandro Romero
Estrella Serrano

Director del Instituto Cervantes de Praga
Director. Instituto Cervantes in Prague
Ramiro Villapadierna

Dirección de arte
Art Direction
David Pérez Medina

Diseño y maquetación
Design and Layout
Estudio Pérez Medina

Editado por
Published by
AECID / Turner

Edición
Copy editing
Yolanda Tovar

Traducción al inglés y edición
English translation and copy editing
Successful Spanish Translators S.L.
Versión Original Traducciones S.L.

Impresión
Printing
Brizzolis

Colabora
Collaborates

Catálogo general de publicaciones oficiales:
General catalogue of official publications:
publicacionesoficiales.boe.es
publicaciones@aecid.es

NIPO: 502-15-029-1
ISBN AECID: 978-84-8347-168-5
ISBN Turner: 978-84-16142-70-5
Depósito legal: M-20129-2015
Impreso en España
Printed in Spain

Este libro se terminó de imprimir en Madrid, en junio de 2015.
This book was completed and printed in Madrid, in the month of June, 2015.

Esta publicación ha sido posible gracias a la Cooperación Española a través de la Agencia Española de Cooperación Internacional para el Desarrollo (AECID). El contenido de la misma es responsabilidad exclusiva de los autores de los textos y no refleja necesariamente la postura de la AECID.
This publication was made posible thanks to Spanish Cooperation through the Spanish Agency for International Development Cooperation (AECID). The content of it is the exclusive opinion of the text's authors and does not necessarily reflect the posture of AECID.